生活語の原風景

神部宏泰 著

和泉書院

まえがき

　地域には、地域のことばがある。そのことばが「方言」と言われるものである。その方言は、むろんその地域に生きる人びとが育んだものである。しかし、方言という概念には、その地域に生きた人びとの影が薄い。
　地域に生きる人びとにも、その人びとのことばがある。その人びとにとっては、あるいはその人にとっては、かけがえのない生命のことばである。そのことばは「生活語」と認識されてきた。いわば生活語は、人の生存と生活を支えることばである。
　方言と生活語は、ものとしては、たしかに一如である。が、「方言」と言えば、地方・地域が前面に出てくる。自然地理的にも、唯物的にもなりがちである。そのような「方言」の立場を離れて、人に焦点をあて、その生きるいとなみのことばを、生活のことばを、あるがままに見つめようとするのが「生活語」の立場である。いわば、「方言」が、地域を前面に出し、人はその背景にかすんでいたのに対して、「生活語」は、人を前面に出し、地域はその背景に退いている。
　今日の人びとの生活もそのことばも、過去に生きた人びとの、折おりの生活体験と祈りとが推力となった、伝承的な事実であることは言うまでもない。本書を『生活語の原風景』としたのも、そのような人びとのいとなみの、史的な重みと流れに注目してのことに他ならない。もっとも、ここに言う「原風景」は、私自身の、主として幼少年時代の生活語体験に基づいている。その世界は、たしかに、限られていて、しかも偏っている。しかし、それだけに純粋である。当時の幼少年の息づかいはさわやかで、その眼に映じた原風景は、いとおしくも、また鮮やかである。その風景は、また、おのずから、過去の伝承の世界へと遡る。そしてそれは、まぎれもなく、一つの生活文化の世界である。
　私には、かつて、村の生活語を記述した小著がある。『日本語方言の表現法―中備後小野方言の世界』(2006) がそれである。本書は、それにつづく姉

妹編ということができよう。前著は、生活語事実を事実として取りあげ、その組織や体系に意を用いた。本書は、その生活語の伝承と、そのことばに生きた人びとの生活と哀歓を見つめることに意を用いた。両著を得て、当該地域の生活語の記述は、ひとまず終了したかの思いがある。

　記述の主域とした中備後の当該地域（神石高原町小野）は、東に備中、備前を、西に安芸を配していて、中国山陽の中核を成している。この地域の生活語もまた、しぜん、中国方言・中国生活語の中核的な地位にある。その意味では、当生活語は、一小地域の言語事態ではあっても、広く、中国方言・中国生活語全般に通じる史的な要の地位にある。特殊は特殊を越えている。言うならば、生活語は、その地域性・具体性によりながらも、その底層で、日本語の史的事態と深くかかわっている。生活語の追究は、その底層にまで至ることが重要である。

目　次

まえがき ……………………………………………………………… i

第一章　生活語・その豊饒なる流れ

一、「ボタモチ」考……………………………………………………… 1
　　　はじめに ………………………………………………………… 1
　　1.「ボタモチ」の語源 …………………………………………… 2
　　2.「ぼた」の由来 ………………………………………………… 3
　　3. 赤米の伝統と小豆 …………………………………………… 6
　　4.「ぼた」と「ぶた」 …………………………………………… 8
　　5.「お萩」は半搗き？ ………………………………………… 10
　　　むすび ………………………………………………………… 10

二、「モチ・ダンゴ」考……………………………………………… 12
　　　はじめに ……………………………………………………… 12
　　1. 餅と団子 …………………………………………………… 12
　　2. 餅の語源 …………………………………………………… 13
　　3. 餅はハレのもの …………………………………………… 14
　　4. 古代米は糯か ……………………………………………… 16
　　5. 年中行事の餅 ……………………………………………… 17
　　6. 棟の餅 ……………………………………………………… 21
　　7. 団子はケのもの …………………………………………… 22
　　　むすび ………………………………………………………… 23

三、「トビ」考 ……………………………………………………… 25
　　　はじめに ……………………………………………………… 25
　　1.「トビ」の語源 ……………………………………………… 25
　　2.「トビ」は「賜び」か ……………………………………… 26

3.「ウツリ」の解釈 ……………………………………… 28
　　　　むすび ………………………………………………… 30
四、「ユリー（いろり）」考 ……………………………………… 32
　　　　はじめに ……………………………………………… 32
　　1.「いろり」の語源 ……………………………………… 32
　　2.「いろり」の横座 ……………………………………… 34
　　3.「クド」の語源 ………………………………………… 36
　　4.　土間の神がみ ………………………………………… 37
　　5.「千把火」のこと ……………………………………… 38
　　　　むすび ………………………………………………… 39
五、「ニワ・カド」考 …………………………………………… 41
　　　　はじめに ……………………………………………… 41
　　1.「ニワ」の由来 ………………………………………… 41
　　2.　庭と生活 ……………………………………………… 43
　　3.　庭と信仰 ……………………………………………… 44
　　4.「カド」の由来 ………………………………………… 45
　　5.　門と生活 ……………………………………………… 46
　　　　むすび ………………………………………………… 47
六、「カシコマル」考 …………………………………………… 49
　　　　はじめに ……………………………………………… 49
　　1.「カシコマル」と正座 ………………………………… 49
　　2.「畏まる」の由来 ……………………………………… 50
　　3.「正座」とは何か ……………………………………… 52
　　4.　長崎五島の正座と安座 ……………………………… 52
　　5.　九州域の安座 ………………………………………… 54
　　6.　中国域の安座 ………………………………………… 55
　　7.　座りかた今昔 ………………………………………… 56
　　　　むすび ………………………………………………… 57
七、「ミテル」考 ………………………………………………… 59

はじめに………………………………………………………	59
1.「ミテル」の意味………………………………………	59
2.「ミテル」の語源………………………………………	60
3.「ミテル」の用法………………………………………	61
4. 子どもの「ミテル」の世界…………………………	63
5. 天与の恵み………………………………………………	64
6.「満てる」と「満ちる」……………………………	67
むすび……………………………………………………………	68

八、「ニガル」考……………………………………………… 69
    はじめに……………………………………………………… 69
  1.「痛む」の諸相………………………………………… 69
      (1) 腹痛………………………………………………… 69
      (2) 外傷………………………………………………… 71
  2. 排泄………………………………………………………… 73
      (1) 排泄行為…………………………………………… 73
      (2) 排泄物……………………………………………… 77
      (3) 比喩………………………………………………… 78
  3. 食物の腐敗……………………………………………… 79
    むすび…………………………………………………………… 81

九、「オエル」考……………………………………………… 83
    はじめに……………………………………………………… 83
  1.「オエル」の意味と生活……………………………… 83
  2.「オエル」の語源と分布……………………………… 84
  3.「オエル」の活用形…………………………………… 85
  4.「オエン」の意味と用法……………………………… 86
  5. 否定形式の慣用………………………………………… 87
    むすび…………………………………………………………… 89

十、「イタシー」考…………………………………………… 90
    はじめに……………………………………………………… 90

1.「イタシー」の意味と語源 …………………………… 90
　　2.「イタシー」の意味の広がり ………………………… 91
　　3.「イタシー」の反対語 ………………………………… 93
　　むすび ……………………………………………………… 93
十一、「ボッコー」考 ………………………………………… 94
　　はじめに …………………………………………………… 94
　　1.「ボッコー」の意味と分布 …………………………… 94
　　2.「ボッコー」の語源 …………………………………… 95
　　3.「ボッコー」の周辺 …………………………………… 97
　　4. 古今の強調心理 ……………………………………… 98
　　むすび ……………………………………………………… 99

第二章　文表現・その発想

一、あいさつことばの発想と形式 …………………………… 101
　　はじめに …………………………………………………… 101
　　1. 日常のあいさつ ……………………………………… 103
　　　(1) 朝のあいさつことば ……………………………… 104
　　　(2) 日中のあいさつことば …………………………… 107
　　　(3) 晩のあいさつことば ……………………………… 110
　　　(4) 別れのあいさつことば …………………………… 113
　　2. 非常のあいさつ ……………………………………… 114
　　むすび ……………………………………………………… 117
二、自然敬語とその発想 ……………………………………… 118
　　はじめに …………………………………………………… 118
　　1. 自然敬語「〜てじゃ」 ……………………………… 118
　　　(1) 敬意 ………………………………………………… 118
　　　(2) 用法 ………………………………………………… 120
　　　(3) 分布 ………………………………………………… 123

2. 類同の敬語法 ……………………………………………… 124
　　　(1) 動詞連用形敬語法 ……………………………………… 124
　　　(2) 動詞連用形命令法 ……………………………………… 126
　　　(3) 近世後期の特殊敬語法 ………………………………… 126
　　むすび ………………………………………………………… 127
三、敬語命令形の慣用とその表現心理 ………………………… 129
　　はじめに ……………………………………………………… 129
　1. 敬語命令形 ………………………………………………… 129
　2. 「ナェー（ない）」命令形 ………………………………… 132
　3. 「ツカェー（つかい）」命令形 …………………………… 134
　4. 敬語命令形慣用の心理 …………………………………… 135
　5. 敬語命令形と性 …………………………………………… 137
　　むすび ………………………………………………………… 138
四、転成文末詞の形成 …………………………………………… 140
　　はじめに ……………………………………………………… 140
　1. 「ナラ」の形成 …………………………………………… 140
　2. 「ジャ」の起源 …………………………………………… 145
　　　(1) 「デァ」転成の「ジャ」 ……………………………… 145
　　　(2) 否定「では」転成の「ジャ」 ………………………… 150
　3. 「ニ」の出自と用法 ……………………………………… 152
　4. 「デ」の源流 ……………………………………………… 153
　　　(1) 断定助動詞連用形転成の「デ」 ……………………… 153
　　　(2) 「ゾイ（ドイ）」転成の「デー」 …………………… 155
　　　(3) 問いの「デー」の出自 ………………………………… 156
　　むすび ………………………………………………………… 156

第三章　語詞語彙・その原風景

一、動詞の生活とその推移 ……………………………………… 159

はじめに………………………………………………………159
1. 形態……………………………………………………………160
　(1) ナ行変格活用……………………………………………160
　　① シヌル …………160　　② イヌル …………161
　(2) 活用の推移………………………………………………162
　　① アグ ……………163　　② タル ……………163
　　③ カル ……………163　　④ シュム …………164
　　⑤ ウミル …………164　　⑥ ウミル …………165
　　⑦ タテル …………166
　(3) 禁止辞・打消推量辞の接続……………………………166
　(4) 音便形……………………………………………………168
2. 意味……………………………………………………………169
　(1) 農作業関係………………………………………………169
　　① コナス …………169　　② サビル …………171
　　③ トース …………172　　④ サガス …………173
　　⑤ ノクル …………174
　(2) 食生活関係………………………………………………176
　　① タク・ニル ……176　　② コシラエル ……180
　　③ ウムス …………182　　④ ヤク ……………183
　　⑤ ツグ ……………184　　⑥ ワケル …………185
　(3) 心情関係…………………………………………………186
　　① ハブテル ………186　　② コクレル ………187
　　③ スバル …………188　　④ セガム …………188
　　⑤ ソバエル ………189　　⑥ ツバエル ………190
　　⑦ セラウ …………190　　⑧ コラエル ………191
　(4) 生活一般関係……………………………………………192
　　① イラウ …………192　　② ドズク …………193
　　③ ハツル …………194　　④ テベス …………195
　　⑤ ヒヤグ …………196　　⑥ サバク …………197

⑦ ツクネル ……………198	⑧ ツドウ ………………199
⑨ カケル ………………199	⑩ タガウ ………………200
⑪ ニガル ………………201	⑫ タモー ………………202
⑬ ミテル ………………202	

 (5) 自然関係……………………………………………… 203
  ① アダレル ……………203 ② オゴル ………………203
  ③ ヒスクバル …………204 ④ ズエル ………………205
  ⑤ ウゲル ………………206

 (6) 祭事関係……………………………………………… 207
  ① オハライ ……………207 ② キヨメ ………………208
  ③ マツリ ………………209 ④ ナラシ ………………210
  ⑤ カシコマル …………211

 むすび ………………………………………………………… 211

二、形容詞の生活とその推移 ……………………………………… 213
 はじめに ……………………………………………………… 213
 1. 形態……………………………………………………… 213
  (1) 変容……………………………………………… 213
  (2) 連母音…………………………………………… 215
 2. 意味……………………………………………………… 217
  ① キョーテー …………217 ② ヤゲローシー ………219
  ③ シオハイー …………220 ④ クスバイー …………222
  ⑤ ヒズラシー …………223 ⑥ ハガイー ……………223
  ⑦ タシナェー …………224 ⑧ ショーラシー ………225
  ⑨ その他 ………………225
   (a)ジリー …… 226 (b)チーケー…… 226 (c)ヨダケー … 226
   (d)ヒダリー … 226 (e)ヒモジー…… 227 (f)シンデー … 227
   (g)テェーギー… 227 (h)ケナリー…… 227 (i)アカェー … 228
 むすび ………………………………………………………… 228

三、形容動詞の生活とその推移 …………………………………… 230

はじめに ………………………………………………………………… 230
1. 形態 …………………………………………………………………… 230
　(1) 活用関係 ………………………………………………………… 230
　　① 終止の言いかた ……… 230　② 過去の言いかた ……… 231
　　③ 未来の言いかた ……… 232　④ 語幹 …………………… 233
　(2) 和語と漢語 ……………………………………………………… 234
2. 意味 …………………………………………………………………… 235
　(1) 和語系形容動詞 ………………………………………………… 235
　　① マメナ ………………… 235　② ジマタナ ……………… 235
　　③ ソソクローナ ………… 236　④ ワガサナ ……………… 236
　　⑤ アラマシナ …………… 237　⑥ ザマクナ ……………… 237
　　⑦ ダラズナ ……………… 238　⑧ メンドーナ …………… 239
　　⑨ ノサナ ………………… 239　⑩ ニーナ ………………… 240
　(2) 漢語系形容動詞 ………………………………………………… 240
　　① シンビョーナ ………… 240　② ギジョーナ …………… 241
　　③ アンキナ ……………… 241　④ タェーゲナ …………… 242
　　⑤ オーヘーナ …………… 242　⑥ コーヘーナ …………… 242
　　⑦ オードーナ …………… 243　⑧ ノフーゾーナ ………… 243
　　⑨ オーチャクナ ………… 244　⑩ コージクナ …………… 244
　　⑪ スッチョーナ ………… 245　⑫ イナゲナ ……………… 245
　　⑬ キレーナ ……………… 246　⑭ ケッコーナ …………… 247
　　⑮ ラクナ ………………… 248
　むすび ………………………………………………………………… 249

付章　九州方言動詞考

一、九州方言における動詞活用の変遷 ……………………………… 251
　はじめに ……………………………………………………………… 251
　1. 二段活用の残存 ………………………………………………… 252

(1)　下二段活用残存の実態 ……………………………………… 252
　　　(2)　特定の上二段活用語の下二段化 …………………………… 253
　　　(3)　他地域の二段活用 …………………………………………… 255
　2.　上一段活用の変遷 ………………………………………………… 256
　　　(1)　ラ行五段活用化の実態 ……………………………………… 256
　　　(2)　「ラ行五段化」の流れ ……………………………………… 257
　　　(3)　特定語の「ラ行五段化」 …………………………………… 260
　　　(4)　「ラ行五段化」動詞の連用形・音便形 …………………… 262
　　　(5)　「ラ行五段化」動詞の命令形 ……………………………… 267
　　むすび ………………………………………………………………… 273
二、九州方言における動詞音便の変遷 ………………………………… 275
　　はじめに ……………………………………………………………… 275
　1.　ウ音便 ……………………………………………………………… 275
　　　(1)　ハ行動詞のウ音便 …………………………………………… 275
　　　(2)　バ・マ行動詞のウ音便 ……………………………………… 278
　　　　①　バ行動詞のウ音便形 …278　　②　マ行動詞のウ音便形 …279
　2.　イ音便 ……………………………………………………………… 280
　　　(1)　サ行動詞のイ音便 …………………………………………… 280
　　　(2)　カ・ガ行動詞のイ音便 ……………………………………… 281
　3.　撥音便 ……………………………………………………………… 282
　　　(1)　バ・マ行動詞の撥音便 ……………………………………… 282
　　　(2)　ナ変動詞の撥音便 …………………………………………… 283
　4.　促音便 ……………………………………………………………… 283
　　むすび ………………………………………………………………… 285

あとがき …………………………………………………………………… 287
索引 ………………………………………………………………………… 288

第一章　生活語・その豊饒なる流れ

　農山村における生活とそのことばは、ほぼ一如の関係とも言えます。その立場からすれば、人びとが、村に生きてきた生活の歴史は、また、その人びとの生活のことばの歴史とも言えます。ここでは、その生活語の観点から、村で過ごしてきた幼少年時代の生活体験を踏まえて、心に残るいくつかのことばをとりあげ、散録ふうに書き留めてみたいと思います。生活語誌と言えば格好はいいのですが、内実はかなり自在なものになりました。しかし、その自在な記録に、思いの外、生活の真実が現れているとも感じました。この章を巻頭に立てたのも、その思いを込めてのことに他なりません。言うならば、生活の流れに沈潜して生きてきた村の人びとの、深い哀歓を追体験しながら、ここで、いくらかのことを語ることができればと念じての記録です。

一、「ボタモチ」考

はじめに

　ここに言う「ボタモチ」とは、彼岸会などで、先祖への供えものとして作られることの多い、例の「ぼた餅」のことです。これが、ハレの日の変わった食べものとして、古来、珍重されてきたことは周知のとおりです。備後（神石高原町）に育った私も、幼少年の頃から親しんできた、懐かしい食べものです。ところで、今日では、「ぼた餅」そのものはよく知られていますが、その起源については諸説があるようです。また、その言いかたの成りたちについても同様です。むろん、両者を切り離して考えることはできません。し

かし、ここでは、しばらく、主として呼び名の面から、その言いかたの成りたちや推移について考えてみたいと思います。

1.「ボタモチ」の語源

　「ボタモチ」は、「牡丹餅」とも言って、花の牡丹になぞらえた言いかたからきたとする通説があります。この説がもとになったのか、春に作ったのを牡丹餅、秋に作ったのをお萩というように、きれいに対応させた扱いもあるようです（井之口　1958）。しかし、この両者が、起源の始めから、雅びで、しかも対応した名をもって生まれた食べものであるかどうかについては、かなり疑いのあるところです。今でこそ「ぼた餅」は、「牡丹餅」が起源だと説かれ、「お萩」はその別名だと説かれれば、あるいは納得するむきがあるかも知れませんが、少なくとも「ぼた餅」は、そんなきれいな生まれではなかったように思われます。このことはまた、後に問題にするとしましょう。ともあれ、備後生まれの私は、幼少時代、「ぼた餅」以外に「お萩」があろうなどとは、まったく知らないで過ごしてきました。成人して、「お萩」の呼び名を知るようになってからも、こし餡で包んだ、こぶりな、いわば都会ふうの、別世界の食べものと思っていました。

　「お萩」について、前田（1965）は、

　　こし餡で包んだのをオハギといい、粒餡で包んだボタモチと言いわけることもあるが、女性語・丁寧語としては両者共オハギという。〔語源〕ぼた餅の女房詞。ハギはハギノハナ（萩花）の下略で、萩の餅の下略ではない。煮た小豆を粒のまま散らしかけたところが萩の花の咲きみだれたさまに似るのでいうと。（p.103）

このように解説しています。女房詞の「お萩」ができたのは、「ぼた餅」を牡丹の花に似た餅と、風流に解するようになってから後のことではないでしょうか。「ぼた餅」の前身は、果たして萩の花にも対応できる、愛でるべきハレの食べものであったかどうか。東京の方では、「ぼた餅」は、今でも、必ずしも好意的に迎えられてはいないようです。かめい（1995）は、

> わたくしの家（私注、旧東京市）では「おはぎ」とのみいって「ぽたもち」ということばには無縁であった。もともとは「おはぎ」は〝女房ことば〟である。しかしわたくしのばあいには、よわい八十路の坂をいまたどりつつついに生涯かわるところなく「ぽたもち」なる日本語は耳に聞いて分かるだけのボタモチという単語、そして、おかしなはなしか知れぬが妙な違和感をわたくしはこれに懐く。ボタモチが「おはぎ」のことである─らしい─ことにひとりひそかに納得がゆきがたいのである。馬ぐそじゃあるまいし、母のつくってくれるおはぎがぽたっと〝ぽたもち〟なのだとは。これはりくつではどうにもならない。（ほんとは、それでこそことばなのだが）。しかしながら、それはそれとして一例を文献から挙げれば、苗村丈伯の「女重宝記」（元禄五年刊）にやっぱり日く、ぽたもちはやわやわ共おはぎとも（巻一）(p.50)

このように述べて、「ぽたもち」という言いかたには無縁であったとし、それどころか、ぽたっとした「馬ぐそ」とも言って、嫌悪感さえ抱いているようです。「ぽた餅」に懐かしさを感じている私などには、にわかには理解しがたい感情ですが、立場を変えてみれば、それもまた現実でしょう。なお、同書は、「『ぽた餅』の『ぽた』に『牡丹』を擬するこの語源説も、いまだあらためてその解釈は検討し直さなければなるまい、（中略）（問題は、うちつけにボタンをこのばあいそれ自体のために牡丹の花に擬するこの語源観に係る）。」として、牡丹の花を語源とする説に疑問を呈しています。これには共感を覚えます。ただ、語源はともかく、その物の史的推移の過程で、物の形状に引かれ、また「ボタ」の発音にも引かれて、特定の地域や人に、牡丹の花に例える雅び心が生まれたとすれば、これはこれとして是認しなくてはなりません。

2.「ぽた」の由来

「ぽた」は、古来、どうもいいことには用いられていないようです。炭鉱の「ぽた山」はよく知られていましょう。「ぽた山」の「ぽた」は、使いも

のにならない粗悪な石炭を言うようです。こう言うのは九州で多いとされていますが、同じ九州の壱岐では、古舟を「ぽたぶね」と言っています（東条 1951）。また、同書は、襤褸とか、椎茸を育てる朽ち木とかを「ぽた」と言うところもあることを報じています。『佐賀県方言辞典』（1902）は、最下等の席を「ぽた」と言うとしています。

　いろりにくべる薪木や朽ち木のことを「榾」（ほた）と言うことはよく知られていましょう。上でも触れた椎茸栽培の木を、「榾木」とも言っているようです。「ぽた」と「ほた」は、何か関係がありそうです。後で取りあげますが、「ぽた」は「ほた」を貶んで言ったもののようです。

　ここで注意されるのは、「ぽた」のことを「藁くずの交じった籾（石川）」と解説している『日本国語大辞典』の記事です。これを「ボタ米」とも言うようです。そして、「ぽた餅」を「ボタ米を用いて作った餅であるところから。ボタ米は、にごから脱しきらないわら屑まじりの米をいう。」と述べています。これは参考になる記事です。こうであるとすれば、国土に広く分布している「ぽた餅」の起源が、おぼろげながら見えてくるように思われます。古代の農山村の食生活にあっては、「牡丹の餅」を楽しむようなゆとりはなかったのではないでしょうか。年貢に差し出した後の屑米を集め、これに他の屑ものを加えたりして食べたのが実情であったかと想像されます。大阪府下では、杣人などが持つ弁当の握り飯を「ぽたもち」と言ったという報告もあるようです（大間知　1972）。杣人の弁当となると、日常の、粗末な食べものであったに違いありません。ただ、握り飯には、持ち運びが便利なだけでなく、山での安全を祈る、一種の信仰もあったのではないかと想像されます。と言いますのは、大間知（1972）が「東北地方では、大晦日の夜、みたまの飯などといって、握り飯を仏壇に供えるのであるが、」（p.118）と報じているからです。東北と言えば、たしかに大阪と地域は異なりますが、古代、素朴な信仰のかたちに大差があったとも考えられません。それにしても、その杣人の持つ握り飯とはどんなもので、どんな色をしていたのでしょうか。仮に、粗末なくず米めいたものが主であったとすれば、色の濃いものであったかと想像されます。古代米として名のある赤米が、これに用いられ

ていたと仮定すると、その握り飯は、あるいは赤色を帯びていたかも知れません。

　餅に関する信仰と言えば、例えば、正月の鏡餅にしても雑煮にしても、稲作に関する特別な信仰に基づく風習であったことは、すでに指摘されているところです（石毛　1985）。ハレの日の食べものとして餅が重んじられるのも、古い信仰に基づいていましょう。大間知（1972）は、「九州地方では、正月の雑煮が、直会ということばでよばれており、神人共食の意味をうかがうことができる。また、力餅ということばのとおり、その神秘な力を久しく信じてきた。」（p.119）と述べています。ただし、古くは、日常の主食として餅を食べる地域もあったようです。餅と言っても、「ソバ、粟、キビ、シイラ（シイナ）、屑米、麦、ヨモギ、琉球イモ（サツマイモ）、ガシラ（サトイモの親イモ）」などを入れて搗きこんだもので、今日の餅からは想像もつかない、粗末なものであったようです（石毛　1985）。古くはモチイといって糯飯をさしたとも、腹もちのよい持飯を意味したとも、諸説もあるようですが（渡辺　2007）、いずれにしても、その糯飯も、農山村ではくず米が主であったかとの想像は、上でも述べたとおりです。ともあれ、これらを握って丸めたものを「ぼたもち」と言ったとすると、その「ぼた」の本来の意味も、推察できるように思われます。

　なお、「ボタ」という、語頭に濁音がくることも気にかかります。言うまでもなく、かつての日本語は、語頭に濁音のこないのが一般でした。それにもかかわらず、語頭に濁音のくる若干の語について、小松（1981）は、「濁音に始まることが汚さの条件になっているのではないか」（p.87）と述べています。先に「ぼた」と「ほた」との関係について触れました。「ぼた」が「ほた」を、いっそう貶んで言ったものであるとすると、この小松の説に該当するのではないでしょうか。

　北陸の旅で、越中で逢ったある識者は、「ぼた餅」のことを「かい餅」と言うと教示してくれました。「かい」は「掻き」のことでしょう。粳と糯を混ぜ合わせた米を鍋で炊き、それを鍋のなかで掻き丸めて作ると言います。丸めた飯に小豆をまぶすのは、他域の、今日の「ぼた餅」の作りかたと同で

すが、古くはどうだったのでしょう。おそらく、くず米などを煮て丸めたのかと推察されます。井之口 (1958) は、米について「上質のものは上納し、わずかな晴れの日の用に残したのであり、日常は屑米や砕け米を粉にして、かい餅やくだけ餅を食って我慢していたのである。」(p.260) と述べています。同じ北陸の越後には「ぼた」の言いかたがあって、「米の粉を熱湯でかいた食品」としているのも参考になります(『日本国語大辞典』)。ちなみに、高知や熊本では、「ぼたもち」を、里芋や薩摩芋を煮て搗き、丸めたもののことを言うようです。

　屑米に関して一言付け加えますと、備後一帯には「ヒラェーコメ」という食べものがあります。「拾い米」と解していますが、おそらく「乾飯・糒」の名残りでしょう。屑米を煎って搗き、塵芥や籾殻を取りのぞいた、素朴で特殊な米です。これに湯をかけ、ふやかして食べます。別に、「焼き米」(ヤッコメ) があります。製法は「拾い米」と同じですが、煎って作るところに目をつけた名でしょうか。ただ、これは未熟米から作るのでやや柔らかく、緑がかった色をしています。私の記憶では両者に区別はなく、どちらの名でよんでもよかったのです。幼少時代の懐かしい食べものでしたが、現在は廃れているようです。ところで、古くは、両者に区別があったのではないでしょうか。「拾い米」は収穫後のくず米で作りますが、「焼き米」は収穫に先立っての新鮮な幼米で作ります。大間知 (1972) は、かつては、熟す前の初穂から焼き米を作り、神に供えると共に、村人にも配ったとしています。備後の「焼き米」も、神からの授かりのもとして感謝する、古い風習の名残でしょうか。「拾い米」もまた、同様の風習を担っていたのかも知れませんが、神への供えという点ではどうでしょうか。東北地方ではこれを常食として貯えることもあったようです。

3. 赤米の伝統と小豆

　以上のように、「ぼたもち」の起源をたどってみますと、かつては、どうも牡丹の花になぞえられるような、雅びた食べものではなかったようです。

それどころか、古い農民の日常の、今で言えばかなり貧しい食べものであったかと想像されます。それが今日では、なぜハレの食べものとして珍重されているのでしょうか。井之口（1958）は、「一般論としては、古い食法が晴れの日の正式食事に残存する場合は多い」としています。たしかに、例えば各地の正月の雑煮の伝承を見ても、七草粥など「かて飯」の伝承を見ても、この指摘は納得できます。「ぼたもち」も、古代の日常食の伝統を引く、特殊な食べものであったに違いありません。それが、なぜ小豆をまぶすなど、装いを変えながら伝承されてきたのか、疑問が残ります。

　今日では、ハレの日の食べものの一部として、小豆は大事な食材です。おこわにしても赤飯にしても、また小豆粥にしても、小豆は欠かせません。このようなことから、ハレの日の食べものとして、小豆にこそ意味があると考えるむきもあるようです。果たしてそうでしょうか。

　古代米として赤米はよく知られています。今日でも、古代を偲ぶ特定の神事として、赤米を作る行事はよく報道されています（坪井　1986, 他）。味は悪くても収穫量は多いとも言われています。その赤米は、炊くか煮るかすると、どんな色になったのでしょう。先にも触れたことですが、古い「ぼたもち」も、あるいは赤色を帯びていたのかもしれません。後世、赤米が廃れても、その赤色を伝承するために、小豆を用いて、その色を出そうとすることもあったかと考えられます。坪井（1986）は、討論集『稲の日本史』（1955）のなかの柳田国男の説を、次のように解説しています。

　　白い米を赤色の小豆で染めるのは、喪われた赤米と同質の価値を求めようとする信仰の一過程と考えたのである。そこには日本人が赤米を信仰や行事に用いていたとする事実が、小豆採用以前にあったのではないかという推測が働いているのである。(p.298)

柳田は『故郷七十年』でも、同様の見解を述べています (p.373)。ここは、柳田国男の慧眼に賛意を表します。また、宮本（1986）も、

　　（小豆を入れて赤い色をつけるのは）そのはじめ赤米を食べていたものではなかっただろうか。しかも、その米は糯米の系のものであったのだろう。(p.36)

と述べています。「ぼたもち」も、小豆がまぶされるようになると、その小豆に主役の座が移っていったのかも知れません。その、小豆に邪霊を祓う力があるとする信仰・習俗は、かなり根強いようです（佐々木 1997）。

たしかに、今日では、ハレの日の食べものとして、小豆が重要な役割を果たしています。「ぼたもち」が牡丹の花になぞらえられるようになるのも、小豆が主役を取って替わった後のことではないでしょうか。その牡丹餅にちなんで「お萩」も生まれました。ただし、根っからの「ぼたもち」党は、女房ことば出身の「お萩」に関心はないようです。知識としてあったとしても、都会的なイメージを持っていると感じるむきが多いかのようです。

このように見てきますと、例の猪の肉の鍋を牡丹鍋と言うことも、また、水分の多い厄介もののぼた雪を牡丹雪と言うことも、「ぼたもち」の牡丹とあい似た発想のもとに、後世に創作されたものと考えられます。いずれも、元は「ぼた」であることが共通しています。

4.「ぼた」と「ぶた」

これは想像ですが、かつては、猪の肉も「ぼた」肉と言ったのではないでしょうか。この言いかたには、鹿の肉などに比べて、質の劣る肉という意が含まれていたかも知れません。このことは、おそらく文献に登場するような表社会でのことではなかったかも知れません。以前、肥後に住んでいた頃、懇意な猟師さんから猪肉を貰ったことがあります。風習だと言って、その肉は剛毛のついたままでした。家内などは、それでいっぺんにに怖気づいてしまい、食べるどころではありませんでした。それにしても、猪が、古来、重要な山の獲物であったことは言うまでもありません。

それはともかく、世に言われているとおり、猪を家畜化したのが豚であるとしますと、その「ブタ」という名は、「ボタ」からきているとも想像されます。むろん猪肉の「ボタ」です。その家猪の肉を言う「ブタ」が、「豚」そのものを指すようになったとも考えられます。かめい（1995）は、同書に収められた「文献に初見という『ブタ』にたいして」という論文において、

> ブタももとは家猪に言及することば（＝かたち）でなく、家猪の肉を表わす（代表する）語形だったのではないかと、ここにひとりこだわるからである。(p.49)

と述べています。また、

> ブタとは、野猪を飼育した家猪をスペシフィクにそれと指示し、それに言及するまさにそのためのことばとして作りだされたゆえんのかたちであったはず。(p.39)

とも述べています。こうであったとすれば、「ブタ」が「ボタ」にかかわって生まれた、あるいは用いられるようになったかとする卑見も、あながち無稽とも言えません。

　江上波夫氏は、遺跡発掘の立場から、江上（1980）で、

> 日本には猪がいたから豚がなかなか家畜にならなかったのだと思うのです。猪は飼育も容易で、増殖することもできる。もっとも、壱岐の遺跡からは豚も出ている。九州の一部では弥生時代にすでに豚を飼っていたとしても、全国的に考えれば、やはり猪でしょう。(p.239)

と語っています。としますと、日本における豚の出現は、かなり遅れることになります。かめい（1995）は、また、

> ブタの語源はわたしの手に負えない。これにたいするわたしの"弁明"は、もともとブタは卑俗な隠語だったからなのではあるまいかというに帰する。隠語とはタブーされた語である、公然とひとまえにおいて口にすることに慎むべき。(p.50)

として、「ブタ」の語源を文献に求めがたいことを弁じています。隠語的な性格をもって「ブタ」という語が生まれたとすると、これまた貴重に見解とみるべきでしょう。「ブタ」が「ボタ」から生まれたとする卑見も、地域的あるいは隠語的な世界でのことであったとすると、十分に納得できます。

　なお、佐々木（1997）は、北九州の弥生遺跡から、ブタの骨が発掘されたことを報じています。

5.「お萩」は半搗き?

　播磨の加古川で、「お萩」を商っているある老女は、「お萩」は半搗きのもの、餅に搗けば「ぼたもち」になると告げてくれました。「ぼたもち」のことを「半殺し」とか「隣知らず」とか言うことは、一般によく知られていましょう。が、加古川の老女は「お萩」を半搗きと言って、「餅」扱いの「ぼたもち」と区別していました。ただし「ぼたもち」は商ったことがないそうです。搗いたものを「餅」とする認識は、むろん後世のものでしょう。

　今日では、一般に「餅」と言えば、モチ米を搗きあげた、例の粘り気の強いものを指します。その基準からしますと、「ぼたもち」は、厳密には「餅」の類には入らないことになります。しかし、上でも触れたように、「餅」が古い「糯飯（モチイイ）」からきたものとしますと、「餅」は、搗き餅に限らなかったことは明らかです。そう言えば上巳の「菱餅」や端午の「柏餅」も、搗き餅ではないのに「餅」と言っています。これらの「餅」は、近来のものと言うよりは、ハレの日の供えものや食べものとして、古い信仰的な慣習のなかで伝承されてきており、この点、注意を要しましょう。

む　す　び

　「ぼたもち」の語源として「牡丹餅」を擬するようになったのは、彼岸会などの特別な供えものや食べものとして、信仰上の慣習をいろどるようになってからのことで、むろん後世のことと考えられます。「ぼたもち」は、元もとそんな雅びたものではなく、「ぼた」である屑米などを炊いて丸めた、日常のごく粗末な、それでいて「食」への信仰を宿した、生活維持のぎりぎりの食べものであったかと想像されます。それが、今日のように、ハレの食べものとして、特別の地位を得るまでの史的展開は、単純ではなかったように思われます。別名とされる「お萩」にしても、単なる別名ではなかったはずで、宮中の女房から生まれたとする生活上の特殊な背景のこともあって、

受用の物や心情は、しだいに、その名にふさわしい方向へ展開することもあったかと推察されます。田舎では、これを、見たこともない都会の食べものとも意識されるむきもあって、結果的には、「ぼたもち」とは違った位相のものとして、特定の地域や生活で、その雅びを珍重されるようなことがあったのかも知れません。それにしても、「ぼたもち」も、「棚からぼた餅」の例えもできているほどに、これまた庶民には親しまれた食べものであったと推察されます。いずれにしても、「ぼたもち」は、日本の食文化史上の、注目すべき食品の一つですが、同時に、これが宿していることばの変遷上の事態も、見逃せない討究問題と言うことができましょう。

文　献

東条　操（1951）『全国方言辞典』（東京堂）
井之口章次（1958）「食品」『日本民俗学大系 6』（平凡社）
前田　勇（1965）『上方語源辞典』（東京堂出版）
大間知篤三他（1972）『民俗の事典』（岩崎美術社）
江上波夫他（1980）『日本人とは何か』（小学館）
小松英雄（1981）『日本語の世界 7　日本語の音韻』（中央公論社）
宮本常一（1981）『絵巻物に見る日本庶民生活誌』（中央公論社）
石毛直道（1985）「民衆の食事」『日本民俗文化大系 10　家と女性』（小学館）
坪井洋文（1986）「稲作文化の多元性―赤米の民俗と儀礼」『日本民俗文化大系 1　国土と文化』（小学館）
佐々木高明（1997）『日本文化の多重構造』（小学館）
かめいたかし（1995）『ことばの森』（吉川弘文館）
渡辺　実（2007）『日本食生活史』（吉川弘文館）

二、「モチ・ダンゴ」考

はじめに

　「モチ」（餅）も「ダンゴ」（団子）も、農山村育ちの私にとっては懐かしい食べものです。「モチ」「ダンゴ」それぞれの言いかたも、生活語の観点からは、特に問題にすることもないのですが、あえてここで取りあげるのは、前節にちなんで、これらの食べものが、農山村の食生活にどうかかわってきたか、そして人びとは、どのような意識でこれらの食べものに接してきたのか。このことを、私の幼少時代のことにすぎませんが、体験した者の目と思いで記しておきたいと考えたからに他なりません。

1. 餅と団子

　当然ながら、「モチ」と「ダンゴ」とには違いがあります。餅はモチ米（糯米）を蒸して搗いたものであり、団子はウルチ米（粳米）の粉を水で練って丸め、それを蒸したものである、というのがおおかたの認識です。ですが、その区別は、当時の田舎の生活をふりかえってみても、そんなにはっきりしたものではありません。石毛（1985）も、「餅はモチ米を蒸したものを搗いたもので、団子はウルチ米の粉をまるめて加熱してものであるのが原則だが、現実にはその区別も徹底していないし、その中間形の食品もある。」と述べています。たしかに指摘のとおりですが、ただ、その区別があいまいなのは、それなりの背景があってのことと考えられます。
　また、別に、餅はハレのもの、団子はケのものという認識もありました。今から考えると、これはかなりあたっているのではないかと思われます。さらに上の石毛（1985）は、祝いごとには餅、仏事には団子という区別もあったとしていますが、石毛自身も、厳密なものではないとしています。少なく

とも、備後の出生地には、その区別はありませんでした。
　ただ、ここで注目したいのは、同じく石毛の、次の見解です。
　　古い技術である搗き餅の製法が、大陸の中心部では早くから粉食の普及
　　にともなって粉餅作りの技術におきかえられてしまったのにたいして、
　　積極的に粉食を採用しなかった周辺地域に搗き餅の技術が残存すると考
　　えるのだが、はたしてどうであろうか。(p.159)
控えめな主張ですが、この見解は、ちょっとおもしろいと思われます。とはいえこの見解が、餅と団子の区別のあいまいな点を、ただちに解決するものとも思えません。上でも触れたように、この区別には、単に異国からの技術の導入の先後関係ということだけでなく、日本の農山村の食生活事情も深くかかわっているように考えられます。

2. 餅の語源

　「モチ」とは、どういう語源のものでしょうか。『時代別国語大辞典上代編』は、「餅」は「もちひ」とも言い、その「もちひ」は「餅飯（もちいひ）の約」としています。あの粘りけを「もち」と言ったとすると、私のような古代語の門外漢は、すぐ例の「とりもち」の黐を思い浮かべます。事実、『岩波古語辞典』は、黐について、「モチヒ（餅）のモチと同じ」としています。黐は、米と違って、山に自生する、在来のものであったに違いありません。が、いずれにしても、本稿では、「モチ」の語源に、さほど深い関心があるわけではありません。ただ、国土にもたらされた頃の米はどんな米だったのでしょうか。このことには関心を持たずにはおれません。そのことにはまた後に触れましょう。

　「モチ」の語源につては他にも説があります。井之口（1958）は、「モチの語原については、腹持ちがよいからとか、持ち運びに便利だから、などという奇抜な説もあるが、望月（満月）のモチとするのが、現在の研究段階では、最も無難な解釈であり、その丸い形——形を自由に変えられるということが、粉食全般に通ずる特色であり魅力であった。」と述べて、「望月」説を

支持しています。それにしても、餅はなぜ丸いのでしょうか。まだ、「丸い形」というのならともかく、「形を自由に変えられる」というのはいかがなものでしょうか。形を自由に変えた結果が、丸い形に落着いたということかも知れません。どうやら「望月」説も、「奇抜」に過ぎる説とされないこともありません。しかしながら、一歩退いて考えてみますと、上述の「もちいひ」説は、主として材料の米の面からの見かたですし、また「望月」説は形の面から、「持ち」説は効用の面からの見かたです。古代の多様な生活の、特殊な面や層を考えてみますと、「モチ」のとらえかたとしては、それぞれに理のあることのようにも思えます。今日に生きる私どもは、餅といえば例の丸い形の白餅を思い浮かべてしまいます。が、ことの始めから、あのような餅が、民衆の各層に浸透していたとは思えません。

「餅飯」からきたとする上掲の各辞書の記述は、古文献を引用してのもので、むろん疑う余地はありません。それにしても、これらの文献は、主として平安期の、しかも中央の学者の手に成ったものです。しかし、餅類は、それよりもずっと前の時代から、民衆の食生活を支えてきたものに違いありません。そのことを考えますと、餅は、また別の角度から見ていく余地がありそうに思われます。

3. 餅はハレのもの

先項で、餅はハレの日のものという、田舎人の認識や習慣について触れました。先にも参照した井之口 (1958) は、ハレの日の食事について、「食事の晴れと褻、すなわち改まった機会の食事と、日常の食膳」との違いの意味を、次のように述べています。
> 年中行事とか祭礼とかいうものは、本来、神とともに共通の飲食を摂るところに意味があったのであり、信仰の薄れた時代においても、われわれの村落生活に節度を保たせてきた。(p.253)

ハレの日の食べものが、神への供えもの、そして神と共食するものという祈りと習慣は、古来、民衆の素朴な信仰として生きつづけてきたようです。た

だ、その供えものは、行事の起こった頃の時代こそ、日常の食生活からすれば特別な食べもの、あるいは馳走であったとしても、時代の進展と共に、その存在感が薄れていったのも、またやむを得ないことでした。

　一つの例をあげますと、かつて、私の出生地の村祭りには、このしろ（鯯）の腹の臓物をとりのぞいて、そのあとに飯をつめて漬けこんだ寿司がつきものでした。祭りが近づくと、どの家でも盛んにつくったものです。なぜこれが祭礼の折りの神への供えものなのか。いつから始まったものなのか。そしてなぜこのしろなのか。また寿司なのか。今からすればあれこれ疑問が出てきますが、ともかく習慣として長く継承してきたのです。しかし、しだいにこれを食べる若者がいなくなり、また村はしだいに過疎化して、ついには廃れてしまいました。

ともあれ、今日の、ハレの日に食べるのを習いとする食品には、その特定のハレの行事が始まった頃の、神聖で、また馳走とした、非日常的な古い食べものの習慣が、その習慣のままに残存していることが多いようです。当面の餅も、その古い習慣を留めた、ハレの日の食べものであることは言うまでもありません。一般には、ハレの日の伝統的な食べものや習慣が、しだいに形骸化したり廃されたりしているなかで、餅は、いまもって、ハレの日の特別な食べものとしての、また神への供えものとしての、一定の位置や存在感を失っていないように見受けられます。

餅は、どういういきさつで、当初、神への供えものとしての資格を得たのでしょうか。上で見てきた事情からすれば、少なくとも餅は、古く、特別な食べものとして存在していたことになります。石毛（1985）は、「単に肉体的な力の源泉として効率がよいだけでなく、精神的にも特別な力を付加する食物であると信じられていたようである。」と述べています。古代の信仰では、活力を与えてくれる食べものには、神の意志がやどります。餅にも、素朴な信仰が宿ったとしても不思議ではありません。ここには当然、生命を支える米への信仰がありましょう。その米の生産が十分でなかった古代においてはなおさらです。庶民は、わずかな米に、屑米、蕎麦、粟、黍、芋などを入れて、搗いて餅にして食べたともあります（石毛　1985）。その米は、混ぜ

ものをまとめることができるほどに粘りけの強いものであったかと想像されます。それに、気になるのは、ハレの日の神への供えものとして、特別の信仰を担っていた餅の原料は、やはり、粘りけのあるモチ米系のものであったはずだという、素朴な関心と疑問です。

4. 古代米は糯か

　古代において、国土で栽培され始めた米は、どんな種類のものだったのでしょうか。佐藤（2002）は、
> ウルチとモチのどちらが早く渡来したのか、太古の米がウルチ、モチのどちらであったのかを指し示す証拠はまったくといってよいほどない。

としたうえで、
> 私はさまざまな理由から、縄文の米はモチ米であった可能性が高いと思っている。（中略）太古の米がウルチであったと断じてしまう理由は何もないということだけは強調しておいてよいと思う。（p.71)

として、いくつもの理由をあげています。この見解は、上の私の素朴な疑問にも応えてくれるものです。先にも触れたとおり、新来のモチ米のねばねば感は、在来のとりもちの粘りけに類似していたかと推察されます。

　瀬川（1983）も、また、
> 弥生人が栽培し食べた米が、糯米であったか粳米であったかという決め手を、いまのところ考古学や作物学では持っていない。（中略）これに対して民俗学の立場からは、対馬や種子島をはじめとする赤米神事の残存する神社や、東北地方で赤米を小区画で神事米として栽培する風習をのこす地方があること、さらには多くの日本人がハレの日に際し赤飯や餅をつくる食習慣をもちつづけていることなど、赤いモチ米に古来の米食の姿を探求するには、好都合な資料が比較的多いといえるようだ。
> (p.195)

と述べています。ここには、古代米として聞こえている赤米が、モチ米だった可能性を示唆しています。が、その米も、日常は口にすることもできない

ほどの、少量で貴重なものであったに相違ありません。赤米神事にそのおもかげを偲ぶことができるように、ハレの日に神に供え、共食するのが、精一ぱいの信仰であり、また生活の楽しみでもあったのでしょうか。赤米でつくったハレの日の餅が、時代の推移と共に白の餅に変わっても、習慣は生きつづけてきたとみられます。なお、餅を儀礼食とするのは、日本だけでなく、照葉樹林の農文化に共通の慣習であったようです（佐々木　1997）。

　蛇足ですが、備後ではウルチのことを「タダゴメ」（只米）と言っています。徳川（1979）によりますと、この言いかたは、「近畿周辺部から東は新潟、伊豆諸島（の一部）、西は中国・四国北岸、および対馬・種子島にかけてのかなり広い地域にわたって」います。同書も、「モチゴメ・モチマイに対する普通の米という意味であろう。ある時期、近畿地方を中心に勢力を広げたものと推定される。」と解説しています。「タダゴメ」がいつ頃から言われはじめたのか定かではありませんが、少なくとも、モチ米があっての只米でしょう。ここでも、モチ米の先行したことが推定されます。

　さらに、もう一つの蛇足です。私の生家では、60～70年前頃までは少量の「オカボ」（陸稲）を栽培していました。元もと、陸稲はどういう由来のものか、私にはよくわかりませんが、栽培された初期の稲は、陸稲的な性格をもっていたとも推定されています（佐々木　1997）。ともあれ、生家で栽培されていた陸稲は、たしかにモチ米系のものでした。

5.　年中行事の餅

　正月の餅のことは、ここに記すまでもありません。正月は、餅で祝う、一年の内でもっとも盛んな、そして心身改まる行事です。神への供え餅も、習慣に従った大小の丸餅でした。（鏡餅とは言わなかったようです。）ちょっと変わったところでは、神棚を「モチバナ」（餅花）で飾ったことです。竹の小枝の所どころに、小さい餅を丸めてつけたものが「モチバナ」です。大間知（1972）によりますと、餅花は、小正月の行事としているところも多いようですが、生家では、特に小正月にはこだわりませんでした。本来は稲の豊か

な実りを願ってのことでしょうが、幼少の当時の生家で、その意識があったかどうかは疑問です。しきたりに従ってというところが多分にあったと思います。ちなみに、雑煮は、煮て柔らかくした餅に、鰤と蛤、その煮汁をかけたものです。食べた餅の数を競うふうもあって、誰それは20個も食べたらしいといううわさが流れると、子どもごころに、その人をひそかに尊敬したりしたものです。

　最近、テレビ放送（2008）で、新潟県北部の朝日村での、正月のトチ餅のことを聞きました。トチの実のアクを抜いて、モチ米に混ぜて搗いたものがトチ餅です。土地の人は、これがないと正月のきた気がしないと話していました。岐阜の白川郷のトチ餅のことも、同年暮れのテレビ番組で報じていました。私も、かつて但馬北部の村で、老女から、トチ餅の、手間のかかる作りかたと、この餅への、暮らしの思いを聞きました。渡辺（1987）には、トチ餅の全国分布図があります（p.44）。これによりますと、トチ餅は、山陰東部から東北一帯の広い地域に点てんと現存しているようです。古代ではこのトチ餅も、神へ捧げる、貴重なハレの食べものだったのでしょうか。

　正月に継ぐ家庭での年中行事で、餅が重要な役割を果たしているものに、上巳と端午の節句があります。

　上巳の節句は、周知のとおり、今では雛祭りとして一般化しています。しかし、雛祭りそのものは、室町時代以後盛んになった行事とされていますが（渡辺　2007）、本来は、呪物としての人がたを、川に流した行事だったようです。備後の出生地では、雛に関する行事は何もありません。それにもかかわらず、上巳の節句をここで取りあげるのは、この行事につきものの菱餅に関心があるからです。備後ではこの餅を、「ヒシーモチ」とか「ヒシー」とか言っています。

　菱餅は、周知のとおり、モチ米に蓬を搗きこんだものを平たく伸ばして、菱形に切ったものです。蓬を搗きこんだことについて、神崎（2005）は、

　　ヨモギは、この時季に芽生え、生命力を象徴する植物である。その新芽を摘み、いかにも邪気を祓うだろうというほどの苦味をもつ葉液までを混ぜてつくったのがよもぎ餅。ゆえに、それは、もっとも強い旬の霊力

を秘めている、とされたのだ。(p.131)
と説明しています。それにしても、その蓬の餅を、なぜ菱餅と言うのでしょうか。ことの始めから、搗きこむのは蓬だったのでしょうか。また、なぜその餅は菱形なのでしょうか。こんな疑問が残ります。

　私は、菱餅は、当初は、菱の実を用いてつくったのではないかと考えています。が、このことについて触れた文献には、いまだいきあたっておりません。ただ『広辞苑』は、「菱餅」を「菱の実を粉にして作った餅」としています。この菱の実の説は、考えてみる必要があるように思います。菱は、秋に菱形の実をつけることはよく知られていましょう。

　私は、かつて、数年間のことですが、佐賀に住んでいたことがあります。佐賀は堀の多いところです。この堀に菱が自生していました。秋になると、人びとは、この堀にたらい舟を浮かべて菱の実を摘みとります。まさに秋の風物詩です。それを塩ゆでにしたものは店にも並び、また、よく売り歩いてもいました。「菱ヤンヨー」(菱はいらんよう。)という売り声も懐かしく耳に残っています。菱が自生するところは、何も佐賀に限ったことではありません。現在住んでいる播磨の溝川でもよく見かけます。ところで、昔は、この菱の実を乾かし、搗いて粉にしたのではないでしょうか。古くは、上で述べたトチ餅のように、この粉をモチ米に混ぜて搗くこともあったかと推察されます。こうして作った餅は、まさに菱餅と言うにふさわしいものだったに違いありません。粉の混入は、むろん増量の目的もあったのでしょうが、何よりも重視したいのは、菱に邪気を祓う霊力を見ていたことでしょう。

　菱の実は、先端に鋭いとげを持っています。そのとげをかたどった武器や魚を突くやすもできていました。この種の道具類もヒシと言ったらしく、『時代別国語大辞典上代編』は、菱と同源としています。そのとげが、邪気を祓うと信じられてもいたようです(神崎　2005)。

　当初、菱の実の粉を搗きこんでいたとすると、それがやがて、蓬を搗きこむようになったと考えざるを得ませんが、そのいきさつは不明ながら、一端は、上述の神崎(2005)の見解に見ることができす。ただ、蓬を搗きこむようになっても、菱餅の名とその菱形は残って、後世、長く伝承されてきたこ

とは改めて言うまでもありません。大間知（1972）は、菱形は人の心臓をかたどったものとしていますが、菱の実からの起源を信じるかぎり、その説はややあやしくなってしまいます。それに、古代、人の心臓の形が、一般によく知られていたとも思えません。

　端午の節句も、元は邪気祓いの行事だったとされています。その習慣のままに、生家でも、菖蒲を屋根に投げあげたり、風呂に入れて菖蒲湯にしたりしていましたが、ただ、男子の節句の気配も、鯉のぼりをあげる習慣もありませんでした。その点、上巳の節句に、雛に関心のなかったのと同じです。行事の中心は柏餅とチマキです。

　柏餅が民衆の間に広まったのは江戸の頃からとされています（石毛1985）。柏餅は、周知のとおり、米粉（モチ、ウルチ適度に混ぜて）を練って丸め、中に小豆餡を入れて蒸したものです。モチ米を使った搗き餅ではありませんが、それでも「餅」と言っています。ハレの日の供えもの、食べものとしての位置づけが「餅」の名にこだわったのでしょうか。さらに注意されるのは、それを包む木の葉のことです。

　柏餅と言うのは、柏の葉に包むからだとされていますが、備後の生地では「サルトリイバラ」の葉に包んでいました。ところが、こうするのは、出生地だけでなく、西日本に広く行われる習慣のようです。子どもの頃、私は、「サルトリイバラ」の葉を柏の葉と信じていました。山へ入ると、この葉はどこにでも自生していました。節句の時季になると、母親の言いつけで、よく摘みに行ったものです。ところで、「サルトリイバラ」の葉に包んでも、柏餅の名に変わりはありませんでした。『広辞苑』は、こうなったについては、「サルトリイバラ」が、中国や印度などに自生する「サンキライ」（山帰来）に似ているからだと説明しています。としますと、先方には、端午の餅を、「山帰来」の葉に包む風習でもあったのでしょうか。そして、その中国の風習が、日本に伝来したということなのでしょうか。このあたりはっきりしませんが、もしそうであったとすれば、その伝来は、柏餅の物と名が、日本で一般化した後のことかと推察されます。柏餅の名はそのままに、「山帰来」にちなんだ「サルトリイバラ」の餅が広まったと考えられるからです。

西日本を覆う広い分布を見れば、中国からのこの風習の受容は、かなり著しいものであったかと推察されます。なお、但馬では、柏餅のことを「さんきらもち」と言うようです（『全国方言辞典』）。「山帰来」に由来する名称であることは明らかです。

　チマキも中国の故事が伝わったものとされ、その歴史も柏餅より古いようです（神崎　2005）。生家でも、これを欠かさずつくっていました。米粉を練って円錐形に丸めたものを、笹の葉でくるんで茅でしばります。これを蒸してできあがりです。茅を用いるのは、茅に霊力があるからだとされていますが、何もかもしきたりです。正直言って、子どもには、小豆餡の入った柏餅のほうに人気がありました。

　チマキと言えば、思いだすことがあります。もう 20 年も前のことになります。5月の始め頃、薩摩中部を旅していました。見ると、どの家でも、庭に大釜を据えて何か煮ているのです。やがてそれが、アクマキ（灰汁巻）を作っているのだと知りましたが、当初はただ、不思議な風景だと思っていました。釜の傍には一人がつききりで、火を絶やさないようにしています。一昼夜炊き続けだと、大げさに説明する人もありました。

　アクマキは言うまでもなくチマキの一種です。できあがったアクマキは、見たところでは何かグロテスクな感じですが、食べてみて、その味の深さに驚きました。黒砂糖を混ぜた黄粉で食べます。家に帰ってからもその味が忘れられず、たまたま近所の店で売っていたのを買って食べましたが、現地での味には遠く及びませんでした。

6. 棟　の　餅

　新築の家などの棟上げの祝いに、小餅を撒くことがあります。その小餅を「ムネノモチ」（棟の餅）と言っていました。子どもの頃、八幡神社の遷宮の儀式があり、小俵に入れて寄進された多くの棟の餅が、大々的に撒かれたのを記憶しています。

　棟の餅は、一般には粢（シトギ）、あるいはシトギ餅と言っているようで

す。『広辞苑』によりますと、シトギ餅は、米の粉を清水で練って長卵形にしたもので、神への供え餅とされています。私は、かつて隠岐で、米の霊力を思いおこすような、シトギの、伝統的な祈りに接したことがあります。備後の出生地の棟の餅も、本来は、シトギの古法に従った、供え餅だったに違いありません。製法こそ搗き餅へと変わっていますが、本来は、あたりの邪気を祓う祈りの気もちをこめた、シトギによる敬虔な行事だったと思われます。今では、しきたりどおりの、祝いの餅にすぎません。

　今一つ、小豆の餡をなか入れて包んだ、大福ふうの餅に触れておきましょう。これを「アンビ」と言っています。町（1999）は、この言いかたについて、禅寺から起こったもので、餡餅の唐音、「アンビン」からきているという説を紹介しています。なお、「アンビ」は、広島・岡山県内他で広く聞かれるとしています。

7. 団子はケのもの

　団子は、ウルチ米の粉を練って丸め、蒸したものです。餅と団子の区別についての諸見解については、先の項でも触れました。餅はモチ米を蒸して搗いたもの、団子はウルチ米の粉を練って蒸したものという、主として材料の面から見た区別は、かなり納得させられはしますが、あいまいな面も残っているように思われます。私は、餅はハレのもの、団子はケのものという単純な見かたに関心を持っています。

　上項のシトギは、米粉を清水で練ってつくったものですが、シトギ餅と言うことはあっても、シトギ団子とは言いません。また、菱餅も、蓬の他に、ウルチ米の粉を、いくらかモチ米に混ぜて搗いたものですが、菱団子とは言いません。柏餅にしても、ウルチ粉とモチ粉をあわせて練ってつくったものです。いずれもハレの食べものです。ぼた餅にしても同様です。ハレの日に神に捧げ、神と共食する「餅」には、材料やつくりかたにかかわらず、祈りと生命にかかわる、深い史的な背景があるように思われます。

　団子は「団」という漢語を持っているだけに、少なくともその名は、古い

ものとも思えません。先項で、石毛の「米を粉にする技術は大陸から」とする見解を紹介しました。回転式の石臼が農村に普及するのは江戸時代ともされています。これに従えば、米粉の団子は、餅とはかなり違った来歴を持っているようです。

かつての生家での食生活で、団子と言ってすぐに思い起こすのは、粟を蒸して搗いた粟の団子です。粟にはたしかにモチ性があります。これを「アワダンゴ」（粟団子）とも単に「ダンゴ」とも言っていました。黍の団子もあったように思います。この類のものは、むろん神にも仏にも供えません。平素の腹の足しにする、まさにケの食べものでした。

菱餅をつくるのと同じ材料で、団子もつくりました。ただ、菱餅と違うところは、その団子は、屑のウルチを、かなりの量、混ぜて搗いたように記憶しています。屑米は収穫時の「シーラ」（しいな）からも出ますし、また、精米の過程でも出ます。これらを集めて適当に細かくし、蓬といっしょにモチ米に混ぜ、蒸して搗きます。こうして丸めたものを、「ヨモギダンゴ」とも、単に「ダンゴ」とも言っていました。この団子も神仏には供えません。田舎では、珍しいもの、変りものをつくれば近所におすそわけするのが常ですが、これらの団子は、そういうあつかいのものでもありません。まったくのケの食べものでした。

なお、ウルチ米の粉だけを用いた団子は、今は思いあたりません。月見団子もみたらし団子も、縁のない存在でした。

こんな体験から、餅はハレのもの、団子はケのものという認識が、おのずからにできあがったように思います。

むすび

正月、節句、冠婚葬祭、それに祭りと、餅は欠かせない食べものであり、また馳走でした。盆はどうであったか、これには、特に記憶がありません。「夏の餅は犬も食わぬ」という言い草はありました。夏餅のいたみやすいことを言ったものです。たぶんつくらなかったのでしょう。

餅でも団子でも、つくってから2、3日で硬くなってしまいます。食べるときには、炙って柔らかくしなければなりません。そんなとき重宝したのが「テッキ」(鉄灸)です。それを「ユリー」(いろり)(→ p.32)の端に置いて、上に餅や団子を並べ、その下に燠を掻きいれておきます。焦げたり膨れたりしたのも、また楽しい味でした。もっとも、団子は子どもには不人気でしたけれど。

　餅への思いの深いのに、自分でも驚いています。

文　献

井之口彰次（1958）「食品」『日本民俗学大系6』（平凡社）

大間知篤三他（1972）『民俗の事典』（岩崎美術社）

徳川宗賢編（1979）『日本の方言地図』（中央公論社）

瀬川芳則（1983）「稲作農耕の社会と民俗」『日本民俗文化大系3　稲と鉄』（小学館）

石毛直道（1985）「民衆の食事」『日本民俗文化大系10　家と女性』（小学館）

渡辺　誠（1987）「美濃・飛騨のトチの実食」『日本民俗文化大系13　技術と民俗　上』（小学館）

佐々木高明（1997）『日本文化の多重構造』（小学館）

町　博光（1999）『ひろしまべん100話』（溪水社）

佐藤洋一郎（2002）『稲の日本史』（角川学芸出版）

神崎宣武（2005）『「まつり」の食文化』（角川学芸出版）

渡辺　実（2007）『日本食生活史』（吉川弘文館）

三、「トビ」考

はじめに

　ここに言う「トビ」とは、近所から、容器などに入れて軽い食べものの贈りものを貰ったとき、その容器に入れて返す、小さなお礼の品物を指します。これが感謝の気もちを表した行為であることはよくわかるのですが、それにしても、この「トビ」とは、どういう成りたちの語でしょうか。

1.「トビ」の語源

　「トビ」は、おおむね中国地方に分布しています（藤原　1990）。備後（神石高原町）に育った私も、このお返しの行為と共に、「トビ」という語には、幼少の頃からなじんできました。しかし、その「トビ」という語の成りたちについては、むろん知るよしもなく、また無関心でした。
　藤原（1986）は、『瀬戸内海言語図巻』（1974）の調査項目「返礼の品」の分布状況について、次のように解説しています。

　　「トメ」というのがある。これは、「イレドメ」などの「トメ」に関係のあるものか。「イレドメ」のばあいにしても、「止める」での「トメ」のことと、「イレダメ」の「ダメ」の音転化のこととが考えられよう。ともあれ、「トメ」がおこなわれてかつ「オトメ」もおこなわれている。（中略）「トミ」というのは「トメ」の転じたものであろうか。ていねいには「オトミ」といっている。（中略）これに対して、「トビ」「オトビ」がある。（「トビ」は「トミ」からのものか。）（p.20）

ここでは、「トビ」は、はっきりとは言いきってはいませんが、つづまるところ、「止め」に由来するかのように推定していると理解されます。たしかにこの解釈も納得できます。近所から珍しいものを貰って、喜びもさること

ながら、相手の心づかいに対して、何ほどかの負担の意識もあるのはしぜんのことでしょう。適当なお返しの品が手元にあればいいのですが、それがないとなるとちょっとまごつきます。そんなことから、相手の好意を「止め」る意識がないとは言いきれません。しかし、贈答は、本来、そんなに形式的な行為でしょうか。お返しを「止め」とするのはあまりにも近代的な解釈で、何かしっくりとこないようにも思われます。だいいち、「お返し」と言うこと自体、乾いた言いかたとしか受けとれません。今日では、例えば、婚礼の祝儀にも葬儀の香典にも、一定のお返しをするのが慣習になっていますが、これも、けっきょくは親しい人同士の、好意の交換に過ぎません。改めて言うまでもなく、贈答の起こりは、むろん近代のことではなかろうと思われます。そして、本来の贈答に伴う意識も、またその生活も、もっと奥深いところに根ざしていたのでないでしょうか。

2.「トビ」は「賜び」か

　私は、「トビ」は「賜ぶ」（タブ）からきているのではないかと思っています。むろんその連用形の「タビ」からです。ここには、神からの賜りものという意味がありましょう。隣から貰った、例えば「ぼた餅」も、神からの賜りものとして、慎んで頂戴するのです。その「ぼた餅」を入れてきた入れもの、と言っても皿や重箱の類ですが、この皿などに入れて返した「トビ」は、元もと、賜りものに謝する、神への捧げものだったと考えられます。もっとも、賜りものは、実際には隣家のもたらしたもので、「トビ」の品物は、隣家へのお返しとなるわけです。この行為や意識がやがて表立ってきて、何時のまにか神への思いが抜け落ちてしまいました。このことが、「トビ」の由来をわかりにくくしてしまったようです。本来からすれば、この信仰の慣習には、「止め」の意味や意識が入る余地はありません。
　そう言えば、「トビ」の品物は、手もとにある軽いものであれば何でもよかったのですが、しぜん、マッチとか紙とかが多かったように思います。今になって考えなおしてみますと、これにも、何か、慣習的な意味あいがあっ

三、「トビ」考　27

たのではないかという気がしています。郷田（1958）は、家の火について次のように述べています。

　家の火所は炊事・暖房・照明などの諸機能を持つと同時に、家族結合の中心でもあったが、そうした機能の中には、火の信仰・観念というものが背景になっている場合が少なくない。(p.215)

マッチは、言うまでもなく火の元です。これを「トビ」としたのは、火の信仰や神への奉仕と共に、贈り先の家の幸せや永続を祈念する、伝統的な観念があったのかも知れません。

　紙にしても、同じようなことが考えられます。大間知（1972）は、神に祈る料の幣について、

　ヌサはひろく布帛の類、あるいは紙をさし、神に献ずる供物、あるいは祓の料を意味した。(p.276)

と述べています。そう言えば、今日目にする神社の御幣も、清浄な白紙を切って作ったものです。注連縄に垂らす「シデ」にしても、やはり白紙を使用しています。「トビ」として白紙を入れたのも、このような信仰やその伝統に無関係とは思えません。言うまでもなく、神へ捧げる供物を表したものでしょう。紙も、かつては貴重なもので、農村などでは、容易に購えるものではありませんでした。その神への観念が薄れた今日では、単なる手頃なお返しの品としか意識されていないかのようです。それどころか、何も、マッチとか紙とか、特定の伝統的な供物に限ったことでもないのです。

　なお、広戸（1963）は、「とび」について、石見西部の、「ひねりとび。祝餅の上におく米や干柿を入れた紙飾り。」をあげています。祝餅とは「正月の鏡餅」と解してもいいでしょう（東条　1951）。この風習も、「とび」が、本来、神の賜りもの、あるいは捧げものであったことを示しているように思われます。

　なお、内海域で「タメ」「オタメ」と言うことについて、藤原（1986）は次のように解釈しています。

　内海域で、「タメ」「オタメ」というのも、近畿・徳島・香川県下に分布している。（中略）「タメル」という動詞に思いを寄せて、「タメ」の語

を用いるようになったのであろうか。(p.20)

この解釈もさることながら、やはり「タメ」も、「トビ」、すなわち「賜び」からのものと見ていいのではないでしょうか。「トメ」も「トミ」も、藤原の解釈とは逆に、「トビ」の転じたものとするのが実情に適っていましょう。「イレドメ」「イレダメ」にしても、他家からの到来の皿などの容器に、物を入れて返すところから発想された、いわば後の民衆の生活意識の導いた造語ではないでしょうか。

3.「ウツリ」の解釈

　上の『瀬戸内海言語図巻』「返礼の品」の分布図によれば、「トビ」類と共に、「ウツリ」類が、九州・安芸・香川・小豆島・岡山などに分布しています。共通語も「うつり」でしょうか。これはまた、「トビ」とは違ったことばづくりですが、発想においては通うものが認められます。「トビ」との関連上、この語についても、可能な範囲で問題にしてみましょう。藤原(1986) は、「ウツリ」について、

　　使者の持ってきてくれた、他家からの贈品を受けとったあと、その入れもののはしっこに、たとえば、一箱のマッチを入れたり、ひとむかし前であれば「ツケギ」(火つけ木) を入れたりしたのが「ウツリ」である。たべるものをもらったばあい、たとえば、ごはんの一つまみをお重に残しとどめるのも「オウツリ」であった。「うつり」の語がよくわかるように思われる。(p.19)

このように解説しています。他家からの入れものに、「ウツリ」としてマッチやツケ木を入れたというのは、上の「トビ」の場合と同じです。ことばづくりは違っていても、信仰のかたちに差はなかったものと思われます。そうしますと、「ウツリ」とはどういう意味のものでしょうか。

　上の引用文では、「ごはんの一つまみをお重に残しとどめるのも『オウツリ』であった。『うつり』の語がよくわかるように思われる。」と述べていますが、このことは、あるいは、相手の家へ、受けた側の感謝の気もち伝える

ために、ご飯の一つまみを残して、その気もちを「うつした」と言うのでしょうか。こうであるとすれば、ちょっと納得できかねるようにも思われます。現代ふうな感覚では、一つまみ残すのは不作法な感じもしますが、それはともかくとして、かつては交際の常識を越えた、何か神聖なしきたりがあったのかと疑われます。「うつり」の解釈として、前田（1965）も、「移りとは感謝の心の移り、すなわち代りの意であろう。」としています。つまり、受けた側の「感謝の心の移り」です。たしかにこの解釈が、どうも一般的には、無難な理解かのようです。

　私は、「うつり」を、神慮の「うつり」と見ています。こう考えれば、「トビ」が、神の賜りもの、あるいは神への捧げものとする考えかたや立場に符合します。すると、「移り」か「映り」か、いずれに解するのが適していましょうか。入れものに残した一つまみも、神そのもの、または神への捧げものであって、この行為によって、神との共食を意味したとも見られます。このことについて川端（1958）は、

　　おうつりは、今ではマッチや半紙などにかわっているが、もとは神に供えた物の一部を分けあおうとする意味のもので、古風な家では、お祭の赤飯やお彼岸のぼた餅をもらった時の重箱は、綺麗に洗わずに、隅々に餡や飯粒を残して返すも同じ心から生れた行為である。これも、一種の共食法であった。(p.282)

このように述べています。神との共食が、古人にとって、家族の息災を祈念するために、いかに重要な行為であり信仰であったか、直会や籠りの会食や共食の風習を見ても、このことがよく現れているように思われます。そう言えば、備後地域その他で、神楽での夜食を「ヨナカリ」と言っていますが、これも、元もとは、神との共食を意味したのではないでしょうか。「ヨナカリ」は「夜ながれ」からきたものとされていますが、一晩中演じられる神楽での夜食に限って用いられます。夜中の時分どきになると、神楽大夫（カグラダユー）の告げで、それぞれの家族は、見物の場で、そのまま重箱を囲こみ、幸せなひとときを過ごすのです。お神酒の入ることもあります。むろん、今日では、共食の意識はありません。ところで、上述の、お返しの入れ

ものの隅に残した一つまみも、このような共食の信仰から生まれた行為であるとみると、十分に納得できます。

　幼少時代の村で、客人が、ご飯のお代わりをするとき、茶碗の底に、一口分ほど残していたのを見たことがあります。傍の私は、これを珍しいと見ました。また、子ども心に不作法とも思いました。と言いますのは、ご飯を残すのは「猫分け」（猫は必ず残すから）と言って、平素から戒められていたからです。客のふるまいをいぶかる私に、母は、それがお代わりをするときの、食事の作法だと教えました。そして、もうお代わりがいらないときは、茶碗に残さないで全部食べるのだと言うのです。これは後のことになりますが、私の家内も、昔の、広島県呉の女学校で、作法の時間にそう教わったと言っています。その残すご飯のことを何と言ったか、すでに記憶していませんでした。察するに「おうつり」とでも言ったのではないでしょうか。今日では、一見、不作法とも、また珍奇とも思えるこの行為も、お返しの「うつり」との関連でみれば、理解できるように思います。おそらくこれも神との共食を念じた作法の名残でしょう。

　前田（1965）は、「おうつり」を「贈り物を入れた容器」とし、「オウツリのままお預かりさせて頂きます」という例をあげています。そして、「お移りを入れるべき容器の意でいうか」と説明しています。これこそ、「おうつり」とは神の「うつり」であると認識していたことを示していましょう。神のお下しになったものということで、信仰の源流がよくわかるように思われます。入れものの隅に一つまみを残すのも、神への心が生きているからこそですが、お返しのことを「おうつり」といって、受けた側の、贈り主への感謝の心を移したものと解されるようになった今日ては、もはや神の存在の意識はありません。相手へのお礼の気もち、さらには、受けた側の立場があるのみです。

む　す　び

　隣家からの、珍しい食べものなどの軽い贈りものも、「トビ」（賜び）と言

い、「ウツリ」(映り・移り)と言って、神からの賜りものとして頂戴し、入れものに、神の食分としてわずかに残すこともあった共食の信仰は、時と共にかたちや思いをを変えていったようです。「トビ」や「ウツリ」も、単なるお礼のためのお返しとして意識されるようになってしまいました。生活の変遷によって、日常での、隣家同士のやりとりの行為そのものも薄れてきています。神の庇護のもとに生きたかつての生活の思想は、確実に変わりつつあるようです。

文 献

東条　操（1951）『全国方言辞典』（東京堂）
川端豊彦（1958）「食事・食器」『日本民俗学大系6』（平凡社）
郷田洋文（1958）「いろりと火」『日本民俗学大系6』（平凡社）
広戸　惇（1963）『島根県方言辞典』（島根県方言学会）
前田　勇（1965）『上方語源辞典』（東京堂出版）
大間知篤三他（1972）『民俗の事典』（岩崎美術社）
藤原与一（1974）『瀬戸内海言語図巻』（東京大学出版会）
藤原与一（1976）『瀬戸内海域方言の方言地理学的研究―「瀬戸内海言語図巻」
　　　　　　　　付録　説明書』（東京大学出版会）
藤原与一（1986）『民間造語法の研究』（武蔵野書院）
藤原与一（1990）『中国四国近畿九州方言状態の方言地理学的研究』（和泉書院）

四、「ユリー（いろり）」考

はじめに

　昔の農山村では、火は、まさに家庭生活の中心的存在でした。煮炊きや夜の明かりだけでなく、家族のなごみやつどいなど、火の果たしてきた役割りは言いつくせません。それだけに、火に対する信仰も、伝統的で、また深いものがあったようです。その実情は、今日のガスや電気の生活からは、とても想像できません。かつて山村に生きた人びとは、どのように火の生活を営み、また信仰してきたのでしょうか。本節では、このような主題を追って、火にかかわる注意すべき二、三のことばを取りあげ、その成りたちを見つめて、共に生きた人びとの生活の一端に触れてみたいと思います。

1.「いろり」の語源

　はじめに取りあげたいのは「いろり」です。今では、中国山地の多くの地域でも、ほとんど姿を消していますが、かつては、いろりは生活の中心でした。中備後（神石高原町小野）での、その頃のいろりの生活について、いくらかのことを記録しておきたいと思います。
　私が幼少時代を過ごした小野の生家にもいろりがありました。冬など、ここで暖をとるのはむろんのこと、食事も夜なべも、また接客も、みなこのいろりのそばでした。当時は、いろりのない生活など、とても考えることはできませんでした。
　ところで、そのいろりのことを、備後地域では「ユリー」と言っていました。いろりのそばは「ユリーバタ」（いろり端・炉端）です。なぜ「ユリー」と言うのか、このことについては、当時はとても思い及びませんでした。後になって、「囲炉裏」などの漢字が当てられていることを知りましたが、こ

四、「ユリー（いろり）」考　33

れはあくまでも後世の巧妙な当字であって、語源とは関係のないことと思われます。郷田（1958）はいろりについて、「本来は『居る』という語から出た言葉であり、これに囲炉裏の字を用いたのは明らかに当字である。（中略）『居る場所』の意である。」と述べています。「囲ろり」ではなく「居ろり」が正しいとする説ですが、これにしても「～ろり」の部分の説明がありません。田原（1979）が「囲炉裏と呼ぶようになったのは室町時代ごろからだとされる」と述べているとおり、物の起源は古くても、囲炉裏という名称の起源はずっと後世のようです。ともあれ、私がここで関心があるのは、あくまでも「ユリー」という語の成りたちです。

　土間にしつらえた炉は、生活の歴史と共に古く、その機能は諸般にわたっていたと想像されますが、時代の推移と共に、その炉がかまどと分離するようになります。むろんその推移はゆるやかで、また地域による差異もあったようですが（郷田　1958、田原　1979）、ともあれ、炉は、少なくとも煮炊きの中心的な機能からは解放されることになりました。そして、その主な働きは、しだいに、暖や明かりを囲む、家族の睦みにおかれるようになったかと推測されます。こうみてきますと、その炉を言う「ユリー」は、古語の「ユルヒ（緩ふ・緩ぶ）」が語源ではないかと考えられます。もっとも『全国方言辞典』は、これを「ゆるり」と見ていますが、どうでしょうか。ともあれ、当生活語で言う「ユリー」が、元もと、「ユルヒ」（ユルヒ＞ユルイ＞ユリー）であったことは、この地域の発音傾向からしても明らかです。その発音変化の類例として、「ウリー（潤い・雨）」（ウルヒ＞ウルイ＞ウリー）をあげておきましょう。『岩波古語辞典』は、その「緩ひ」について、「緩めたものが解ける。／（氷などが）溶ける。」と共に、「（寒さなどが）やわらぐ」をあげています。その副詞形とみられる「緩り」についても、「ゆっくり、ゆったりとしているさま。また、のんびりとくつろいでいるさま。」と説明しています。また、『時代別国語辞典上代編』や『広辞苑』によりますと、古く「緩く（ユルク）」（自下二）という動詞もあったらしく、『広辞苑』はこれを、「類聚名義抄」の実例を引いて、「ゆるくなる。とける。くつろぐ。」と説明しています。「緩ひ」を語源として想定しますと、発音の推移にも無理

がなく、炉にくつろぐ家族のさまも想像され、また同時に、炉の機能の推移をも物語る、ごくしぜんの流れと考えられます。『広辞苑』は、「ゆるり（地炉）」が「天正十八年刊本節用集」に出ていると例示していますが未見です。

　先般（2007年）の秋、岐阜の、例の合掌造りで有名な、文化遺産の白川郷を訪ねました。その際、公開されている和田家に立ち寄りました。一階の広い居間に、暖かそうな火のあるいろりがありました。そのいろりを「ユル」言っていたのは軽い感動でした。おそらく「緩」に関係がありましょう。広いこの間が、大勢の家族の団らんの場であったことは容易に想像されます。煮炊きのかまどは別の土間です。ゆるりとしたくつろぎが、この間には満ちていたのかと、その昔を偲んだしだいです。九州の佐賀北部でも「ユルイ」を聞いています。

　ところで、一般通用の「いろり」という語は、どのようにして成ったものでしょうか。地域によっては「イロイ」「イリ」とも言うことを（語頭のイはユの変化形とも考えられます）、また「居る」に関係があるとも、郷田（1958）は報じています。しかし、これらの言いかたが「ゆるり」とは別系統の語とも思えません。仮に、「いろり」が「ゆるり」から転化して成ったとすれば、炉を囲む座としての事実上の変化があり、また観念も先行して、合理的な「囲炉裏」の意識や解釈を導くことにもなったかとも考えられます。むろん「囲炉裏」が当字であることは上でも触れたとおりです。

2.「いろり」の横座

　炉を囲む座のことが出たところで触れておきたいのは、その家の戸主の座のことです。この座は奥まった上座で、「ヨコザ」と呼ばれていますが、この名称は全国に広いようです。田原（1979）は、その「よこざ」について、「ここに畳か莫蓙が一枚横に敷いてあるための名称で、床に敷物を敷くようになって以後の命名だと思われる。」と説明しています。「よこざ」は「横座」という解釈です。大間知（1972）も「たとえ主人が不在でも、横座は他の者のすわるべからざる座であった。ここだけ、むしろが一畳横に敷いてあ

ったことから出た名称だともいう。」と解説しています。「敷物を横に敷いたから」という横座の語源説は、どうやら、かなり広く受け入れられているようです。これらの説によれば、上座に敷物を敷くようになったのは、戸主を尊重してのことと解されますが、しかしながら、仮にそのことに関係があるとしても、このような単純な一元観で、果たして横座の起源を説明しおおせるものでしょうか。この名称の生まれた背景には、時代や地域を越えた、信仰に基づく慣習がかかわっているようにも考えられます。

坪井（1987）は、上の横座の起源説を、「そこに横に筵を敷いたからだという説がふつうであるが、これも疑わしいというべきであろう。」と疑っています。そのことよりも、坪井の説として注目されるのは、「家の神の祭りを司る者」としての主婦の座（カカザ）を中心としたとき、その横に、戸主の座が位置づけられるからだとする見かたです。この説は、かつて主婦は、家の祭祀と共に、実質的に世帯を支え、つかさどる者として、戸主よりも優位の立場にあったという見かたを前提にしています。それが、しだいに、横座扱いの戸主が、家での権力を強くしていったと言うのです。ただ、その史的推移については、本稿ではそれほどの関心事ではありません。

横座の起源が、家の祭祀にかかわっていたとする見かたは重要です。ここで連想されますのは、主として出雲地方に見られる「横屋」の慣習です。横屋は神主の住居を指します。神主は代々世襲のようで、地域では、何かと尊敬や信頼を集めている存在のようです。かつて私は、たまたま出雲の旅の途次で、神主や村長などが集まっての、軽い宴席に招かれたことがあります。当時、学生でしたが、これは、まことに希有な体験でした。その酒席での、神主の扱いは別格でした。席次も、いわゆる床柱を背負った最上席で、村長よりも上座でした。

さて、その横屋ですが、元もとは、神あるいはその社の横にある家という意味のようです。かつては、実際に社の横に位置していたのかも知れませんが、今日では、そのあたりはゆるやかなように見えました。要するに、神に仕える人の住まいする家のことです。その位置づけや立場は、古来、信仰に支えられて、絶対的なものでした。神主本人のことを、「横屋さん」と呼ぶ

横座も、横屋の「横」のとらえかたと、信仰や発想の上で、何か関係はないのでしょうか。上では、坪井の、「家の神の祭りを司る者」である主婦の座の横という解釈に触れましたが、また、主婦が祀った土着の神がみとは別に、外来の、いわゆる公的な神を家の守りの第一と崇め、その神を祀る戸主の座を、その神の横と定める立場もありそうなことのように思われます。実際に、いろりの間、または横座に連なる奥の座には神棚があって、ここには、家の繁栄を護る、土着の神よりも立場の広い、外来の神がみが祀られています。横座とそこに座る戸主は、その神がみによって権威を保持してきたとも言えます。このような見かたは、坪井（1987）の見解にも助けられていますが、仮にそうであるとしますと、外来の神がみを背景とした家の支配者が、主婦から戸主に移っていく、その史的な推移にもかかわってのことと考えられます。地名や姓の「横井」「横川」「横山」「横田」などは、元もとは何の横だったのでしょうか。もっとも、このような私見や感想は、事実を広く押さえた上でのことではありません。その意味では、単なる思いつきにすぎません。

3.「クド」の語源

　生家には、「ユリー」とは別に、「クド」がありました。一般にかまどと言われているものです。「ユリー」は居間の中央にありましたが、「クド」は二基式であって銅壺を備えており、居間と土間との境に、土間に迫りだすようにしつらえてありました。炊き口だけは居間のほうに向いていました。ただ、鍋類のかけおろしは、土間側からするのが便利でした。日常の主な煮炊きはここでしていたように記憶しています。茹でものも蒸しものも、この「クド」でするのが普通でした。

　ところで、西日本に広く分布するとされるこの「クド」の名称は、どのような成りたちのものでしょうか。『時代別国語大辞典上代編』によれば、かまどの煙出しの穴を「クド」と言った記事が、「倭名類聚鈔」に出ているそ

うです。そう言えば、生家にあった「クド」にも、それらしい煙出しの穴があったように思います。ここに薬罐などを置いて、吹き出す熱気を湯沸かしに利用することもありました。その煙出しを指す名称が、かまど自体を言うようになったのでしょうか。

　一方、東日本では、いろりの中心を、「ホド」とか「ホドナカ」とか言うところが多いようです（郷田　1958）。郷田はまた、「このクドはフドと発音している地方があるように、炉の中央部をさしていうホドと同語であるから、」とも述べています。田原（1979）はこれを受けるかたちで、「ホド」は火所の意とし、また「クド」「フド」も火所の意としています。これからしますと、「クド」は火所から出た語ということになります。たしかに、この説も注目に価します。先に触れた煙出しの「クド」も、あるいは「フド」「ホド」の「火」と関係があったのかも知れません。そう言えば、「くぶ」（焼ぶ）、「くすぶ」（燻ぶ）、「くゆる」（燻る）などの語頭の「く」も気になります。

　生家の土間には、「クド」とは別に、大釜が据えてありました。「カマ」と言っていたように記憶しています。このほうは、特別のときしか使いません。味噌・醬油の材料の大豆を煮るときとか、麦を煎るときなどはこの釜の出番です。豆腐を造るときもこの釜を使っていました。いずれにしても使用はごく限られていました。平素は大きくて丸い、木の蓋をしたままでした。

4．土間の神がみ

　さて、大釜は土間の隅に、二方を壁につけて固定されていましたが、その一方の出っ張りを支える形で大黒柱がありました。その大黒柱には小さな神棚があり、かまどの神を祀っていました。「コージンサン」（荒神さん）と言って崇めていましたが、それが三宝荒神であることは言うまでもありません。ところがまた「ロックーサン」（土公さん）というかまどの神も崇めていたのです。その神が土公神であることは明らかですが、別に神棚もなく、この神の所在場所は、はっきりとはしていませんでした。ただ、祖母は、

「ロックーサン」にと言って、「クド」の上に供えものをしていました。どうやら「ロックーサン」は、「クド」自体が神体の、土着の神と信じられていたようです。

　いずれも、かまどの神とされながらも、「ロックーサン」のほうは、祖母が、時に、「クド」の上に、飯など軽い供えものを置く程度の、ひっそりとした信仰だったように思います。それだけに、「ロックーサン」は、なんだかかまどつきの、身近な神と信じられていたかのようです。それに対して、「コージンサン」のほうは圧倒的な存在でした。年どしに祀るご幣は、収穫の後に催される神楽（荒神神楽またはその系統）で、戸主が授かって来ていました。授かったご幣は、大黒柱の神棚に祀ります。その際、古いご幣と交換します。こうした信仰を集めた荒神は、単にかまどだけの神ではなく、家の守り神としての権威と存在感を確立していたように思います。

　また、生家では、別に、屋敷の近くに荒神社を祀っていました。祠と言うには少し規模の大きい社でした。この荒神社は、生家だけでなく、近所の家いえの信仰も参詣もあって、存在感のある、確乎とした社でした。

　ところで、いろりとかまどとが分離する際、土公神は、かまどと共に残ったとみえます。当然と言えば当然でしょう。かまどの神ですから。かつてかまどの神を祀った主婦の権利としきたりは、今では、老女が、時に思いだしたように祀る程度の、細ぼそとしたものになってしまいました。けれども、今日では、そのかまども姿を消し、また、分離したいろりも姿を消してしまいました。生活形態が大きく変化して、そうした伝統的な生活も火の信仰も、記憶している人と共に、過去のものとなってしまったようです。

5.「千把火」のこと

　家庭での火のことを追憶したついでに、関連してもう一点、雨ごいの行事の「センバビ」（千把火）のことに触れておきましょう。「センバビ」は、一般には「千駄火」とも「千把焚き」とも言われています。少年の頃、大きな日照りが続き、みんな困り果てたすえ、集落で、雨ごいのための「センバ

ビ」を焚くことになりました。そのための諸準備もあれこれとあったはずですが、このことは残念ながら記憶していません。

当日の「センバビ」焚きの場所は、「イノモーシ」と呼ばれている小高い台地でした。「イノモーシ」は、土地では「猪もうし」という文字があてられていたようですが、これは、おそらく「井の申し」でしょう。「井」は、言うまでもなく井戸の井、つまり泉とか水とかを指しています。ちなみに、村に「猪の辻」という高い山があります。これも元もとは「井の辻」、すなわち「分水嶺」を意味していたと考えられます。

複合語の一方の「申し」のことですが、これは神への祈願のことに違いありません。この「申し」のことで思い合わされますのは、村祭りの前夜祭のことを「前の申し」と言っていたことです。これは、祭りの前日に、神の降臨を祈願する行事を意味していました。同様に、「井の申し」も、水の神への祈願を意味する言いかたであったと解されます。そうしますと、この台地は、「井の申し」が固有名になるほどに、古くからの祈願の山だったのではないでしょうか。昔から、雨ごいはこの山でと決まっていたのです。

当日は、集落の人の総出で、あたりを切り払った雑木も含めて、大きな火が焚かれたことは言うまでもありません。しかし、雨は降りませんでした。子どもながらもがっかりしたことです。その無念な気もち、天の非情を恨む気もちは、今も思いおこすことができます。

む　す　び

かつては、火に関する生活がいかに深刻なものであったか、そして、いかに懐かしく暖かいものであったか、思い半ばを過ぎるものがあります。火の神に対する信仰も、こうした生活の深みが、しぜんに求めた真情であったように思われます。ここではあげませんでしたが、神に捧げる灯明の類も、同時に人の心のなかをも静かに照らす命の光であったのかと、今は、しみじみと憶い至っています。

文　献

郷田洋文（1958）「いろりと火」『日本民俗学大系6』（平凡社）
大間知篤三（1972）『民俗の事典』（岩崎美術社）
田原　久（1979）「かまどといろり」『講座日本の民俗4　衣・食・住』（有精堂）
坪井洋文（1987）「生活文化と女性」『日本民俗文化大系10　家と女性』（小学館）

五、「ニワ・カド」考

はじめに

　備後の出生地域（神石高原町小野）では、「ニワ」（庭）は土間のことを言い、「カド」（門）は母屋の前庭のことを言います。生活語の現状としてはこれだけのことですが、ただ、こう言うようになった史的な背景は、必ずしも単純ではなかったように思われます。私どもの先祖は、これらの空間をどう呼んで、どう活用してきたのでしょうか。そして、どういういきさつで今日の言いかたに安定するようになったのでしょうか。その特定空間を活用する生活の推移と共に、動いてきた生活語の軌跡を、散録ふうに追って見ることにしたいと思います。

1.「ニワ」の由来

　「庭」について、『岩波古語辞典』は、「作業・仕事をする平らな一定の地域。神事・狩猟・漁業・農作業などが行なわれる。転じて、今日の庭の意」のようにまとめています。これによりますと、当初、「庭」は、使用の目的はともかく、「平らな一定の地域」を言ったようです。ただ、この「庭」はどこにあったのかはっきりしません。はじめから、今日の農家のように、家屋のなかにあったと考えることはできません。そうかと言って、各家ごとに、各家の前にあったとも考えにくいように思われます。その「庭」は、あるいは誰それの所有地などではなく、地域の住人が、必要に応じて、また目的に応じて自由に使用する、共同の空き地ふうのものだったのかも知れません。農山村にあっては、その空き地も、実際には農作業に活用されることが多かったかと想像されます。むろんこのことは、単純な話しではありません。

今日では、庭は、少なくとも生家では、家屋のなかにある土間に等しいもので、その空間を「ニワ」と呼んでいます。『日本言語地図4』(194図)によりますと、そういう土間にあたる庭は、当備後に限らず、全国の広い地域に見られるようです。しかし、古い時代の農家の一般では、屋内に庭をとる空間などなかったとされています。日本の家屋の史的展開について論じた坪井 (1985) は、時代の当初の家屋は、中央に炉をきった、いわば土間一室の形式であったとしています。一般に知られている原始の家屋がそれです。むろん「ドマ」という、漢語の名称もなかったに違いありません。

土間一形式の家屋も、やがて進化していきます。竹内 (1958) は、この間の事情を、次のように説明しています。

> 少し文化が進むと住所としての床座を欲するようになる。すると在来の単室の平面形が長方形で、しかも比較的広い場合は、適当な位置で床を仕切って一部を板張りにする。すなわち一つの屋根の下に、土間と床座の部分とが包含された、そういう住居ができるわけで、その堺には当初まだ間仕切としての形態は具備するに至っていない。(p.43)

このように進化してきた農村家屋について、今 (1958) は、また、

> 土間の部分は原始時代の伝承をのこしている部分で、板の間は平安時代の伝承をのこしている部分、(p.5)

と説明しています。そうしますと、土間の部分はどう活用され、また、その部分はどう呼ばれたのでしょうか。ここに、家屋の外にあった空き地ふうの庭が、その機能と呼び名と共に、しだいに屋内に取りこまれていったかと推定することもできましょう。仮に、屋外の空き地が共用のものであったとしますと、その庭が各家に取り入れられたことによって、各家は、小規模ながら、気がねもなく自由に作業できる、特定の空間を持ったことになります。こうして、土間一形式の家屋は、とりあえずは、いろりを切った居間と、作業もできる庭(土間)との、二つの空間を持つ家屋に進化したことになります。

ただし、このような進化に関する推定は、主として出生地の備後の情況からの判断で、全国的には、地域差もあることですから単純には言えません。

その複雑さの一端は、『日本言語地図4』(194・195図) によく現れているように観察されます。それにしても、上の195図 (ニワを"前庭―作業場"の意味で使うか) を解説している佐藤 (2002) が、「ニワは作業場から土間の意味へと変化してきたことがわかる。」(p.246) としているのはいかがなものでしょう。もう少し説明が必要のようにも思われます。この変化が、一定空間の名称の単なる移動や推移でないことは、上でも述べたとおりです。なお佐藤の解釈には、「前庭」のことにもかかわっていますので、また後の項で触れることにしましょう。

2. 庭と生活

　備後の生家の庭は、10坪はありそうな、かなり広い土間でした。しかし、周辺の農家の庭は、それほど広くはなかったように記憶しています。「ニワはいうまでもなく作業場であり、(竹内　1958)」というのが、民俗研究者の、母屋の庭についての一般認識だったようです。たしかにそのとおりだったと思いますが、ただ、私の幼少当時の生家や周辺の家いえでは、庭での脱穀作業などはしていませんでした。もっとも、脱穀などをする作業小屋が、母屋とは別棟で、屋敷内にあるのが普通でしたから、母屋の庭での作業は必要なかったものと思われます。その「コヤ」(小屋) は、いつの時代から設けられるようになったのかよくわかりませんが、私の幼少当時は、稲扱ぎに限らず、麦、豆などすべての穀物の収納作業はここで行われていました。激しく塵芥の立つ脱穀作業を、以前、果たして母屋の庭でやっていたのかどうか、今からするとちょっと想像がつきません。それでも、脱穀作業を「ニワシゴト」(庭仕事) と言い、取り入れの終わりを「ニワアゲ」(庭上げ) と言っていますが、そんな言いかたが残っているところを見ますと、かつては、庭が農作業の主な場所であったことを物語っているかとも考えられます。

　それでも、藁を用いた縄ないや草履作りなどは、やはり庭が作業の主な場所でした。が、夜なべとなりますと、居間のいろりの傍が中心でした。冬などはいろりの傍のほうが温かいということもありましたが、また、庭には明

かりが届きにくいということもあったかと思います。
　その庭には、大型の「カマ」(釜)と、足踏み式の「カラウス」(唐臼)が備えつけてあったものです。庭の広狭には関係なく、この二つの生活具はどの家の庭にもありました。大釜は、時に豆腐や味噌造り用の大豆を煮たりするときに使用し、唐臼は、時に食用の穀類を搗き、また餅を搗いたりするときに使用していました。餅搗きの日などは、一家総出のにぎやかな場所でした。庭の奥には「ハシリ」(流し・勝手場)(→ p.200)があり、また、煮炊きをする「クド」(かまど)(→ p.36)があります。いわば庭は、主として女性が立ち働いて日びの食べものを整える、考えようによっては一家の生活を支える、大事な場所でもあったのです。決して単なる作業場ではありませんでした。

3. 庭と信仰

　庭はまた、大事な信仰や風習を伝承する神聖な場所でもあります。大釜の傍の大黒柱には火の神の「コージンサン」(荒神さん)を祀った棚があり、かまどには「ロックーサン」(土公さん)(→ p.37)、流しには「シージンサン」(水神さん)が祀ってあって、神がみと共に生活した、古い信仰の伝統が、現に庭のなかに生きています。土間が、古い生活の中心であった事実を、こうして確認することができるように思います(今　1958, 参照)。
　「ニワハキ」(庭掃き)は、私の子どもの頃の、登校前の、毎日の決まった朝仕事でした。土でこぶのできた庭を手箒で掃くのですが、これも子どもにとってはなかなかの大仕事でした。ですが、神がみの居どころを清潔にすることは、一家にとって、怠ることのできない作業でした。その庭には、初夏になると「ヒーゴ」(つばめ)がやってきます。そのつばめは、庭の天井近くに巣をかけるのが常でした。季節になると、そのつばめを待ち望んだものです。「ニワクチ」(庭の入口)の障子のひとこまを切り取って、つばめの出入りを自由にしてやることも毎年のことでした。ちなみに、その庭を土間と呼ぶことはありません。

4.「カド」の由来

　母屋の前庭を「カド」(門)と言うことは先の項で触れました。門と言えば、例の柿本人麻呂の「……夏草の思ひしなえて偲ぶらむ妹が門見むなびけこの山」を思い起こします。万葉に出てくる門(カド)は、家のどのあたりを指して言ったのでしょうか。『岩波古語辞典』は、門(カド)の語源を、《カはスミカ・アリカのカ。ドは戸口のト》と解説しています。その上で、門(カド)の意味を、「門／門口、門前、門のあたり／家門、一門、門流」と説明しています。貴族の邸宅などであれば、外囲いの塀も門もあったでしょうが、一般の農家となると、とてもそのようなことは考えられません。現在のことになりますが、『日本言語地図4』(196図)によりますと、主として近畿から中国・四国東部へかけての一帯では、門(カド)を、「前庭の仕事場」と認識しているようです。

　岩井(1986)は、門(カド)について、「本来カドというのは家の前のもっと広い部分を指したのであった。」とし、また、「農家のこうしたカドは脱穀調整をはじめとする農作業のたいせつな作業場であったのであるが、そこはまた重要な祝祭の場であった。」と解説しています。そうであるとしますと、庭との区別がはっきりしなくなります。ですが、あるいは区別のあいまいなのが、古来の実情かも知れません。前庭に空き地があれば、それを何と呼んだか、地域によって様ざまであったことは、上の195・196図を見れば明らかです。全国にわたればいっそう複雑で、家の構造を含めて、地域的な諸相のあったことを思わせます。今はそのことには触れず、取りあげている備後の特定地域に限ることにしましょう。

　さて、この地域で、仮に、前庭の空き地を、「ニワ」とも「カド」とも呼ぶことがあったとしても、時代の進展と共に生じた屋内の空間を、「ニワ」とは言っても「カド」とは言わなかったことも注意されます。このことは、庭と門(カド)との間に一定の違いのあったことが推察されますし、またその違いが、何ほどか認識されていたことも明らかです。

門（カド）については、『岩波古語辞典』も、上項でも触れたとおり、「門／門口、門前、門のあたり」としています。これからしますと、門（カド）は、少なくとも当初は、家の門や門口あたりの、かなり限定された特定の場所を指していたと考えられます。前庭の空き地を指したとすれば、それは後の時代のことになるのではないでしょうか。そんな空き地は、特別の意識もなく、ただ「ニワ」と言うのが、古くからのしぜんの伝承だったように思われます。「ニワ」の呼び名が屋内の空間へと移っても、地域によっては、なお前庭のことを、「オオニワ・オモテニワ・ソトニワ・カドニワ・ナカニワ……」などの複合語によって言い表しているのも、かつてその前庭のことを、「ニワ」と呼んでいた、古い時代の名残と解することができます（『日本言語地図4』（195図）参照）。

5. 門と生活

今日、備後の出生地あたりの前庭の門（カド）は、母屋や小屋などに囲まれて、ちょっとした広場になっているのが普通です。けれど作業小屋が別にあって、少なくとも近代は、ここで脱穀などの作業をすることは、普通にはなかったようです。それでも農家にとっては何かと便利な広場でした。収穫した穀類を筵にひろげて天日に干したり、煙草作りの農家では摘んだ葉を乾かしたりしたのもこの広場です。子どもや「ニワトリ」「トリ」（鶏）の遊び場もここでした。門（カド）は「オーカン」（往還・往来）に通じていました。往還へ出るのに、近道として他人の家の門（カド）を通ることはよくあったことです。そんなときは、「チョット　カドサキュー　ゴメンナサェー。」（ちょっと門先を失礼します。）などと声をかけたものです。門（カド）に面した縁側に、気軽に腰を下ろす近所の人もいました。世間ばなしの花が咲くのもこういう場からです。いわば門（カド）は、世間へつながった通路でもあり、世間との交わりの場でもあったのです。

上でも参照した『岩波古語辞典』は、門（カド）を「家門、一門」ともしています。これを、一家の、社会的な立場と解することもできましょうか。

出生地で見た、世間との交際の場としての門（カド）も、このような立場につながるものでしょう。地域によって屋号のことを「門名」と言うのも、同様にみることができます（岡野　2005）。藤原（1996）も、関西諸地域の「カドガ　ヒレー。（交際が広い）」を紹介しています。門（カド）は、このように、外の世界にかかわっているのが注意されます。

む　す　び

　庭（ニワ）と門（カド）とは、地域や時代によっては、その区別のはっきりしないところもありますが、基本的には、庭には intensive な意味合いが濃く、門（カド）には extensive な意味合いが濃いと、概して言うことができるように思われます。

　上の項で、門（カド）の、世間に対する開かれた場としての性格を問題にしましたが、外とのかかわりは、むろん人ばかりとは限りません。例えばこの地域でも、正月になると「カドマツ」（門松）を門口に立てるのが普通ですが、その門松は、正月に来臨する「トシトコサン」（歳徳さん）の依代とされています。すると外来の神も、やはり門（カド）からお迎えしたことになります。盆に、祖先霊を迎えるのも送るのもこの場所でした。

　土間を指す庭は、先の項でも触れたとおり、火や水の神を祀る場でもありました。これらの神がみが、暮らしの当初からの、家と生活の守り神であったことは言うまでもありません。いわば土着の神がみです。庭は、このような神がみの祀り場所としてふさわしい空間だったに相違ありません。家族・家庭を中心とした、日びの安全と息災を祈る場でもあったのです。

　intensive な庭と、extensive な門（カド）。これが両者の基本的な性格だったと考えています。

文　献

今和次郎（1958）「住居の変遷」『日本民俗学大系 6』（平凡社）
竹内芳太郎（1958）「屋敷・間取り」『日本民俗学大系 6』（平凡社）

国立国語研究所（1970）『日本言語地図 4』
坪井洋文（1985）「住居の原感覚」『日本民俗文化大系 10　家と女性』（小学館）
岩井宏実（1986）「変転する日常生活」『日本民俗文化大系 12　現代と民俗』（小学館）
藤原与一（1996）『日本語方言辞書』中　（東京堂出版）
佐藤亮一監修（2006）『方言の地図帳』（小学館）
岡野信子（2005）『屋号語彙の開く世界』（和泉書院）

六、「カシコマル」考

は じ め に

「カシコマル」(畏まる)は、「正座する」の意味で、今日の備後地方に活用されています。
　〇ミンナ　カシコマッテ　キク　コト。(みんな正座して聞くように。)
これは、かつての小学校で、教師が児童によく注意した文例です。児童は講堂に正座したものです。
　この語自体は、その前身とされる「かしこし」と共に、日本語の長い歴史を生きてきたことは改めて言うまでもありません。それにしても、「カシコマル」が「正座する」の意味を持って行われるようになったのは、どういういきさつによるのでしょうか。「正座」という言いかたについても、いつの時代に、どういう意味を持って生まれ、行われるようになったのか、興味のある問題です。本節では、このような、主として「カシコマル」という動作や言いかたの推移について考えてみたいと思います。

1.「カシコマル」と正座

　「カシコマル」が、「正座する」の意味で行われている地域は、何も備後に限ったことではありません。『日本言語地図2』(51図)の「すわる」によりますと、「カシコマル」は中国地方のほぼ全域に、とびとびながら分布しています。また、四国東部および九州北部にも散在しています。一方、近畿南部から関東南部にかけての、東海を含む広い地域にも際立った分布が見られます。なお、同図を見て、「正座する」にあたる語の異事象が、全国に多いのに驚きます。ただ、「すわる」動作は多様で、分布図上の方言語形が、実際にはどのような動作を表しているのか、正確に整理することはかなり困難

と思われます。例えば「カシコマル」という語形だけなら九州の五島にもありますが、これは逆の「安座する」を意味しています。また、出雲東端の「ネマル」にも、正座する意味はなさそうです。他にも、正座するとされながらも、細かく見ると、なお検討を要する語もありそうです。が、このような不安点のいくつかは後項で触れることにして、ここでは、とりあえず、「カシコマル」という語の分布の大勢を押さえておくことにします。

膝を揃えて床面につけ、尻を落としてかかとにつける姿勢、つまり今日で言う「正座」の姿勢は、いつ頃からのものでしょうか。大間知（1972）は、「座り方」の推移について、次のように述べています。

> 『源氏物語絵巻』や近世の風俗画をみると、正座している者もあるが、男女ともに、立て膝やあぐらをかいている者が多い。日本人の正座の風は元禄（1688-1703）・享保（1716-35）以後、泰平が続いてから普及したもので、遠くもまだ三百年は出ていないらしい。(p.142)

この記述のとおりだとしますと、今日言う正座の動作や姿勢は、元禄以後のものということになります。むろん大間知の言う正座も、今日一般の正座の動作と理解されますが、その動作以前のいわゆる正座は、どのような姿勢だったのでしょうか。ここで取りあげている「カシコマル」は、古い正座の動作を、何らかの形で伝承しているとも考えられますが、ただ、この語の意味自体は、基本的には、恐れ慎みの精神面を表しているに過ぎません。その精神状態の時の姿勢が、おのずからに正座と認識されていたのでしょうか。が、その姿勢の形についてはよくわかりません。しばらく、古語の「畏まる」について、先達の見解に耳を傾けてみましょう。

2.「畏まる」の由来

大野（1976）は、「カシコマル」について、次のように述べています。

> カシコマルという言葉は、カシコシという言葉から作られたものである。（中略）カシコシとは本来、大きな力の存在に対する、畏怖・畏敬の気持をいう。古代の日本人は、山や海や、大きな岩、大風、雷など、

巨大な自然に対したとき、それぞれに大きな威力を感じた。一たび怒れば、家も人も吹き飛ばし、圧しつぶし、埋め去るその威力に怖れをいだいた。その畏怖に対して、カシコシと言ったのだった。

　カシコマルという言葉は、この、カシコシの古い意味を受けついだ言葉で、はじめは神や、神に準じて扱われるものに対して最も多く使われた。神や自然の持つ、及びがたい威力に対して、身を固くし、謹慎し、その力にさからわないようにと心がける。その心がけをあらわすのがカシコマルである。(p.27)

この説明によりましても、当初、「カシコマル」は、神や自然の威力に対してさからわないように謹慎する、その心がけを表していたとみられます。けれども、その謹慎の動作や姿勢については触れておりません。ところが同書は、時代は下がりますが「平家物語」の例を引き、「カシコマルとは地面に手をつき、居ずまいを正して相手に対することであった。そしてまた、カシコマルとは、遠慮することであり謹慎することでもあった。」と説明しています。「日葡辞書」にも、「カシコマル」について「うずくまりしゃがむ」とあり、「カシコマッテイル」には「人の面前に、両手を地面についてうやうやしく座って居る。」とあります（土井　1980）。「地面に手をつき」とあるのが注意されます。ただ、その折、足はどう組んでいたのか気になります。異国から伝わったとされる胡座（あぐら）だったのか、韓国女性の正座とされるような立て膝だったのか、あるいは跪座だったのか。いずれ研究や文献もあるものと思われますが、残念ながら管見には入っておりません。現在の正座は、おおむね屋内の動作であって、足の組みかたが重要です。ここで問題にしている「カシコマル」も、今日では、膝を揃えて床面につけ、尻をかかとにつける動作・姿勢を言います。つまり、形を言うのが優先です。ただ畏敬・謹慎の心があれば、居ずまいはその心に従うのがしぜんとも考えられます。古代では、心を重視し、足のありようなどは問題外のことであったのかも知れません。

3. 「正座」とは何か

　ここで、改めて問題にしておきたいのは「正座」ということです。これは「正しい座りかた」とも「正規の座りかた」ともとれますが、よく考えてみますと、何が「正」なのか、つまり、特定の座か、それとも姿勢か、ちょっととまどいます。むろん「正」と言って重要なのは、慎しむべき座での、慎むべき座りかたということでしょうが、今日の「正座」は、ともかくも形に重点を置いています。『広辞苑』も、「正座」を、「姿勢正しくすわること」と説明しています。

　ところで、この「正座」という言いかたは、いつ頃から行われはじめたのでしょうか。同じ『広辞苑』は、蒙求抄の「正座の心で座をただしうするほどに」を引いています。原書にはあたっておりませんが、この場合の「座をただしうする」とは、「座を慎みのある緊張したものにする」ということと解されます。つまり、この「座」とは文字どおりの「座」、つまり会場のことであって、「座りかた」のことではありません。したがって、ここに言う「正座」は、今日言うところの「正座」とは、直接には関係のないことになります。ただし、意味はいくらか違っても、「正座」いう語の出てくることには注目したいと思います。

　形を重視する今日の「正座」という語が使われはじめるのは、これは想像に過ぎませんが、現代のこと、それも、あるいはしつけとか教育にかかわってのことではないかと思われます。手もとの現代語辞書の『新明解国語辞典』は「足をくずさず、姿勢正しくすわること。」としています。足のことに言及している点が注意されます。

4. 長崎五島の正座と安座

　「カシコマル」が「安座する」を表す、長崎の五島のことについては、前項でも触れたとおりです。『日本言語地図2』（52図）の「あぐらをかく」を

見ますと、五島の南部にこの事象のあることがわかります。また、藤原(1996)は、「カシコマリ」について、「"ひざくむこと"〇長崎県五島西南端。――動詞もおこなわれている。カヒコマラン　カナ。(ひざをくまないかね。)」のように記述しています。この地域に限って、「カシコマル」の動作が違っているのは、たしかに気になる事実です。

　上の『日本言語地図2』(51図)によりますと、この五島地域を含む九州西部での「正座する」は、「ヒザタツル」「オヒザスル」が主流となっています。つまり「膝〜」が行われています。『日本言語地図解説』は、「膝〜」系が、東北その他の辺境にも広く分布することから推定して、いちばん古いものと解釈しています。それに誤りがないとすれば、五島では、その古くからの言いかたが安定していて、新来の「カシコマル」にも席を譲らなかったということになりましょう。新来の「カシコマル」の側からすれば、「正座する」の位置に立てなかったばかりでなく、あろうことか、「あぐらをかく」の動作を表す語にあまんじざるを得なかったことになります。これには何かありそうです。『解説』は「意味の変化が起こったものだろうか」ということで深入りしないでいますが、果たしてそうでしょうか。言語とその分布だけから見れば、そのように解されるふしがないでもありませんが、そんな単純な解釈でよいのか、何か釈然としません。これには、土地の生活や習慣が深くかかわっていると考えられます。

　ところで、『解説』は、「ヒザタツル」(膝立てる)の動作はどんな動作なのかよくわからないとしていますが、ここに、ちょっと興味のある記事があります。「日葡辞書」は、「膝を立つる」の意味として、「日本の流儀に従って膝をついて坐る。それは、両の膝と爪先とで身を支えて、踵の上に尻の部分をのせて休めるやり方である。」と説明しています(土井　1980)。また別に、「高膝を立つる」の説明があり、「ヨーロッパ流に膝をついて坐る。」とあります(同上)。ここで思いあわされるのは、キリスト教会などでの祈りの姿勢です。椅子の前下に膝をつく低い横木があり、信者はこれに膝をつき、尻を立てて祈ります。キリスト教会では、この横木を「神に祈る台」と言うそうです(川田　2008)。この横木に膝をつくのが「高膝を立つる」動作

で、ここに言う「ヨーロッパ流」と思われます。その姿勢を少し和らげ、尻を踵の上にのせて体を休めるのが、「膝を立つる」動作なのではないでしょうか。この動作は「カシコマル」姿勢に似ています。「高膝を立つる」動作を休めると「膝を立つる」動作になります。

　五島は、隠れもなき「隠れキリシタン」のくにです。祈りの心や動作が、日常の生活に浸透していたとしても、何の不思議もありません。世間一般に言う「カシコマル」動作は、信仰の心のあついキリシタンにとっては、安楽な姿勢だったに違いありません。このことから、楽な座りかたを「カシコマル」と言うようになったとしても、それはそれとして納得できるように思われます。

5.　九州域の安座

　九州西部一帯では、「あぐらをかく」動作を「イタグラメスル」などのように言うのが一般です（『日本言語地図2』(52図)）。「イタグラメ」は「板車」と解されます。「板車」に乗ったり座ったりする動作が、「あぐらをかく」動作に例えられたものでしょう。この「イタグラメスル」類が、九州西部に広く分布しているのに、五島にはこれがほとんど見られません。この地域に安定していた「カシコマル」によって、その侵入が阻まれたものと解されます。ただ単に、「あぐらをかく」ということで調査すれば、「カシコマル」も「イタグラメスル」も、同じ図上に、同じレベルのものとして表示されてしまいますが、しかし、本来両者は、次元が異なっていたかと推察されます。信仰の世界に根づく「カシコマル」には、なお慎みの心が生き、おのずから他とは違った環境と生息のしかたがあったものと察しられます。

　「正座する」に対応する「膝〜」系の一つに「ヒザマズク」があって、これは九州東部一帯に分布しています。当面の中国の備後にも、「カシコマル」の間隙を縫うように、この語の分布しているのが見られます（『日本言語地図2』(51図)）。「日葡辞書」は、これを「高膝を立つる」動作と同じとしています。つまり「ヨーロッパ流に膝をついて坐る。」ということになります。

『時代別国語大辞典上代編』には、「長跪」を「ヒザマヅク」と読んだ例があがっていますが、その「長跪」を、『広辞苑』は「両膝を並べて地につけ、ふくらはぎを上に向け、上半身を直立させる礼法。」と説明しています。『解説』が、このような、「膝」を正す姿勢や言いかたを、分布図の上から、いわゆる正座を言うもっとも古いものと解釈していることは先にも取りあげたとおりです。備後にあっても、それを、「カシコマル」に先んじた言いかたと解してよかろうと思います。

　出雲東端の「ネマル」については先にも触れました。北陸から東北中部に大きな分布が見られます（『日本言語地図2』(51 図)）。本来この語は、「睨む」を語源とする説もあるほどに（川本　1983）、「座る」一般を表すととるのが穏当かと思われますが、『解説』は「この地図に関する限りは NEMARU が正座を示していることははっきりしている。」としています。しかし藤原 (1997) は、この地方を踏査した結果として、「ネマルが、略座・正座を通じての一般称になってもいる。」と述べています。出雲東端の「ネマル」も、「座る一般」、そして「横臥する」を意味するようです。なお島根全域で、「正座する」は「カシコマル」です。

6. 中国域の安座

　備後の、「正座する」に対する「あぐらをかく」は、「ヒザークム」（膝を組む）です。この言いかたは、備後に限らず、中国・四国・九州東北に広く分布しています（『日本言語地図2』(52 図)）。正座している人に安座を勧めるには、「お膝を崩して〜」とも「お楽に〜」とも言いますが、また上客に対しては、

　　○ドーゾ　オタイラニ。（どうぞお楽に。）

と言うことがあります。敬意のこもった言いかたです。なお、女性は、膝を組むことはまずありませんでした。楽に座るとしても、正座を崩した「横座り」が普通でした。

　上の「52図」によりますと、備後に「ヘタル」が点在しています。が、

「ヘタル」は尻を地や床について、楽な姿勢をとることを言うのが一般です。おおむね戸外での座りかたを言います。労働の疲れをいやす一休みの座りかたの場合には、こう言うのがふさわしいでしょう。どちらかと言えば下品な座りかたであり、また言いかたです。「あぐらをかく」動作にはあたりません。

ここで思い合わせられるのは、藤原（1990）の、「正座する」の分布図（136図）です。この図には、岡山全県および備後南部に「ヘタル」が刻されています。「あぐらをかく」にも対応しないこの事象が、「正座する」の分布図に出てくるのは、しかも一定領域にまとまって出てくるのは、どうも合点がいきません。どういう事情があったのか、あるいはこれをどう解釈していいのか、図りかねています。もっとも、座る動作は多様で、なかなか一筋縄ではいかないのが実情ではあります。

7. 座りかた今昔

床や座敷に正座する動作や作法は、今日では、住居や生活形態の変化と共になくなりつつあります。畳敷きの部屋が普通であった一頃前は、家庭で営む冠婚葬祭の場ではむろんのことですが、また家族の生活の場でも、例えば食事のときなどは、女性や子どもはカシコマって食べるのが普通でした。慎みと言うより、これが作法として、しぜんにしつけられていたのです。最近の住居は和室がなくなりつつあります。椅子やソファーの生活では、伝統的な正座のしつけも機会もないのが実情です。

最近のことです。14～15人の女子大生を引率して、調査のために田舎の旧家を訪問したことがあります。奥の座敷に通された一同は、なんと、尻を畳につけて両膝を立て、その膝を両腕でかかえた、いわゆる体育座りで団座しているのです。体育座りは「三角座り」とも言っていましょうか。老主人とあいさつなどを交わしながら、遅れて部屋に入った私たちは、これを見て驚きました。私たちには、他家の奥座敷に座るのに、正座しか頭になかったからです。しかし、考えてみるとむりもありません。住まいも習慣も、大き

く変容しつつあるなかで育った彼女たちにとっては、それこそ伝統の座りかたも作法も念頭にはなかったのでしょう。幼稚園や小学校の時代から、体育座りがごく普通の座りかたと思いこんでいるのです。それにしても、他家を訪問したときとか、座敷に通されたときなどには、どのようにふるまうのが適当なのか。そんなことは、もう取りたてて問題にするほどのことでもないかのような昨今の世相です。「お行儀よく」などとしつけられてきた家庭生活の伝統の常識は、これからどうなっていくのでしょうか。

むすび

　「カシコマル」は、私の幼少時代には大事な作法でした。子どもへのしぜんのしつけも常のことでした。それだけに、「カシコマル」動作やその場については、幼少年なりにいろんな思い出があります。足が痛くて長く続けていられないのも、悩みと言えば悩みでした。平然と、いつまでも正座し続けている人をうらやましく思ったこともあります。葬儀などの席では特にそうでした。そんな席であぐらをかくことは一種の罪悪でした。

　当時は、正座の形にこだわったしつけや作法だったことを思いおこしますが、それでも、正座することによって、おのずから厳粛な気分になり、慎みの気もちも湧いてきたものです。備後の西隣の安芸には、「オギョーギスル」（お行儀する）とか「ジンジョースル」（尋常する）とかの分布が見られますが（類似の言いかたは近畿中部にも）、これも正座の姿勢やしつけが前面に出た言いかたでしょう。

　座る動作は多様ですが、正座そのものの方言事象もさまざまです。精神面形態面、それにしつけ面と、多くの角度から問題にされ、推移してきたのがこの正座です。その動作も言いかたも、生活形態の変化と共に、やがて姿を消していくのでしょうか。

文　献
　国立国語研究所（1967）『日本言語地図 2』

大間知篤三他（1972）『民俗の事典』（岩崎美術社）
藤原与一（1974）『瀬戸内海言語図巻』（東京大学出版会）
藤原与一（1990）『中国四国近畿九州方言状態の方言地理学的研究』（和泉書院）
藤原与一（1996）『日本語方言辞書』中（東京堂出版）
藤原与一（1997）『日本語方言辞書』下（東京堂出版）
大野　晋（1976）『日本語の世界』（朝日新聞社）
土井忠生他（1980）『邦訳日葡辞書』（岩波書店）
川本栄一郎（1983）「すわる（坐る）」『講座日本語の語彙10　語誌Ⅱ』（明治書院）
川田順造（2008）『もうひとつの日本への旅』（中央公論社）

七、「ミテル」考

はじめに

　「ミテル」とは、ものがだんだんに減っていって、ついになくなることを言います。当生活語では、これを、日常、ごく普通に用いますが、実はこの語は、当地域の生活語に限らず、中国・四国のほぼ全域に分布しています。今日の共通語には、これに相当する意味の動詞はありません。しいて言えば「なくなる」でしょうか。本節では、この言いかたの成り立ちや由来について、いくらかのことを考えてみたいと思います。

1．「ミテル」の意味

　「ミテル」は、上でも述べたとおり、「なくなる」と言う意味で用いられていますが、そのなくなりかたは単純ではありません。普通に言う「なくなる」とは、そのなくなりかたに違いがあります。条件が違うと言ってもよいかも知れません。例えば、持っていた財布がなくなった場合は「財布がノーナッタ（なくなった）。」であって、ここには「ミテタ」を用いることはできません。「俺の靴がノーナッタ。」などと言う場合も同様です。「ミテタ」を生活語としている人びとにとっては、このような用法の区別はごく普通のことで、何も力むほどのことではありません。「ミテル」には、「しだいに減っていってついになくなる」という意味があります。つまり、「財布」の場合にも「靴」の場合にも、このように、しだいに減っていってついに消滅するということはないのです。財布も靴も単一の物品であって、個の集合体でもなければ、端から少しずつ消費するものでもありません。その損失・忘失は、予定も予想もしない、いわば不慮のできごとであり、しかも持ち主の意思で失うものでもないのです。この「財布」や「靴」のように、所有する物

品が瞬時に、あるいはいつのまにか失せるような場合は「なくなる」であって、「ミテル」ではないのです。

2.「ミテル」の語源

「ミテル」は「満てる」が語源でしょう。「なくなる」ことがなぜ「満てる」なのか。この「満」と「無」の関係がおもしろく、また奇妙で、これまでにもあれこれとその由来が説明されてきました。しかし、そのいずれも意味の核心には触れていないようです。

「ミテル」について説明したものの1つに、藤原（1997）があります。それには次のように記してあります。

> なくなる ○中国地方には、この語がよくおこなわれて特異である。山口県周防東南部祝島：モー　ミチェマシタ　カ。（もうなくなりましたか？中女→店の主婦）
> ミテタなどと言われると、他地方の人には、いっぱいになったのかと思ったりもする。ミテルには、「満」や「充」があてられもするからである。が、中国地方の慣用では、ミテルはなくなってしまうことを言うものにほかならない。──いっぱいになってしまえば、もう、あとはどうしようもない。あとなしである。(p.577)

この説明にも、意味は「なくなる」とあります。「満てる」は他動詞で、本来は「いっぱいにする」の意味のはずですが、ここで言う「ミテル」は、自動詞ふうに、「なくなる」とされるのが普通です。能動の「満」の結果の「無」であって、ここには意思の動きはありません。

さて、その「なくなる」も、単純ななくなりかたでないことは、すでに触れてきたとおりです。上の藤原（1997）の説明で気がかりなのは、「いっぱいになってしまえば、もう、あとはどうしようもない。あとなしである。」とあるところです。何がいっぱいになるのか、いっぱいになることによって何がなくなるのか、またなぜなくなるのか、このあたりはさだかではありません。このところを明らかにすることが、実は「ミテル」の意味の成立を解

くかぎになるかと思われます。

「ミテル」は、与えられた、一定量のものについて言うのが基本です。ここで言う与えられたものとは、生活のなかでの必需品、貴重品であるのが一般です。例えば、砂糖とか塩とかは、まさにこれにあたります。この種のものを購う場所は、実際には商店などですが、かつて人びとは、伝統的な生活意識の根底では、このようなものを、命を支えるための天からの賜りものと信じていたのかも知れません。むろん、砂糖や塩ばかりではありません。枝に実った柿や梨などの果物類も、自然の、あるいは天の恵みです。稲や麦などの穀物も例外ではありません。これらは、言うまでもなく無尽蔵ではありません。多寡の差はあるにしても、いずれも一定量の賜りものです。そう言えば、備後に育った私は、幼いころ、祖母からわずかばかりの菓子を貰って、幸せな気分にひたったりなどしていましたが、その折、祖母は、「たまいたまい食えよ。」と言うのがつねでした。「だいじにして少しずつお食べ」というほどの意味です。この「たまい」は、古語の「たばふ（惜ふ）」の連用形と考えられます。この特殊な語の残存も慣用も、しぜんと、天からの賜わりもの、神からの授かりものという意識が内在したからこそとも想察されます。そしてそこに、かすかながらも、ありがたい、もったいないというほどの気もちが動いていたのではないかと推察されます。むろん、天からの授かりものは具体的な生活具ばかりとは限りません。人の命や生涯などのような抽象的な世界のものもあるのです。このことはまたのちに触れましょう。

3.「ミテル」の用法

所与の一定量のものは、具体物にしろ抽象物にしろ、個の集合体、もしくはそれに擬せられるものです。そしてそれは、時の経過のなかで、順次に、活用、作用、実用など、人の「用」に資する対象でなくてはなりません。こう言えば複雑な感じもしますが、この言語習慣に生きた生活人にとっては、事はごく簡単です。備後の例を見ましょう。

　○サトーガ　モー　ミテタ。（砂糖がもうなくなった。）

この例文で言う「砂糖」は、所与のもの、与えられた一定量のものです。その砂糖は、むろん商店で購ったものですが、生活の根底にある伝統的な意識では、天から授かった貴重品でもあります。ところで、台所に貯えてある砂糖は、壺か何かに入れて「用」に備えてあります。もちろん量も限られています。それを、日数をかけて少しずつ消費するのです。その結果、ついになくなりました。「ミテタ」のです。つまり、所与の砂糖を、人びとは、生活のために使用し尽くして、天から与えられた「用」の世界を「満たした」のです。すなわち「満てた」のです。「用」の世界が「満てる」のと同時に、壺のなかの砂糖は消滅しました。所与の砂糖が一定量であるため、実用が増せば増した分だけ、受動的に、砂糖は減ることになります。つまり「用」と「滅」の両者は、相関の関係にあるのです。人びとは、「用」の世界の限界に達した状態を、感慨をもって「満てた」と言い、これがしぜん、「用」に対応する受動の世界の消滅を表すようになったのだと思われます。「無」を表す「ミテル」が行われる背景には、このような生活意識が存在していると考えられます。

　先にあげた所与のものの例で言えば、例えば「米」については、
　　○ハンマェーガ　ミテテ　シモータ。（飯米がなくなってしまった。）
のように用いられます。これも備後例です。「用」に備えて米櫃に貯えておいた飯米が、日びの消費量の漸増によってしだいに減っていったのです。そしてついに「満て」ました。改めて言うまでもなく「満てた」のは「用」の部分、つまり具体の食行為です。その終結状態です。同時に、「用」に備えてあらかじめ準備しておいた飯米も「ミテタ」のです。消滅したのです。

　なお、NHK広島放送局（1991）は、姑が、関東出身の嫁に、風呂の水がミテタと告げたところ、嫁は、風呂の水がいっぱいになったと勘違いして火をつけ、危うく火事になるところだったという、広島での話を紹介しています。これは、少し話をおもしろくしすぎたきらいがあります。使用後の風呂水を栓を抜いて捨てる場合に、「ミテル」と言うことはまずないのではないでしょうか。早く言えば汚水の処理であって、新しい水と入れかえることを目的としたものです。こういう場合には「ミテル」は使えません。関東でも

風呂水をいっぱいにすることを「満てる」とは言わないはずです。

4. 子どもの「ミテル」の世界

　果物の、例えば野の柿の実にしても、時がくれば色づきます。そうなると子どもたちは、おやつがわりにもぎ取って食べます。そのおやつの柿の実がなくなると、これも「ミテタ」です。もっともこう言える場合は、柿の木や実の、大小多寡の規模にもよりましょう。あまり多ければもぎきれないこともあり、何よりも、子どもは食べるのに飽きて、その存在すら忘れてしまいます。こうなると、「ミテル」の世界から遠くなってしまいます。

　子どもと言えば、その子どもが、時に得たわずかな小遣いも、たまにありつくおやつの菓子も、惜しみながらもついになくなってしまいます。この状態は「ミテタ」と言うのが普通です。ただ、おもしろいことに、学用品の類は、例えば鉛筆にしてもノート（雑記帳）にしても、使いきっても「ミテタ」と言うことはまずないようです。もっとも、使いきると言っても、鉛筆も最後の部分は残ります。ノートも、使いきったとしても、ノートそのものがなくなるわけではありません。そんなわけで、限りのある希少なもの、特別に授かったものという意識はあまりありません。補充はすぐできます。

　出雲・石見では「夏休みがミテタ」とも言うようです（広戸　1963）。

　田舎の村むらには、以前は「置き薬」の習慣がありました。今も、小規模ながら続いているとも聞いています。それぞれの製薬会社が、日常薬を箱や袋に入れて各家庭に置いておくのです。各家庭では、その箱や袋から、必要なとき、必要な薬を取りだして服用します。行商の「薬屋さん」は1年後に廻ってきて清算し、消費した分だけ補充しておきます。病院や医者もない山村では、これをけっこう重宝しました。それにしても、使用する薬は、熱さましや膏薬、それに腹くだしなどに偏りがちで、当然のことこの種のものが早くなくなります。ところで、そのなくなった薬については、「ミテタ」とは言わないようです。通常、1～2回の服用で回復し、その後は忘れてしまうのが置き薬です。その点、生活の日常に不可欠な砂糖や塩とは違っていま

しょう。回復をこそ安堵するものの、薬の残りを気にしたり、惜しんだりする気もちは、特別の場合を除いては薄いかのようです。あるいは、天からの授かりものという、特別な意識もないのかも知れません。

　ここで、置き薬についての余談です。行商の薬屋さんは、越中と備前とから来ていました。両地域とも製薬の歴史は古く、また、現今も伝統的な製薬事業が盛んだと聞いています。さて、その薬屋さんたちは、行商にやってきて、どちらも「行かレー」「来ラレー」のような「レー・ラレー」を使うのです。その情景を、今、おもしろい符合だと思い返しています。言うまでもなく、敬語「レル・ラレル」の命令形「レー・ラレー」は、全国で、この両地域だけでしか使われておりません。なぜ両地域なのか、このことは、今のところはっきりしません。『日本民俗文化大系14』は、両地域の古い製薬交流に触れていますが、これも十分な情報とは言えません。今後、あるいはこの面からする「レー・ラレー」やその分布の討究も、思いのほか、興味のある成果が期待できるのではないかと、夢想したりしています。

5. 天与の恵み

　地方人の生活の周囲には、「用」に備えて整えられた、いわば天与のものがたくさんあります。それぞれが、村の生活と息災を支える天からの賜りものです。それを活用して生きる人びとの「用」の世界は、一面、敬虔な祈りの世界と言ってもよいかも知れません。その生活人の心の底には、天与の対象を畏む、あるいはその消費を惜しむ心情があるように思います。

　備後地方に「シロミテ」（代ミテ）という語があります。田植えの終わりを言います。またその田植えの終わりを祝う、ささやかな宴を言うこともあります。「代」は田圃のことですが、この場合は、苗を植えるために準備した田圃ということでしょう。田植えの「満てた」部分が増えるのにつれて、その田植えを待つ田圃もしだいに減少していきます。それがなくなると「代ミテ」です。視点を変えて、田植えのために用意された田圃の側から見れば「代尽き」です。表の能動の世界の「満てる」は、そのまま裏の受動の世界

の「ミテル」、すなわち「代尽き」につながります。

　さて、「代ミテ」となれば労苦もここで一段落です。過ぎ去った労働を顧み、秋の収穫に期待を寄せる、充実した思いがありましょう。その夜の、家族そろっての小宴での笑顔が偲ばれます。なお、「代」の複合語に「シロカキ」（代掻き）、「ナワシロ」（苗代）があることもここで注意しておきましょう。「代」単独では用いられることはありません。

　先に、藤原（1997）を引用しましたが、同書は、「ミテ」について、また次のようにも説明しています。

　　ぎりぎりのおわり　〇中国地方。「四月のミテ」と言えば、これは、四月の最後を言うものである。「ツキノ　ミテ」（その月の最後）との言いかたもなされた。(p.578)

ここにあげられた「ツキノミテ」も、「シロミテ」と同様に解することができるのではないでしょうか。与えられた１ケ月の「用」の部分、言いかえますと、人びとの生活の日びが進んで、その１ケ月が満てたのは月末です。あらかじめ天から与えられた１ケ月を、使い果たして、そこで終わりです。月の「ぎりぎりのおわり」です。なお、年末を「年のミテ」と言うところもあるようです（『日本民俗学大系7』）。

　土居（1958）は、「ヒリミテ」という高知の言いかた取りあげています。これについて、土居は、次のように説明しています。

　　末子を意味するヒリミテは子をヒル（産む）のは、この子かぎりミテル（なくなる）という意からできたことばではなかろうか。ヒルとミテルの連用形複合語であろう。(p.432)

新生児を「しめ男」「おわる」とか「すえ子」「とめ子」とか名づけて、後の出産のないことを願う風習のことは、かつてはよく耳にしました。その願いの甲斐もなく、という笑い話もありました。もっとも笑っているのは近所や周囲の人たちで、多くの子を抱えて養育に苦労する当事者にとっては、笑い話どころではありません。「ヒリミテ」にもそのような願いが込められているのでしょうか。が、命名は、結果的には末子とは限りませんが、「ヒリミテ」は末子についてのみ言うようです。「ヒル」は、一般には、体内の不要

物を体外に出すことを言います。これからしますと、新生児を「ヒル」と言うのは、ちょっと乱暴な言いかたのようにも思えます。が、この場合は、当の地域では、「産む」の意で用いるようですから、「ヒリミテ」は「産み終え」とか「産み終わり」とかいうほどの意味でしょう。天から授かる定めの子の「満て」が「ヒリミテ」なのです。

　人の死を「ミテル」と言うことがあります。この言いかたは土佐にもあるようです（土居　1958）。

　　〇オジーサンガ　ミテチャッタソーデ、（おじいさんが亡くなられたそうで、……。《弔問者のあいさつ》）［備後］

この例の場合は、寿命が「満てた」ことを言うのです。寿命は、それこそ所与の天命です。授かった一定期間のものです。人は誰でも、授かった、あるいは与えられた寿命のなかで、日び、時を刻んで生きています。その「用」の世界の「満てる」時は必ず訪れます。「満てる」時が、すなわち死です。人の死を「満てる」ととらえれば、その悲しみに変わりはないものの、天寿を全うした穏やかさも諦めもありましょう。そう言えば、若くして死亡した人については、「ミテル」とはあまり言わないのではないでしょうか。だいたい古老の死について言うのが普通のようです。ここには、その人の大往生を徳とする意識もありましょう。

　ここでまた余談です。「命が満てる」と聞いて、古代の「たまきはる」という語を連想することがあります。「たまきはる」が、「命」などにかかる枕詞とされていることは周知のとおりです。「日本古典文学大系」の『萬葉集一』の頭注は、これを「語義未詳」としていますが、『岩波古語辞典』は「タマは魂、キハルは刻む、または極まるの意で、」と説明しています。魂を刻みついに極まるというとらえかたが許されるとしますと、寿命を刻み、ついに満てるとする当面の事象の発想や思想に、いくらか似通っていると思えないでもありません。が、これはあくまでも私の素人考えであって深入りはできません。中西（1997）は、

　　「きはる」は、「きわまる（極まる）」の意味である。だから「玉きはる
　　→命」とは、霊魂が極まる命、ということになる。(p.144)

と述べています。ただし、肉体は終わっても、魂（命）は終わらないと考えるのが古代人の思想であるとも述べています。

　寿命に関連して、今一つ、身近な余談を付け加えましょう。山陰の隠岐に「この世を盗む」という言いかたがあります。もう40～50年も前のことになります。隠岐の島後で、都万村を目指していた私は、集落を見下ろす道端の辻堂で一休みしました。その辻堂には、眼下の集落の住人とおぼしき老女が憩っていました。私たちはすぐに心やすくなりました。長寿を讃えた私に、その老女は、

　　○コノヨー　ヌスンデ　コゲシチョル。マットーナ　モンジャラーツ　カイ。（この世を盗んでこうしている。まともな人間であろうかい。）

こう応じました。ことばの内容どおり、長寿の自分を卑下して言ったものと受けとれます。天与の寿命を越えて生きることの、地域感覚としての、いわば罪悪感のようなものがあるようにも思えます。ここには、他人に世話になって生きている、役立たずの厄介者という、自嘲の気持ちがありましょうか。しかし、その言いかたの裏に、長寿を誇る気持ちもあったかに感じられました。いずれにしても忘れられない一言で、その老女の皺の深い風貌と共に、いまでも心に残っています。

　「この世を盗む」という言いかたは、島のあちこちで聞きました。天の定めた寿命を越え、天命に背いて生きていることを言うのでしょう。あるいは老残を恥とする人生観でもあるのでしょうか。天与の寿命の重さと、全うすることのむずかしさを、ここでも思ったことでした。

6.「満てる」と「満ちる」

　「満てる」の「満」から、「満月」「満潮」などを思い起こします。たしかに「月が満ちる」「潮が満ちる」と言いますが、ただ、こちらの方は、「満ちる」であって「満てる」ではありません。先にも触れたとおり、「満ちる」は「いっぱいになる」の意味の自動詞で、「満てる」は「いっぱいにする」の意味の他動詞です。今日の共通語では、「満ちる」が生き残り「満てる」

は衰退しました。その「満てる」が、逆転した意味ながら、「無」を表す「ミテル」として、中・四国の方言に生き残り、根強い生命力を保っていることは、上来見てきたとおりです。

　月の満ち欠けや潮の満ち干は、いわば自然の律動であって、むろん人事とは別のことです。ここに哀楽の思いを寄せることがあったとしても、それは人の勝手であって、月や潮の自然現象自体には、何の関係もありません。ただ永遠に、満ち欠け、満ち干の同じ律動を繰り返すのみです。それにつけても、日常の「満」の世界と、それに対応する「無」の世界とに、特別の思いを持った遠い祖先の人びとの、生活の哀しさと豊かさが偲ばれます。

む　す　び

　本来、「満てる」は、実用・活用の世界、言いかえれば特定の「用」の空間を満たすことを意味する語です。その満たすべき空間の漸増によって、相関関係にある受動の世界は、しだいに減少していきます。そして、「用」の空間が「満てる」と同時に、受動の世界は消滅します。その消滅したものへの愛惜の念が、「満てる」に、「無」への思いを添えるようになったかとも想像されます。「満」よりも「無」への関心が高かったとも言えます。いわば「ミテル」は、古語の「満てる」を台とし、生活の思想を支えとして、新しく生まれた語であったと言うことができましょう。

文　献

土居重俊（1958）『土佐言葉』（高知市立市民図書館）
広戸惇他（1963）『島根県方言辞典』（東京堂出版）
藤原与一（1990）『中国四国近畿九州方言状態の方言地理学的研究』（和泉書院）
藤原与一（1997）『日本語方言辞書』下（東京堂出版）
NHK広島放送局（1991）『今じゃけえ広島弁』（第一法規）
虫明吉治郎（1993）『岡山弁あれこれ（2）』（研文館吉田書店）
中西　進（1997）『日本人とは何か』（講談社）
神部宏泰（2007）『方言の論理』（和泉書院）

八、「ニガル」考

はじめに

　肉体に痛みを感じることを言う語に、共通語には「痛む」「痛い」などがありますが、口頭では「痛い」のほうを言うのが普通でしょう。ところで、その「痛い」にしても、痛みの部位や状態を表してはいません。「頭が痛い」とか「腹が痛い」とかのように、その痛む箇所を指す語を添えなくては、十分に部位を表しているとは言えません。しかも、どのように痛いのか、その痛みかたについては別の説明が必要です。

　中国方言の多くでは、その痛みをもう少し細かく言いわけています。この実状を、主として中備後（神石高原町小野）方言によって明らかにしたいと思います。もっとも、その痛みの言い表しかたについては、これまでにもいくつかの指摘があります。私も近著『方言の論理』で、このことについて、いくらかのことを述べました。しかし、本節では、その近著の趣旨によりながらも、その語の史的推移や、語の生きた折おりの生活の流れに主点をおく視点から、いくらかのことを述べたいと思います。

1.「痛む」の諸相

(1) 腹痛

　表題に掲げた「ニガル」（苦る）は、腹痛のことを言うのが普通です。食あたりか何かによる、胃や腸が捩れるような痛さです。むろん、嘔吐や下痢を伴うこともありますが、むしろ吐いたり下したりしたほうが、小康状態となって痛みが和らぎ、かえって楽になることもあります。災いをもたらしている異物が排泄されるからでしょうか。
　○ハラガ　ニガッテ　イケン。（腹が痛くてたまらない。）

その一例です。「痛い」と言うより「苦る」と言うほうが具体的で、その痛みの状態がよくわかります。

さて、「ニガル」は、上でも仮に表示したとおり、「苦る」をあてるのが適当な本来の語でしょうか。『岩波古語辞典』は、「苦る」を「苦いものを食べた顔をする。顔をしかめる。いやな顔をする。」と説明しています。「苦む」についてもほぼ同様の説明があります。亀井（1966）も、「〈口の表情〉がそのまま語の下地になることがある。」として、特定の語の形成における、口の表情の関与に注目しています。腹が「ニガル」ときの、その苦痛の表情も、古語に言う「苦る」の不快の表情も、一連のものかと推察されます。不快の表情が縁をつないで、「ニガル」は、腹痛感覚を表す特殊語として、特定地域に生き残っているものと考えられます。

「ニガル」は、腹痛を表すのが一般ですが、また、腕や足、それに腰の筋肉痛を言い表すこともあります。使いすぎの疲労からくる疼痛です。このうずくような痛みのために、顔もしかめ面になりがちです。その点、腹痛の場合に似ています。が、腹の「ニガル」の痛みに比べればまだ耐えやすく、揉むなどの簡単な療法もあります。次はその用例です。

　○アシガ　ニガル。（足が痛い。）
　腹痛と言えば、もう一つ、「シブル」（渋る）があります。腹が激しく痛み、便意がありながらもなかなか通じない、そんな痛みを言います。もっともこの語は、この地域に限らず、やや共通性が高いかのようです。「シブリバラ」（渋り腹）と言うこともありますが、これは共通語でも普通に用いられていましょう。他に、「通じにくい」の「渋」を用いた漢語を探すと、その熟語に「渋滞」があります。

　○ハラガ　シブッテ　ヤレン。（腹が痛くてたまらない。）
は、「シブル」の用例です。

　ところで、「シブル」も、渋味（渋柿など）を口にしたときのしかめ面、渋面と関係があるのではないでしょうか。通じにくい腹の痛みは、それに堪えようとして、しぜんにしかめ面になりがちです。上の「ニガル」がそうであったように、「シブル」も、渋面を作る顔の表情からきているのではない

かとも思われます。その顔の表情が縁となって腹痛を言う特殊語が生まれ、それが今日まで実用されてきたかと考えられます。

(2) **外傷**

切傷の痛みを言う語に「ハシル」があります。負傷した直後の、全身を貫くような、鋭い痛みを言います。

○ハシル！（痛い。）

とは、その堪えがたい呻きです。

「ハシル」はまた、歯の激しい痛みを言うことがあります。

○ハガ　ハシル。（歯が痛い。）

と聞けば、いかにも窮した、これ以上もないほどの堪えがたい痛みを思わせます。頭痛について、「頭がワレル」とも「頭がハシル」とも訴えた老女がありました。これは、普通、あまり聞かない言いかたでしたが、それでも、まさに割れるような異常な痛みが伝わってきて、切羽つまった老女の心境を痛ましく思ったことです。

「ハシル」はどんな由来の語でしょうか。すぐに「走る」が思いうかびます。が、この地域では、例の、両足をすばやく動かして前進する動作は、「走る」とは言わず「カケル」（駆ける）と言うのが一般です（→ p.199）。こんな使用状況からしても、痛みの「ハシル」を、「走る」と関係づけるのは短絡とも言えますが、それでも、「ハシル」は、「走る」の、内部からほとばしる速さ、激しさの基本義にはあたっているように思われます。その痛さは、まさにそのような激しさなのです。

上で、「走る」という語は、この地域で使わないと言いましたが、ただ、台所の流しのことは「ハシリ」と言っています。この語は、手もとの『岩波古語辞典』にも記載されており、天正年間の実例が出ています。『全国方言辞典』は、この語が、ほぼ全国に分布していることを報じています。「ハシリ」は「走り」でしょうか。洗い水の、勢いよく流れる様を言ったものと思われます。かつては、自然の流れ川で洗いものをすることも少なくなかったことでしょう。そう言えば「走り井」（湧泉）、「走り湯」（出で湯）などの

「走り」もあい似たことばづくりです。共通語の「流し」も、洗い水を流すところからの発想でしょう。

　さて、上でも触れたとおり、負傷の鋭い痛さを表すのに、勢いと速さの「走る」は、まさにうってつけであったかと想察されます。その発想は、特定地域の人びとには共感を呼んだらしく、今日、その分布は、中国地方の全域に及んでいます（藤原　1990）。

　切傷などが化膿して、赤く腫れたり熱をもったりすることがあります。この腫物のずきずきした痛みを「ウバル」と言っています。以前は、こんな腫物が多かったように思います。抗生物質などの薬品がなかったことにもよりましょう。

　〇ウミテ　ウバル　ヨー。（腫んで疼くよう。）

その一用例です。腫物も、うっとうしくて堪えがたい痛さです。

　上の「ハシル」が歯痛についても用いられたように、「ウバル」もまた、歯痛についても用いられます。

　〇ハガ　ウバルー。（歯が疼くよう。）

こう言えば、「ハシル」の、表層を走る鋭い痛みとは違って、歯茎が膿んで腫れた、ずきずきと、底のほうから突き上げてくるような痛さです。熱気もあります。むろんその腫れは顔にも現れます。

　「ウバル」は「膿腫る」からのものでしょうか。そうだとしますと、患部の状態が、その痛みを表していることになります。

　「外傷」に関連して、次の語を取りあげておきます。傷が化膿して膿をもつことを「ウミル」（膿む）と言っています。

　〇キッタ　トコガ　ウミトル。（切傷が膿んでる。）

　その化膿が潰れて膿が出てくることは「ツエル」です。「潰ゆ」の後身でしょう。この語の他動詞が「ツヤス」です。

　〇ウミュー　ツヤータ。（膿を潰した。）

その使用例です。

2. 排　　泄

　さて、腹痛となると排泄作用を伴います。糞尿に限らず、体内のものを外に出すいとなみは、生きる上でしぜんの生理です。ところが、この種の行為は人目をはばかります。また、周知のとおり、その排泄物は不潔とされています。その行為の場所も、不浄とされてきたことは言うまでもありません。そして、それらを表すことばも、古来、いくつかの間接的な言いかたが、新しく選択され続けてきたことは、これまた周知のとおりです。

(1) 排泄行為

　当地域で、古来言いならわしてきた、排泄を言う語に「コク」（放く）があります。
　○クソー　コク。（大便をする。）
この例のとおりですが、言うまでもなくごく下品なことばです。もっとも、この脱糞行為そのものが、人目をはばかる、恥ずかしい行為ですので、それを表す「コク」も劣った言いかたと意識されていて、おおっぴらに、いつでも聞かれると言うほどのことではありません。
　ところで、この語が、「倭名類聚鈔」（10世紀）に「霍乱」の俗として、「シリヨリクチヨリコクヤマヒ」（尻より口より放く病）とあることはよく知られていましょう。「放く」は、このように、古くに用いられていた語のようですが、今日では、少なくとも共通語の世界からは姿を消しています。ただ、「屁をこく」というのはどうでしょう。下品な言いかたですが、共通語の片隅で、わずかに生き残っていましょうか。そう言えば当生活語でも、
　○コリャ、ヒョー　コクナ。（こら、屁をひるな。）
のような言いかたは、わりと普通に行われています。
　他人の虚言を制したり非難したりする場合にも、この語の用いられることがあります。
　○ウソー　コクナ。（嘘を言うな。）

虚言を、汚い糞なみにとらえてのことでしょう。
　「コク」よりもよく用いられるのは「ヒル」（放る）でしょうか。
　○クソー　ヒリャーガッテ。（大便をしやがって。）
その例です。これも、ごく下品な語であることに変わりはありません。『岩波古語辞典』にも、この「ヒル」があがっており、「コク」と同じ「倭名類聚鈔」の用例が引用されています。「放屁、倍比流（へひる）」がその例です。「日葡辞書」にも「ヘヲヒル」（屁を放る）があがっています（土井1980）。当生活語でも、「ヒル」を、
　○ヒョー　ヒンナ。（屁をひるな。）
のように、「屁」について言うことはごく普通で、上の「コク」よりもよく用いられているようです。
　大野（1976）は、古く、「ビリ」（順位が一番後ろなど）が「ヒリ」から転じたと推定する手続きの過程で、「ヒリカケ（大小便をしかける）、ヒリカズク（大小便をもらす）、ヒリコム（穴へ押し入れる）、ヒリ出ス（体外へ出す）、ヒリチラス（勢いよく体外へ出す）〈後略〉」のような例をあげています（p.186）。これらの例を見ると、「ヒル」が、本来、体内の不要物を「体外へ出す」、特定の作用を指したものであることが理解できます。「ヒル」はまた、辞書類には特に見あたりませんが、当生活語では、唾を吐くことについても言います。
　○ソケー　ツバー　ヒンナ。（そこへ唾を吐くな。）
その用例です。「ヒル」が、体内の不要物を「勢いよく体外へ出す」意であるとすると、その出す物が、口からの「唾」であってもよいわけです。
　排泄を言う今一つの語に「タレル」（垂れる）があります。例の、「先端がさがる」「しずくが落ちる」などの意の「垂れる」ですが、これが排泄の意に使われると卑しくなって、まともには使えません。
　○コケー　クソー　タレトル。（〈猫が〉ここへ糞をしている。）
こんな使いかたです。「日葡辞書」にも「ショーベンヲタルル」（小便を垂る
る）が出ています（土井　1980）。ただしこの記事には、「小便のつまる病気にかかっている人などが、小便の出るのを感じないでたれ流す。」という注

がついています。今で言う、病気による「垂れ流し」です。が、当生活語に使われている「タレル」は、そういう特別の場合だけでなく、一般の排泄を言う、いわば卑語として用いられています。

「タレル」は、糞尿についてだけでなく、また物言いにも用いられます。
　○モンクー　タレナ。（文句を言うな。）
　○カバチュー　タリャガッテ。（つまらないことを言いやがって。）
　○ウソー　タレナ。（嘘を言うな。）
相手の物言いを言う卑語です。その物言いを封じる威嚇にもなります。上でも触れたとおり、相手のへらず口や虚言を、糞尿に等しいものと見たてたところから、「タレル」も用いられていると思われます。その点、上の「コク」と同様です。ただ、「カバチ」については、「タレル」とは言っても「コク」とは言いません。

その「カバチ」は「くだらない物言い」を言う卑語です。『時代別国語大辞典上代編』は、「かまち」について、「華厳音義私記」の「加末智乃比偈」などの例をあげ、「上下の顎骨。さらにほほ骨まで意味することもある。つらがまち。」と説明しています。この上下の顎骨の意が、口からのくだらない物言いを指すようになって、特定地域、主として中国地域のうちに残存したものとみえます（『日本語方言辞書　中』）。そして「かまち」は「カバチ」と発音されるようになっています。
　○ソレガ　カバチ　ヨー。（それが「カバチ」だと言うんだよ。）
「カバチ」は、この例のようにも用いられ、相手の愚論を極めつけたり制したりすることもあります。

また、別に、人の顔を嘲って「瓢箪かばち」と言うこともあります。瓢箪のような顔の意でしょう。顎や頬の骨から、やがて顔の輪郭を言い、その歪んだ形を嘲ったものと思われます。無用な物言いを言う「カバチ」も、「瓢箪かばち」のそしりも、いずれも相手を貶める発想のもので、卑語としてのみ残存しているのが注意されます。

さて、先に、口中からの排泄の「唾をヒル」に触れました。口からの排泄となりますと、「エズク」（嘔吐く）があります。この語は、食中毒か何か

で、胃のなかの物を吐きだすことを言います。また、吐き気がし、頭を下げて口を突きだし、げいげい喉をならすことも「エズク」と言います。この場合は、なかなか胃のなかのものが出ない、苦しみや不快感があります。

　○ミ̄タダキデ　エ̄ズ̄クヨーナ。(見ただけで反吐を吐きそうだ。《気もちの悪い人体解剖図を見て》)

この例の場合は、気もちの悪いものを見ての反応で、食中毒には特に関係ありません。が、そういう状況で吐きそうになるのは、一般によくある生理現象です。

　胃のなかのものを吐きだしたりもどしたりする行為を、また「ア̄ゲ̄ル」とも言います。上の「エズク」との違いをしいてあげれば、「エズク」のほうに、吐く前の、げいげいと喉をならして苦しむ、その動作に重点があるかも知れません。「アゲル」となれば、胃の内容物を一気に吐きだす、その動作を言います。まさに、胃から口に不良物を上げることになります。動作そのものは苦しくても、その後では、気分もややよくなった感があります。

　○ア̄ゲテ　シ̄マヤー　ラ̄クン　ナ̄ル。(吐いてしまえば楽になる。)

このように言って、子の嘔吐を促す、看病の老婆もありました。

　一般に、病状を説明する場合に、「上げたり下げたり」と言うことがあります。まさに「和名抄」の「尻より口より(放く病)」に相当しますが、対句ふうに言う場合でなければ、その下痢も、「さげる」ではなく「くだす」と言うのが普通です。その症状や下剤を、「腹くだし」と言うことがあるのはよく知られていましょう。当生活語でも例外ではありません。

　一方に「タ̄ゲル」(咳る)という語があります。この語は、当生活語では「咳く」の意でしか用いません。しかし、古代では「たぐる」を「吐く」の意でも用いていたようです(『岩波古語辞典』)。が、後の時代には、「咳く」の意でも用いるようになっていたようで、同辞典には近世の例が引いてあります。なお、佐藤(2002)によりますと、この語は、主として播磨以西の山陽側に分布しています。

　○カ̄ゼジャロー。ヨ̄ー　タ̄グリョール。(風邪だろう。よく咳いている。《孫の咳を心配して。老女》)

八、「ニガル」考　77

その用例です。「タグル」も、気管の異物を排出しようとする行為であることに変わりはありません。

(2) **排泄物**

　排泄行為の結果、糞尿など、体外に排泄される汚物があります。口から吐き出されるものも、同類として取りあげられます。
　糞・大便は「クソ」としか言いません。下品な言いかたであることはむろんです。若い女性などはまず使いません。もっとも、「ウンコ」「ポンポ」という幼児語はあります。「ウンコ」は息む声からとされています。「ポンポ」は腹を指すのが一般のようですが、これも、腹を叩く音からきていましょうか。当生活語ではこれを幼児の糞の意で用いるのが普通です。
　かつて、孫の腹痛を看病した老婆が、その孫の腹を撫でながら、低い声で口ずさんでいた唱えごとを思いだしました。「ババン　ナーレー。ハコン　ナーレ。マイダーノ　コエン　ナーレ。（ババになれ。ハコになれ。前田の肥になれ。）」これが、なにか伝統的な七五調に近い節まわしにも聞こえて、何度も繰り返すのです。孫を思う情愛のあふれた唱えごとです。聞くほうも、なんとなくふしぎな安らぎを覚えたことです。「ババ」も「ハコ」も人糞の古語ですが、当生活語では両語とも用いることはありません。唱えごとのなかでのみ生きてきたのでしょうか。あるいは、唱えことばとしてのみ伝承されてきたのかも知れません。ただし、幼児語に、汚いものを指す「ババッチー」「バッチー」はあります。「ババ」からのものでしょうか。共通語には「猫ばば」があります。いずれにしても、興味ある残存のしかたをした古語と言えます。
　小便・尿を「イバリ」（ゆばり）ということもあったかと記憶しますが、これは、特に牛の放尿などを言ったかも知れません。勢いのある放出のイメージがあります。今ではほとんど死語です。日常、人の尿を言うのは「ショーベン」「ションベン」（小便）だけです。ただし、若い女性などに聞かれにくいことは、糞の場合と同様です。幼児語に「シッコ」「シーシー」があります。これも擬声的なものからでしょうか。あるいは、古語の「しと」に関

係があるかどうか。少し考えすぎかも知れません。

　口から吐く「唾液」は「ツバ」です。なお、唾液を「ツバキ」と言う古老もあります。この語の語源は「つ吐き」とされています。古くは「ツハキ」または「ツワキ」と言ったようです（『岩波古語辞典』）。古老に聞かれる「ツバキ」は、その古形に連なるものでしょう。「ツバ」はその下略形と見られます。「痰」を「タンケツ」と言いますが、下品な語です。尻のことを当方言でも「ケツ」と言いますが、あるいはこの語がかかわってできた言いかたかも知れません。一つの想像です。なお、「洟」のことを「ハンダラ」とも言いますが、これは「洟垂れ」からのものでしょう。

　関連して便所にも触れておきましょう。大便所のことは「センチ」（雪隠）と言うのが普通でした。しかしまた「チョーズ」（手水）と言うこともありましたが、このほうが少し上品だったようです。村の学校では、むろん「ベンジョ」（便所）でした。「ベンショ」と言う個人もあったようです。なお、大と小の便所が別べつになっていれば、小のほうは「ショーベンド」（小便処）と言うのが一般です。

(3) 比喩

　野糞をすることを「猫を繋ぐ」と言います。なぜこう言うのか、実のところ判然としません。だいたい、野糞をすること自体が恥ずかしい行為です。また、猫を繋ぐことも普通ではありません。仮にあるとすれば、常識はずれの、何だか気味の悪い行為です。この、ありそうにもない、藪の陰での気味の悪い猫繋ぎということでもって、これも普通ではない、恥ずかしい野糞をたとえようとしたのかも知れません。

　また別に、「寝糞垂れも一理屈」というたとえがあります。寝ていて脱糞するという、誰の目にも明らかな大失策をしでかしておきながら、当の本人は、恥じ入るどころか何かと屁理屈をこねて、責任の転嫁を口にするなどその正当性を主張しようとする、そんな厚顔無恥な人間を嘲って言ったたとえです。

3. 食物の腐敗

　不良な飲食物を口にして体にさわり、腹痛などの食中毒を起こすことを、この生活語でも「アタル」(当たる)と言っています。「食あたり」などはこの地方でもよく耳にすることばです。
　さて、かつての農村で、食中毒を起こすことでよく話題になったのは、その食物が腐敗している場合です。ここでは、その腐敗に関する言いかたについて、いくつかの語を取りあげることにしましょう。
　「スエル」(饐える)があります。飯など、煮炊きした食物の残りなどが腐敗して、酸っぱくなることを言います。古語に「饐ゆ」(下二段活用)があったことは知られていますが、また、「饐ゆる」(四段活用)という語もあったかとし、『広辞苑』は「倭名類聚鈔」の例をあげています。この引例に誤りがないとすると、当生活語の「スエル」(四段活用)がこの語に関係があることは明らかでしょう。ただ、共通語にも「饐える」がありますが、これは下一段活用で、これも古語の「饐ゆ」(下二段活用)からの語(『岩波古語辞典』)と思われます。当方言の「スエル」はラ行四段活用です。
　○コノ　メシャー　スエットル　ゾ。(この飯は饐えているぞ。)
当生活語の、「スエル」の連用形の例です。活用方式からみて、「倭名類聚鈔」の古語に直接関係が深いのは、やはり当生活語の「スエル」のように思われます。
　冷蔵庫のない昔の夏場などは、残りの飯がすぐにおかしくなって困っていました。この腐敗を防ぐために、あれこれ工夫をしたことです。冷飯を竹で編んだ「メシゾーキ」(飯笊筥)に入れ、風通しのよい場所に吊しておくなどのことは、普通のことでした。
　「アマル」もまた、食物が腐敗することを言います。これも、残りの飯について言うのが普通で、上の「スエル」よりも腐敗の程度が軽いようです。かすかに発する腐臭を嗅いでみて、異常を確かめたりしていました。それにしても、この「アマル」は、どのような成りたちの語でしょうか。

私は、「アマル」は「甘し」に関係があるのではないかと、ひそかに想像しています。そう想像する根拠の一つは、古語の、形容詞から動詞を作る造語法に、例えば「赤＋る→明かる」、「臭＋る→腐る」などがあるからです（吉田　1976）。「アマル」も、同様に、「甘＋る→あまる」のようにして成ったと考えられないこともありません。そう言えば、「アマッタ」状態の残飯は、かすかに甘い感じの匂いがあり、またそんな味がします。むろん不快な匂いや味ですが、それでもこの状態なら、煮返すなどしてまだ食べられます。が、これがさらに進むと、酸っぱい感じや味の「スエル」状態になります。こうなるともう食べられません。

　ここで思い合わされるのが手造りの甘酒です。発酵しはじめのごく初期のものは、アルコール分も少なく、たしかに甘い味がするのですが、数日をおくと酸っぱくなるのです。管理の不行きとどきで、雑菌が入ったからだと理解するむきもあります。いずれにしても、発酵菌による味の変化と、腐敗菌によるそれとを同じに見ることはできません。が、何か過程が似ているようにも思えるのです。

　「アマル」の「アマ」が「甘」であるとしますと、表題にも掲げた「ニガル」の「ニガ」も、あるいは「苦し」からの「苦＋る」であるかもしれません。とすると、たしかに、「甘＋る」とあっても、そんなに不自然な造語とも思えません。先稿では、「アマル」を「余る」かとも考えましたが、これは撤回しなければなりません。「余る」のアクセントも「アマル」であって、腐敗の「アマル」とは違います。

　「アマル」の用例を掲げておきましょう。

　　○チート　アマットル　ゾ。（〈この残飯は〉少しおかしいぞ。）

　他に、精白した米麦や、それらを粉にしたものの、変質について言う語に「クミル」があります。クミたものは酸味を帯びた匂いがします。精白した米などはわずかに水分を含んでいて、このためか、容器に入れて永く保存しておくと変に発酵しやすくなります。変質すると色も変わり、食用にならなくなります。精白しない、籾殻のついたままのものであれば発酵することもありません。水分が少ないためでしょう。

〇コノ　コミャー　クミトル。（この米はおかしくなっている。）
その用例です。
　この語の由来はわかりません。『全国方言辞典』には、この語について、「むされて腐ってくる。発酵する。奈良県宇陀郡・岡山・広島。」とあります。分布域として、中国地方では、岡山や広島があがっていますが、『島根県方言辞典』には、「米や木材・藁等が湿気で発酵、変質する。」とし、分布域として山陰全域があがっています。としますと、この言いかたは、中国地方のほぼ全域に分布しているとみてよいのでしょうか。なお、『島根県方言辞典』は、「くみる」の意味として「野菜が腐る」もあげていますが、当方言では、この意では用いません。
　なお、餅などに黴が生えることがあります。
　〇モチニ　カブガ　ワートル。（餅に黴が生えている。）
その用例です。黴は「涌く」と言っています。細かい黄や黒の黴で、食べるのには気もちが悪いのですが、俗説か何かで、餅に生える少々の黴は心配ないと言い伝えてきています。その部分をこそげ落として、焼くなどして食べます。酸っぱい味のすることもあります。

　む　す　び

　腹痛の「ニガル」を中心にして、この語のファミリーの、広がりと流れとを、生活の伝統のなかで問題にすることに留意しました。取りあげた事が事だけに、いささか尾籠なことにも筆が及んでしまいました。
　この分野には、存外に、古語に直接連なるものが多いように思われます。一般には、汚れやすい語群の分野だけに、その衰微や衰退の度合いが激しくて、新語のとって替わることも少なくなかったと思われます。しかし、当生活語社会では、古い語も、衰滅すると言うよりも、そのまま特殊語として、あるいは卑語として生き残っていることが多く、そのために、かえって生活の深みを見せていることが注目されます。

文　献

亀井孝他（1966）『日本語の歴史別巻　言語史研究入門』（平凡社）
大野　晋（1976）『日本語の世界』（朝日新聞社）
吉田金彦（1976）『日本語語源学の方法』（大修館書店）
土井忠生他（1980）『邦訳日葡辞書』（岩波書店）
藤原与一（1990）『中国四国九州近畿方言状態の方言地理学的研究』（和泉書院）
佐藤亮一監修（2002）『方言の地図帳』（小学館）
神部宏泰（2007）『方言の論理』（和泉書院）

九、「オエル」考

はじめに

　当生活語には「オエル」という動詞があります。本節では、この語、および関連する周辺の語が、農村生活のなかでどう生きてきたのか、この視点から、いくつかの問題を取りあげたいと思います。

1.「オエル」の意味と生活

　「オエル」は、米麦など穀物が、精白状態になることを言います。
　○モー　オエトロー。（〈米は〉もう白くなっていよう。）
　○マダ　オエトラン。（まだ白くなっていない。）
その用例です。自家で必要分だけ精白して、どうにか日びやり繰りしていた当時は、「オエル」は、「ツク」（搗く）と共に、日常の生活の上で大事なことばでした。
　米など穀物を精白にするまでには、なかなか手数のかかるものです。「稲こぎ」によって得た「モミ」（籾）は、「トース」（唐臼）（→ p.172）で籾摺りをし、これを「トーミ」（唐箕）（→ p.172）にかけて米分と「スクモ」（籾がら）や「シーラ」（しいな）とに分けます。その米分をさらに「センゴク」（千石どおし）にかけて、屑米を取り除き、最後に得た玄米を臼に入れて搗いて、精白の状態にするのです。
　自宅でする、精白の作業は、まず、「ニワ」（庭）（→ p.41）にしつらえてある、足踏み式の「カラウス」（唐臼）（→ p.44）で玄米を搗きます。雨の日などは格好の作業でした。オエたかどうかは、時をはかり、臼のなかの搗き米を手で掬ってみて判断します。
　当時は水車もありました。その水車のことを「クルマ」（車）と言ってい

ました。それにしても、水車の数は少なく、利用できる家はしぜん限られます。当初は、おそらく出資して仲間を組んだものと思われますが、伝統的にその家は決まっていました。権利を持った十数軒の家が、年に一度集まって協議し、公平に、それぞれの家の利用日を決めるのです。利用が認められた日は、朝早く、当家からその水車に米麦などの穀物を運びこみます。私の生家から水車までの道は、石ころの多い坂道で、ここを背負って運ぶのは、なかなかの苦労でした。臼に穀物を移して一息入れても、やがて何時間か後には、また水車に行き、オエている穀物を背負って家に持ち帰るのです。当日は、子どもなども、手伝いのために大忙しでした。

　なお、水車は、人里離れた、谷川の崖下にありました。その崖から流れ落ちる小滝を「ドードー」と呼んでいました。崖の上から落下する、その水音を擬して名づけたものでしょう。寂しい場所でしたが、それでも夏などは、子どもが、その付近で、水遊びをすることもあったようです。

2．「オエル」の語源と分布

　「オエル」は「をふ」（下二）が語源かと思われます。この語について、『岩波古語辞典』は、「終へ」（連用形）の字をあて、次のように解説しています。《「始め」の対。ヲ（緒）ヘ（綜・経）の意か》として、「（ものごとを、時間的に順次進めて）やりとげる。やりあげる。」を、第一義としてあげています。おそらく、その後裔と思われる「終える」は、現在でも共通語ふうに行われていますが、他動詞でもあって、むろん「精白する」の意はありません。また、当生活語に、その「終える」という動詞はありません。「オエル」の語源が「をふ」であるとしますと、この語は、少なくとも当域一帯では、かなり偏った、特殊な意味をもって生きてきたことになります。特殊と言っても、意味の上では、「オエル」の語源が「をふ」であっても不自然ではありません。手数のかかる一連の作業や過程を経て、やっと精白状態にこぎつけ、その作業が終わるのです。たしかに、精白とはいっても、一時代前の、農山村での精白状態は知れたものです。その白さの程度は、現在の白

米とは比べものにならなかったに違いありません。あるいは、玄米からすれば白い程度のことにすぎなかったかとも想像されます。それでも、「オエル」が、「白くなる」、あるいは「精白作業が終わる」の意味で生き残ってきたのは、それが特殊であればなおさらのこと、農山村の生活の現実に支えられてのことであったと考えられます。

「オエル」は、むろん、当生活語だけのものではありません。近畿や中国地方に、とびとびながら分布しているようです（『全国方言辞典』他）。かつては、同地域に、一般的な言いかたであったかと推察されます。

3.「オエル」の活用形

「オエル」の活用形はそろっています。ただ、「オエル」は、上でも触れたとおり、ことの完了した、精白の状態を言うのが一般です。したがって、日常、実際に用いられるかたちは、「オエトル」（オエテオル〈白くなっている〉）、「オエトラン」（オエテオラン〈白くなっていない〉）であるのが普通です。

○モー　オエトル。
○マダ　オエトラン。

その用例です。それにしても「オエル」の諸活用形は、稀とはいえ、耳にする限りでは特に違和感はありません。

さて、ここで特に問題にしたいのは、上の活用形のなかの、「オエン」という否定形です。これと類同のものかどうか、実は、他にも、もう一つの「オエン」という語があります（次項）。たしかに、かたちだけから見ると、精白状態を言う「オエル」の否定形そのものです。が、にわかには同じものとも言いきれません。と言うのは、精白状態を言う「オエル」の否定形とは、意味の点で違いがあるからです。こうなると、その正体を探ることは、なかなか厄介です。もう一つ厄介なことは、当生活語にこの意味の語のないことです。ところが、1〜2キロ離れて境を接する、隣国の備中ではこれが盛んで、当地ことばの代表ともされているほどです。その備中西部と通婚圏

をなしていた備後東部の当域では、備中のその語のことは、しぜんのうちに理解していました。時に、ふざけ半分に用いることさえあったほどです。
　この語の存立の実情については、もう少し追求する必要があります。項を改めて問題にすることにしましょう。

4.「オエン」の意味と用法

　問題の「オエン」は、「だめだ、つまらない、ぐあいが悪い」などの意味で行われています。
　○ヒャ̄ク　カ̄ズ̄エトランカラ　オ̄エ̄ン。（百まで数をかぞえていないからだめだ。《子どもの遊びのなかで》）
　○ソ̄ケー　イッチャー　オ̄エ̄ン。（そこへ行ってはだめだ。）
備中でのその語例です。この「オエン」と同じ意味を持つ動詞は、この否定形のみが頻用されていて、他の活用形はありません。
　さて、この「オエン」の出自は何でしょうか。「終えぬ・竟えぬ」「負えぬ」「追えぬ」など、いろいろな語源説が出ています。が、この「オエン」は、やはり「ことが終わらない、完結しない」というのが原義だったのではないでしょうか。「だめだ」とか「ぐあいが悪い」とか、この語は、ことの不首尾を言うのが基本です。こう考えますと、上の語源説では「終えぬ」が注目されてきます。先項で引用した古語の「をふ」（終ふ）も、「やりとげる、やりあげる」が基本義でした。としますと、上来の、穀物の精白状態を言う「オエル」とも関係がないとは言えません。とは言え、その「オエル」の否定形が、そのまま当面の「オエン」に転じたとも考えられません。両者の意味や用法に違いがありすぎるからです。
　この問題については、次のように解釈する道があります。時代が進み、原語の活用形が「終へる」（下一）となった頃合、用法が分かれ、一方は穀物の精白状態を言う方向へと進み、一方はその否定形が、不首尾を言う方向へと進んで、それぞれが特殊な意味と用法を帯びることになった、と考えるのです。こうであるとすれば、それぞれの特殊化の果ての現在、両者の意味が

いっそう局限化し、それぞれが大きく異なってきているのも、当然と言えば当然でしょう。しかし、原義は、両者に通じるものがあります。

「オエン」は、備中のみでなく、岡山県下全域に盛んです。中国地方では、他に山陰にあり、また山口県下からの報告もあります。この言いかたは、さらに、国の東部の、静岡や千葉県下にも分布しています（藤原　1996）。東部ではこれが、「オエネー」であることは言うまでもありません。

ここで注意されるのは、中部や関東地方に、「オエル」（終える）に関する活用形がよく見られることです（藤原　1996）。例えば「仕事はもうオエタ」のように。この意味の言いかたは、先にも触れたとおり、備後は言うまでもなく、西の地域には行われていません。それだけに、不首尾を言う「オエン」は、かなり異様に感じられました。ところが、「オエル」（終える）のよく用いられる東部地域では、「オエネー」（終えない）は、特別に異様と言うほどのことでもありません。ただ、頻用されて、特殊化しつつある、あるいは特殊化しているとは言えましょう。ともあれ、この東部の事例を参照しますと、不首尾を言う「オエン」が、西部域でも、かつては存在したはずの「終える」の否定形であったことが、いっそうはっきりするように思います。

それにつけても、中国域の、精白状態を言う「オエル」が、いかに特殊な展開を遂げた語であるか、改めて感深く味わうことができます。

5.　否定形式の慣用

主題からは少しはずれますが、上の「オエン」に因んで、当生活語の、慣用されている、一般の否定形式を見ることにします。その大概については、すでに神部（2006）で述べています。ここでは、本稿の趣旨の観点から、いくらかの取りまとめをすることにしたいと思います。

当生活語には、「ツマラン」「イケン」「ヤレン」「コタエン」「タマラン」などが慣用されています。

「ツマラン」は、この否定形式のみで行われています。共通語ふうな言いかたで、「ツマンナイ」などは、テレビでもよく耳にします。

○イ̄マンナッテ　ユ̄ーテモ　ツ̄マラン。(今になって言ってもだめだ。)

「だめだ、むだだ」という、言動の無益なことを言うのが普通です。おもしろいことに、「ツマンナイ」と「ツマラン」とは、ニュアンスがかなり違うように感じられます。「ツマンナイ」は「おもしろくない」の意で行われるのが主でしょうか。「ツマラン」には、地方性と言いますか、具体の生活の色あいがあって、これが根底を染めてしまっています。

　「イ̄ケン」も、共通語ふうのもので、関係の言いかたは、ほぼ全国に分布しています。可能動詞「行ける」の否定形とされていますが、ただ、当生活語には、その動詞はありません。その「イ̄ケン」のみが特立し、慣用されているわけで、この現象はかなり特殊的です。

　○モ̄ー　イ̄ケン　デ。(もうだめだよ。《死期の迫った人についてのうわさ。
　　中年男同士》)

など、この否定形の意味用法は、共通語のそれと大きな違いはありません。ただ、この語の用法で注意されるのは、

　○ソ̄コデ　アス̄ンジャー　イ̄ケン。(そこで遊んではだめだ。《子どもたち
　　に。中年女》)

のような、制止の言いかたです。この「イ̄ケン」には、やはり、「行ける」の可能（不可能）のニュアンスが、どの程度にか認められるようです。

　「ヤ̄レン」は「ヤレル」の否定形でしょう。「やる」は、共通語でも一般的ですが、「やれる」はどうでしょうか。当生活語で「ワ̄シデモ　ヤ̄レル。(俺にでもできる。〈やることができる〉)」と言うこともありますが、稀です。さて、「ヤ̄レン」は、「堪らない、我慢できない」の意が基本です。そう言えば、共通語でも、「やれない」はありませんが、「やりきれない」とう慣用句は、普通に行われています。

　○サ̄ブーテ　ヤ̄レン。(寒くて堪らない。)

堪えがたいほどの外的状態を強調して言った例です。けっきょくは、自身の苦痛の表出であり、その強調と言えます。

　○シ̄ンドーテ　ヤ̄レン。(苦しくて堪らない。《発熱した子》)

自身の、発熱による苦痛を表出した例です。このように、「ヤ̄レン」は、心

身の苦痛の状態を強調して、内から言い出します。いきおい、その状態を表す形容詞・形容動詞を受けて行われるのが一般です。

　以上を見てきますと、言動の無益、言動の制止、それに苦痛の表出が、いずれも否定形式ながら、それぞれ別の語によって表されているのが注意されます。それに対して、「オエン」は、そのすべてを、この語、一語で言い表しています。ここに、強調された表現意識の見られることはむろんですが、その形式の幅広い慣用は、時の厚みにしたがって、おのずから、事態と表現の、一定の拡大と客体化の方向を目指してきたかのように感じられます。

むすび

　穀物の精白状態を言う「オエル」が、伝統的な「をふ」（終える）に発していることが、ほぼ明らかになりました。「をふ」の流れのなかで、特殊な支流へと進んでいったのが「オエル」です。しばらくは主流を流れていた「オエン」も、やがて独自の支流を作ることになります。「オエル」も「オエン」も、同じ流れに発していながら、それぞれ意味が違ってきているのは、支流の違いやその支流に流れこんだ事情、または、流れにとり残された事情などが、大きくかかわっていましょう。その変転の時期なども重要です。いずれにしましても、地方に残存的に行われている語の多くには、単なる消え残りというだけでなく、支流としての地域の言語生活の、抜き差しならない事情のあることも、見落とすわけにはいきません。

文　献

虫明吉次郎（1993）『岡山弁あれこれ（2）』（研文社吉田書店）
藤原与一（1996）『日本語方言辞書』上（東京堂出版）
神部宏泰（2006）『日本語方言の表現法』（和泉書院）

十、「イタシー」考

はじめに

　生活語の形容詞は、国語の伝統に生きながらも、地域の風土と、そこに培われた生活に特色づけられて変容し、個性的な生態を見せることも少なくありません。ここでは、主として中備後に位置する小野の方言によりながら、注意すべき形容詞の一つを取りあげ、その周辺のファミリーに留意しつつ、存立の特性を問題にすることにしたいと思います。

1.「イタシー」の意味と語源

　当生活語には「イタシー」（いたしい）という形容詞が行われています。共通語ふうな言いかたでは、「きつい・つらい・こわい・苦しい」などが相当しましょうか。が、いずれの語との間にも微妙な意味の違いがあって、ぴたりとは重なりません。「イタシー」の意味をあげれば、例えば発熱や腹痛などによる、病む体の堪えがたい苦しみを言うのが基本です。
　○イタシューテ　ナンニモ　ホシュー　ナェー。（〈体が〉きつくて何も食べたくない。）
この文例は、病床で苦しむ病人自身の、つらい嘆きであり訴えです。当生活語でも、「イタシー」の意味の広がりは単純ではありませんが、概して言えば、自己の「苦労・難儀」を言う側に傾斜しているようです。
　○イタシケリャー　チート　ヤスメ。（きつければ少し休め。）
これは、重荷を背負った子を労わっての、母親のことばです。
　　このような「イタシー」は、どのような成り立ちの語でしょうか。私は、あるいは、古語の「いたはし」（労し）が語源ではないかと考えています。阪倉（1978）は、「いたはし」の原義について、次のように述べています。

> 病気によって肉体が疲労するさまを言ったが、そのほかにまた、骨の折れる仕事をして苦労する気持を言うのにも「いたはし」が用いられた。(中略)そして肉体的な疲労や苦労は、常に精神的な苦痛を伴うから、結局この語は、精神と肉体の両方にわたって、苦痛を感じるさまを言うのに用いられた。(p.100)

今日、共通語にも、その流れと見られる「いたわしい」がありますが、それは、労働や病気で難儀する人に対する同情の気もちを言うもので、自己の肉体的な疲労や苦痛を言う意味も用法もありません。ところが、古語では、阪倉の指摘するとおり、自己の精神や肉体の難儀を言う意味が中心だったようです。当生活語の「イタシー」が、古語の「いたはし」を引くものであるとすれば、自己の苦しみを言い表す点でもよく対応しています。

阪倉(1978)はまた、「いたはし」に関連する動詞の「いたはる」をあげて、その意味を検討しています。

> (自分が)病気になる。
> (自分が)骨を折って努める。苦労する。
> (他を)大事にする。たいせつに扱う。
> (他に)あわれみをかける。
> (一般に)病気の養生をする。(p.102)

ここに掲げられた「いたはる」の意味で、他動詞に関するものは、今日の共通語でも、「いたわしい」の意味として普通に行われていますが、自動詞に関するものは消滅しています。ところで、問題の「イタシー」は、形容詞となって形式は変わってはいますが、主として自己の情意を言う面をのみ伝承しています。このことは、どのような方処的な背景があってのことでしょうか。

2.「イタシー」の意味の広がり

「イタシー」はまた、例えば試験問題などについて、「イタシー問題」と言うことがあります。共通語では「難しい問題」と言うところでしょう。むろ

んこの地域でも「難しい問題」という言いかたはありますが、この言いかたには共通語のニュアンスがつきまといます。その違いもあって、「イタシー」と「難しい」とは、厳密に言えば意味が同じではありません。「難しい問題」とは、主として問題自体のレベルを言い、「イタシー問題」とは、主として解答者自体の能力のレベルを言います。ある解答者にとっては「イタシー問題」でも、そうは思わない他の解答者もあるというわけです。つまり「イタシー」は、対象の状態よりも、話し手の情意を言い表すのに重点があります。とは言うものの、形容詞の「イタシー」の意味を、状態面と情意面とに、はっきりと区別することは容易ではありません。共通語の「難しい」にしても同様で、情意面に無関係というわけではありません。たしかにそのとおりではありますが、やはり「イタシー」は、情意面に重点があると言えます。

　○イタシー　コトー　ユーテ　クレル　ノー。(困ったことを言ってくれるなあ。《相手の頼みごとに困惑して。老男》)

相手の無理な頼みごとや願いごとに、困惑した体のものです。

　上の「イタシー問題」に類する言いかたに、「イタシー本」「イタシー子」「イタシー人」などがあります。「イタシー子」は、自己主張が多く、なかなか懐かない子どもについて言い、「イタシー人」は、理屈が多く、打ち解けない人について、詠嘆的に言うのが一般です。これも、対象人の性格に無関係とは言えないにしても、そう感じる話し手の意思や思いを言うことに重点がありましょう。「イタシー道」と言えば、歩きにくい道の意で、これも個人的な評価や感想に重点があるように思われます。

　「イタシー」は、当備後地域のみでなく、中国全域に分布しているようです(『全国方言辞典』・『日本語方言辞書』上)。が、詳細については不明です。

　なお、「イタシー」に類似した語に「シンデー」(心労い)があります。関西方言中心の語とされますが、備後でもよく聞かれます。感じとしては、この語のほうが新しいかのようです。

3.「イタシー」の反対語

　ちなみに、「イタシー」の反対語をあげれば「ミヤシー」です。「難しい問題」に対応する「易しい問題」の「易しい」にあたります。その「ミヤシー」は「見易い」が原語でしょうか。とすれば、「見るのがたやすい」がその原義ということになります。「イタシー問題・本」に対しては、「ミヤシー問題・本」があります。

　○今日の試験は　ミヤスカッタ。（……易しかった。）

その一例です。これが個人の情意的な感想であることは言うまでもないことです。「ミヤシー人」「ミヤシー子」とも言います。素直な感じの人や子について言うのが普通です。この場合の「ミヤシー」には、共通語の「やさしい」は対応しません。

　○ミヤスカッタソーデ　ヨー　ゴザンシタ　ナー。（安産だったそうで、ようございましたなあ。《近所の人の祝いのあいさつ》）

安産を、安堵と祝福の気もちをこめて「ミヤシー」を用いています。この言いかたにも、内面の深さにおいて、「やさしい」は対応しないかのようです。

むすび

　「イタシー」が古語の「いたはし」と関係があるとは、共通語の「いたわしい」に親しんでいる限り、なかなか思いつかないことです。が、この推測も、自信があるわけではありません。一つの解釈として提出しました。

文　献
阪倉篤義（1978）『日本語の語源』（講談社）

十一、「ボッコー」考

はじめに

「ボッコー」は「たくさん」とか「たいそう」とか、量や程度の大きいことを言う、地方性の豊かな副詞です。本節では、この語の成りたちや用法などについて考えてみたいと思います。

1.「ボッコー」の意味と分布

「ボッコー」が、「たくさん」とか「たいそう」とか、量や程度の大きいことを言う副詞であることは、上でも述べたとおりです。この語は、主に、備国（備前・備中・備後）に分布しています。岡山地方では、これを岡山特有の語と思っている人も少なくありません。たしかに、この地域ではいっそう盛んです。「行かレー」「来ラレー」、あるいは先項の「オエン」などと共に、岡山弁の代表としてあげられることもしばしばです。

私の生育地（神石高原町小野）は、中備後の、備中と境を接する地域ですが、ただ、おもしろいことに、この地域では「ボッコー」は使いません。備後・備中の山寄りは、昔からの通婚圏で、交流もそれなりにあるのですが、「ボッコー」はありません。けれども、この語が岡山弁であることはよく認識していて、用法もわかっています。子どもの頃、岡山に働きに行った近所の娘さんがいました。その娘さんが、休みかなにかで帰ってきて、私の家にもあいさつにきました。祖母が、その娘さんに、岡山は賑やかだろうと聞いたところ、

○ボッコー　ニギヤカニモ　ネァー。（たいして賑やかでもない。）

と答えました。その「ボッコー」がおかしくで、のちのち話題にしては、家族で笑ったものです。

私も、10年ばかり、岡山に赴任していたことがあります。この間、「ボッコー」はよく耳にしました。
　〇アメバー　フッテ　ボッコー　コマル　ゾナ。(雨ばかり降ってたいそう困るよなあ。)

備前での一例です。一般に、地域の代表的な生活語とされるものには、あまり上品な語はありません。「ボッコー」もご多分にもれず、本場とも目される備前では、いいことばとは意識されていないようです。大げさに言うその意味はもとよりのこと、その音相も、強調の表現にふさわしく、語頭に濁音をとっています。

さて、分布のことですが、よく気をつけてみると、備後でも、小野地域はともかく、その周辺、特に南部ではかなり聞かれます。

分布はさらに広いかのようです。藤原 (1997) は、鳥取県下にもこれがあると報じています。また、「愛媛県瀬戸内海島嶼のうちにも、『ボッコ　トッタ　ナー。』(たくさんとったねえ。中男。) などの言いかたが見られる。」のようにも記しています。また、瀬戸内海大三島の「オッコー (オッコ)」も取りあげていますが、「今はおこなわれなくなっている。」と述べています。

2.「ボッコー」の語源

「ボッコー」の成りたちについては諸説があります。虫明 (1993) は、「にわかに勢いが出て盛んになる」という意味の「勃興」を語源としてあげています。また、「スボッコー」とか「スボッケー」とかの言いかたもできていることから、土居重俊氏は、語源として「素朴 (ありのままで飾り気のない様子)」をあげているそうです (虫明　1993)。別に土居 (1958) は、土佐ことばとして「スボッコーナ」(無愛嬌な) を取りあげています。関係があるのでしょうか。いずれも、苦心の語源説とは思われますが、ただ、現在行われている語形や意味にとらわれすぎているきらいもあります。

私は、これを、古語の「をこ」(愚かなこと。ばかげていること。) からきたものと見ています。〔woko〕が〔boko〕に転じたと考えるわけです。語頭の

摩擦音〔w〕が、破裂音〔b〕に転じる現象は他にも例があります。例えば九州肥筑の文末ことばの、「ワイ」〔wai〕から転じた「バイ」〔bai〕などがそれです（神部　1992, 参照）。

　日本語には、語頭に濁音が立たないという自然法則があります。それにもかかわらず、濁音から始まる語はたしかにあります。上の「ボコ」は、まさにその例とされましょう。元もと、この語が「ヲコ」であったとしますと、それがなぜ、法則に反してまで濁音化したのかという問題が出てきます。仮に、時代をさがってのこと、あるいは地方的なことであったとしても、やはり疑問とすることができましょう。

　この特例的な現象については、小松（1981）が、その意味を詳説しています。「和語においては、濁音に始まることが汚さの条件になっているのではないか」というのが、その集約された見解です。「日本語の場合には、語形と、その語形から受ける語感との間に、しばしば、ある対応関係が存在するのではないか。」とも述べています。このことは、現在の、周囲の語例を検討するまでもなく、納得できる事実です。この説に従えば、「ヲコ」が「ボコ」に転じたのは、「汚さ」の表現効果に関係があることになりましょう。そして、その汚さの表現効果とは、この「ボコ」の場合、強調の表現効果ということができましょうか。強調の意識を支えるのは、汚さとは言えないまでも、話者の強い感情の表出に他なりません。

　こう見てきますと、「ボコ」は、強調の意識のもとに、「ヲコ」から転成して成った語と言うことができましょう。藤原（1996）は、香川県中部の例として、「クソボッコ」（くそばか）をあげています。「クソ」と複合しているのは、「ボコ」の汚さ、悪さを強調したためと見られます。また、「ボコ」も、「ボッコ」のように促音を挿生しているのが注意されます。この語が副詞として立つようになっても、その強調の意識は強く語に現れていて、「ボッコー」のように、促音挿生はむろんのこと、また語尾を引くことにもなりました。

　ちなみに、小松（1981）は、現今の「ばかやろう」についても触れています。語頭に濁音のくる「ばかやろう」は汚い語形ですが、近畿一帯の「あほ

う」にはその汚さがないとしています。たしかにそのとおりで、「あほう」は、用いかたによっては親愛感さえ醸します。ですが、「どあほう」となれば話しは別です。汚さが出てきて、その点では「ばかやろう」と対等になると指摘しています。語頭濁音の効果でしょう。播磨南部の姫路などでは、「どあほう」がつづまって「ダボ」となっています。この地方では、人をののしる汚いことばの代表ともされています。

　なお、「をこ」が今に用いられている共通語の例に「おこがましい」があります。

3.「ボッコー」の周辺

　「ボッコー」は「ボッケー」とも言うようです。
　〇ヤル　コトガ　ボッケー　アッテ　キガ　クルイソージャ。(やることがいっぱいあって、気が狂いそうだ。)

平松（2002）による、倉敷での実例です。虫明（1993）によれば、「ボッコー」も「ボッケー」も、備前では古くから使われていたようです。それにしても、最近では、特に若者の間からは、「ボッケー」のほうがよく聞かれるように観察されます。

　「ボッコー」は副詞とされますが、この語が、形容詞ふうに活用されて行われることもあったようです。「ボッケー」はその終止・連体形と目されます。しかし実際には、この形式が、用言を修飾して行われるのが一般です。倉敷方言に限って見ても、類語例に「スンゲー」（すごい）、「モンゲー」（ものすごい）、「デーレー」（どえらい）、「ボレー」（ほろい）などがあり、いずれも副詞ふうにも用いられています。

　先の項で、「スボッコー」を取りあげました。これは、「ボッコー」に、軽蔑の意をこめた、接頭辞の「ス」がついて成ったものと思われます。これに類する強調の接頭辞は他にもあります。平松（2002）は、倉敷で、「ズドボッケー」や「ズドホンボッケー」を採録しています。これも、「ボッコー」の異常の程度を強調した言いかたと見られます。

○ズドボッケー　ツカレタ　ワ。(ほんとうにたいそう疲れたよ。)

平松のあげた、その一例です。平松に、この語と使用例を教えた祖父は、自身は使ったことがないと語ったそうです。それどころか、平松は、この語を使う他の老人にも、逢うことはできなかったと報じています。むろん、若い層も知らないことばのようです。思うに、かつて行われることがあったとしても、今は衰微した言いかたなのでしょう。あるいは汚さの程度がひどすぎて、しぜんに疎んじられたのかも知れません。

　藤原(1996)は「ズドホン」(ひじょうに)を取りあげ、「この語とボッコー(たいそう)とが、岡山県下で、あいならぶ特異副詞である。」と解説していますが、ある時期、あるいはある地域では、「ズドホン」が、単独の副詞として活用されることもあったのでしょうか。それが、倉敷のかつての時期には、「ズドホン」は、「ボッコー」「ボッケー」を強調する接辞としてのみ生きていたことになります。

4. 古今の強調心理

　今日の共通語でも、「バカ」という言いかたは、不合理や非常識を表す言いかたによく用いられています。むろん、程度の大きさを強調する副詞的用法としても活用されています。「バカニ　嬉しそうではないか。」などはよく行われる用法です。藤原(1997)は、「バカニ」は「おもに、国の東部方面によくおこなわれていよう。」としていますが、備後でも、「バカゲニ　サビー　ナー。(たいそう寒いねえ。)」のような言いかたの盛んな地域があります。隣村(今は合併して同町内)は「バカゲニ」をよく使っていて、子ども心にも、その言いかたに注意をさそわれたものです。

　ものごとの不合理や非常識を表そうとして、あるいは程度の異常さを強調しようとして、「バカ」の言いかたが活用されるのは上のとおりですが、その類の強調の心理は、古くも新しくも、日本語の根底にありつづけてきたもののように思われます。古代の「をこ」が特殊な展開を遂げたとしても、またそれが、特定地域に偏った現象であり、残存であったとしても、異とする

に足りません。「ボッコー」は、そのような日本語の本質に生きた語のように思われます。

むすび

　古語の「をこ」が「ボッコー」の語源とすれば、今日、それが、「ズドホンボッケー」とまで成長するなど、なお盛んな生命力を保持しているのは、いわばひとつの驚きでもあります。一般に、語彙存立の傾向を見ますと、不道徳、不合理を言う語がよく栄えています。これは、ひとつには、共同社会の秩序を念じる人びとが、その乱れを憂い、乱す人間を咎めたり非難したりする気もちの強かったことを反映していましょう。もうひとつは、話者の心情の表出です。自己を主張し、強調する気もちの強い表出です。いずれもきれいごとではすみません。表現して効果的なのは、人の注意を引く、大げさに誇張した言いかたです。こんな言いかたは、「汚い」ことばでありがちです。「をこ」や「バカ」などを表す語の展開や成長が盛んなのも、このような事情を背景にしてもいましょうか。

文　献

土居重俊（1958）『土佐言葉』（高知市民図書館）
小松英雄（1981）『日本語の世界7　日本語の音韻』（中央公論社）
虫明吉次郎（1993）『岡山弁あれこれ（2）』（研文社吉田書店）
藤原与一（1996）『日本語方言辞書』中（東京堂出版）
藤原与一（1997）『日本語方言辞書』下（東京堂出版）
平松聖子（2002）『倉敷方言における副詞の研究』（ノートルダム清心女子大学
　　　　　　　　2001年度卒業論文）
神部宏泰（1992）『九州方言の表現論的研究』（和泉書院）

第二章　文表現・その発想

　表現は、発想に支えられているとも、発想によって決まるとも言うことができる。人の内面に萌す思いが表面に表れて、ことばのかたちをつくる。このことは、いまさら言うまでもない。本章では、その表現を、発想の視点から見ようとしている。このいとなみは、表現を、主として内面から見る立場につながる。言いかえれば、表現とそのかたちの推移を、人の心の動きからとらえようとしている。

　生活語の世界に、発想と表現とを見ようとすれば、それはしぜん会話の世界ということになる。会話の表現は、文の表現と言ってもよい。ここでは、その立場から、特定の会話の文、文表現を対象にすることにしたい。

一、あいさつことばの発想と形式

はじめに

　考えてみれば、人の会話はみなあいさつである。会話の特定化したものが、いわゆるあいさつことばである。──あいさつ表現の形式である。（中略）あいさつことばは、会話の基本とも考えられるものではないか。会話生活の起点とも考えられるものではないか。

　藤原（1992）は、大著の冒頭でこう述べている。たしかに重要な見解で、ここに参照すべきことが多い。ただその特定化したものとなると、見きわめることの困難な場合がある。丁重で長いあいさつことばでは、会話の部分とあいさつことばの部分とのさかいめは、必ずしも分明ではないからである。

それにしても、あいさつことばは、特定化したものを離れては考えることができない。

会話の特定化とは、会話の特定の場面、あるいは会話の特定の部分で、慣習化し一定化した、いわば、会話の部分的な形式化と言いかえることができる。このように形式化した部分は、言うまでもなく、会話の、主として、始まりの部分（出あい）と終わりの部分（別れ）とに集中的に現れるのが普通である。ここに注目して把握されるのがあいさつことばである。藤原に従って、会話の流れのなかであいさつことばをとらえようとすると、このように言いあらわすことができようか。

形式化したあいさつことばは、慣習形式であって、人の出あいや別れには欠かせないものであっても、新しい情報の伝達にはかかわらない。一方、会話は、情報の伝達や交換が主たる目的である。あえて言えば、ここに両者を区別するおおよその目安がある。が、そうは言っても、その形式化については、なお吟味すべき点が少なくない。何よりも留意すべき問題は、「日常のあいさつ」と「非常（非日常）のあいさつ」との別である。

日常のあいさつは、おおむね仲間うちで交わされる気らくな交感である。伝承的な農山村の社会は、概して閉鎖的であって、他域との交流が少ない。村人はみな顔見知りであり、特殊な大家族にも比肩される存在である。そういう変化の少ない、ほぼ等質的な社会の日常では、共存共栄がしぜんの生活信条である。その、波風の立たない地域の現状や和合を維持するためにも、住人同士の軽い交感こそ大事な行為であって、他人行儀なあいさつは、かえって不自然である。

このような社会での日常のあいさつは、出あいの場面の重なりに従って、交わすことばも形式化し、それにつれて形が単純化していくのは、しぜんのなりゆきである。ことばの形式化や単純化は、交感の手軽さをもたらしたが、一方、このことによって起こる心情の希薄化はやむを得ないことであった。その不足は、具体の場に臨んでの、親愛の情と物腰とが補った。

非常のあいさつは、いわゆる冠婚葬祭など、改まった場での祝福や哀悼を表すものである。客として赴いた先で、久闊を叙する場合などもこれにあた

るであろう。この種のあいさつは、ながながと口上を述べるのが一般で、単純化も省略もない。重おもしい儀礼に満ちたものである。その点で、上の日常のあいさつとは区別されよう。あいさつは、発想上、まずはこのような二つの方向を区別して問題にするのが有効である。むろん非常のあいさつも、会話との区別や会話への移行が比較的ゆるやかであるとはいえ、やはり、特定化の枠内でのものであることに変わりはない。

　村の社会ではあいさつが特に重視される。大家族の成員同士であってみれば、これも当然のことではある。当社会では、あいさつすることを「モノーユー」(ものを言う)と言っている。「チャント　モノー　イエ　ヨ。」(〈先方へ行ったら〉きちんとあいさつをするんだよ。)親は子に、事にあたってこのようにも教え諭して、良識ある村人としての、誇りと自覚を育てることに意を用いた。「モノイーガ　エー／ワリー」(あいさつがよい／悪い)は、人を評価する言いかたの一つである。あいさつの悪い人間は、世間の非難の対象になることはむろんである。

1. 日常のあいさつ

　日常のあいさつは、上でも述べたとおり、おおむね、仲間うちでの気らくな交感である。相手によしみや親愛の情を持ちかける「ことばかけ」と言ってもよい。したがって、ここに行われることばかけは、相手本位の発想に基づくものである。言い換えると、相手を立てる意識に基づくものである。形式化したあいさつことばに、新しい意味や情報が期待できるわけではなく、しいて言えば、その「相手を立てる」意識が、あいさつことばの発想であり意味内容である。相手を立てる意識は、相手を受けいれる姿勢につながる。相手を受けいれる姿勢は和合を求める心と一如である。

　ここに述べるあいさつことばの意識や習慣は、言うまでもなく当生活語社会に限らない。いわば広く人間社会に共通するものであろう。その発想も表現も、また形式化も、大本に大きな差異はないものと考えられる。その観点からすれば、当生活語社会のあいさつことばも、そういう大きな流れのなか

にある。それにもかかわらず、当生活語社会のあいさつことばの、発想の個性を問題にしようとするのは、その心意を探ることによって、この面からまた逆に、地域の特殊性を見ようとするからに他ならない。言いかえると、あいさつことばの形式を支える具体的な生活の内面に沈潜することが、本稿のねらいである。

　なお、ここでは、あいさつの場面を限定して問題にすることにする。いちおうの流れについては、神部（2006）を参照していただきたい。

(1) 朝のあいさつことば

　朝は一日の始まりである。大気も気分も爽やかなこの時、出あう人びとに声をかけて、充実した思いを確認しあうのは、人間社会のごくしぜんの行為であろう。そのあいさつには、「お早う」類の行われるのが、全国的な習慣である。むろん当生活語社会においても変わりはない。

　〇オハヨー。（お早よう。）

は、当地における、路上出あいのあいさつの一例である。ことばのかたちは確かに形式的であるが、この形式に託した思いは個別的であり、具体的である。人びとは、特定の場や思いに応じて、この形式に、都度つど新しい生命を付与してきたのである。いわば、特定形式によりながらも、その形式を越えたあいさつの心を交わしてきたのである。その意味では、「オハヨー。」は、つねに現場的であり新鮮であった。

　「お早よう」は、言うまでもなく修飾語である。この修飾に続く後のことばは、元もと、どういう言いかたであったのか。このことに関して、藤原（1992）は、次のような薩摩半島の事例をあげている。

　〇ハヨー　メガサメヤシタ。（お早ようございます。）

この例を参照すると、「目がさめた」の類が、あるいは後に続く本来の言いかたでもあったのか。いわば人の勤勉を讃えるのが、本来の発想であったのか。藤原（1992）も、周防島嶼でのこととして、

　　朝に関する「早い」は、まったく、「起きる」に関係するものである。
　　したがって、「オハヨー。」的表現が、

○オキタ　デー。
　　　　起きたの？
　　　ともなる。言われるほうが恐縮することもあろう。それはともかく、
　　　「起きたのですか。」と言いかけることは、現に起きていることに対する
　　　祝福の表現にちがいなかろう。(p.32)
相手の目ざめの早いことを讃え、また祝福したのが、本来の言いかたであったとしている。そう言えば備後の当地域でも、たまに泊まった客が、思いがけず早く目ざめたときなど、「もう起きたのですか」と驚き、その客の律儀さを讃えることがある。稀のことではあるが、ここにも早起きを徳とする意識があることは事実である。

「早く目がさめました」と、相手の精励ぶりや勤勉ぶりを讃える言いかたは、朝のあいさつとしてしぜんである。それが、慣習のなかで、修飾のことばを言うだけで通じあい、理解しあえるようになったのも、またしぜんのなりゆきであった。今日では、大部分の地域でこれが形式化し、「お早よう」に続く後のことばも意識の底に沈んでしまったが、閉鎖的な地域では特に、その心は生きている。ところで、路上出あいで、
　　　○ハヤェー　ノー。（早いなあ。）
と声をかけることもあるが、これは目ざめや起きだしの早さを言うよりも、仕事のかかりの早さを言うことのほうに、称賛の比重がかかっているかのようである。「お早よう」の後に続いたはずの、本来の、目ざめを称賛する言いかたが省略され、遠退いていくのにつれて、人びとは、目前の現実的な事態に、新しい視点を移したかのようである。
　　　○オハヨー。キョーワ　ハヤェー　ナー。（お早よう。今日は早いねえ。）
類例である。この例では、「お早よう」と「早いねえ」の「早い」は、明らかに別の勤勉状態を指している。

「お早よう」は、ごく心やすい人たちの間で、気らくに交わされるのが基本である。学童同士もこうことばをかけあう。ただ、この言いかたのままではぞんざいすぎて、目上には用いにくい。その目上や長上には、次のように言うのが普通である。

○オハヨー　ゴザンシタ。(お早うございます。)

目上や長上に対する場合に限らず、中年以上の男女には、この形式のあいさつがよく行われる。「～ゴザンス」のように言うこともあるが、「～タ」どめの完了の言いかたのほうが慎ましく、ていねいである。

○オハヨー　アリマシタ。(お早うございます。)

ともある。この言いかたは青年男性に聞かれやすい。ときに、青年らしい挙動と生気が感じられる。

> ちなみに、補助的に用いられる「アリマス」は山口県下に著しいが、九州北部にも見られ、また山陽道を東に、山陰も但馬西部に、薄れながらもたどられる。

なお、「～タ」どめに関して、藤原（1954）は、

> 「ありがとう」の感謝を、よく、「ありがとうございました。」と言うのは、国の「西」系の地方であろう。「東」系の地方では、「……ございます。」とよく言う。西系では、「お早う」の時でも、「オハヨガシタ。」などと、「タ」でとめる所が少くない。(p.187)

と説明している。これが、いっそうていねいな言いかたであることは、上でも指摘したとおりであるる。

「～タ」は、また「～テ」とあることもある。

○オハヨー　ゴザンシテ。(お早うございます。)

その例である。こうあれば、なおいっそう慎ましく、ていねいなあいさつことばになるようである。

心やすい相手によっては、「お早よう……」だけではそっけないと感じるむきももあろう。そのような折りには、

○オハヨーッス。コレカラ　カー。(お早よう。これからかい。)

などのように、ことばを付そえることもしぜんである。

総じて朝のあいさつには、相手の精励ぶりを讃える心に発している。かつては、相手の目ざめの早さや早起きを言い、あるいはこのことが神の加護でもあるかと、幸運を祝福したことばであったとしても、少なくとも今日のこの地域のあいさつは、かなり現実的になっている。相手の行動の律儀さを讃

えると同時に、一日の始まりの充実した気もちを確かめあう心意に主点があるかのようである。

(2) 日中のあいさつことば

　日中のあいさつことばは「今日は」とあるのが、全国的な習慣である。むろん当生活語社会においても変わりない。
　○コ̄ニ̄チ̄ワ̄。（今日は。）
この地域で行われるあいさつの一例である。
　「今日は」も、後に続くことばの略されたかたちであることは言うまでもない。朝のあいさつの「お早よう」の、修飾の構えとはまたこと変わって、「……は」は、後に説明のことばがきて、それと呼応して一体をなすのが普通だからである。すると、本来は、どのような言いかたが続いていたのか。
　藤原（1954）は、九州南部の例として、次のようなあいさつことばをあげている。
　○キ̄ョ̄ア̄　マ̄ダ̄ッ̄　ゴ̄ア̄シ̄タ̄ー。
直訳すれば「今日はまだでございました」ということであろうか。「お目にかかるのが（あいさつするのが）まだでした」というのであろう。藤原はこれを説明して、
　　一日のうちで、いつでも、はじめて会った時のあいさつには、これを言えばよい。（p.187）
と述べている。むろん、朝、昼、夜、いつもこれが通用するようである。このような事例が辺境の地域に見られることからすると、当農山村社会でも、かつては、あるいはこういう発想のものであったのか。
　当農山村社会の日常では、「今日」を「コンニチ」とは言わない。「キョー」である。「コンニチ」は、改まったあいさつなどに稀に出てくる、特別な言いかたである。漢語を立てたこの言いかたには、何ほどかの格も感じられる。その語が、後を省略しながらも昼のあいさつことばとして定着し、しかも一定の格を保つことができたのは、この語に、相手に対する心の深さがあってのことであろう。少なくとも流布してきた当座は、相応のていねいな

物言いであったかと推察される。そして後に続くことばも、それとして、折り目の正しい言いかたであったに違いない。その「今日は」も、形式化してしまった昨今では、特別にていねいと言うほどのことでもない。学童など年若い者が、年長者に対してこうあいさつすれば、ことばよりもその殊勝な態度が評価され、その点で、ふさわしい程度のものである。成人同士の間などでは、そのあどけなさや、そっけなさがかえってわざわいして、必ずしも適当なあいさつとは言えなくなっている。

　朝は一日の労働の始まりで、晩はその労働の終わりである。出あいのあいさつは、朝は相手の心構えを讃え、晩は相手の労苦をいたわるのがしぜんの生活感情であり、あいさつ表現を支える発想である。さて昼はどうなのか。日柄・日和のよいことを祝福し、幸運を感謝するのがしぜんの生活感情のようにも思われる。いわゆる good day である。「今日は」には、そのような「よい日」を言うことばが続いていたのか。そう言えば、今でも、昼の出あいで、日和や天候を言うあいさつは多い。

　○エー　ヒヨリデ　ゴザンス。（よいお天気です。）
　○エーヤンベェーニ　テンキン　ナッタ　ナー。（いいあんばいに天気になったねえ。）

などは、その一例である。また、こうもある。

　○エー　ウリーデシタ　ナー。（よい雨〈潤い〉でしたねえ。）

農山村では、作物の成育のこともあって、適度の雨は歓迎される。雨の後ではこう言い交わして、天の恵みを慶びあうこともある。

　このような天候に関するあいさつが、
　○コンニチワ。エー　ヒヨリデ。（今日は。よいお日和です。）

などのように、「今日は」に続いて行われることもあり、いきなりのこともある。いずれにしても、発想上、今日のよい日を慶ぶことばが続いていたとしても無理な推測ではない。

　改めて言うまでもなく、古来、人びとは、農作業をとどこおりなく進めるためにも、日びの暮らしを気持ちよく保つためにも、天候には多くの関心を払ってきたかのようである。その好天が、神の恵みとして与えられたと信じ

一、あいさつことばの発想と形式　109

る古代においては、天候への思いは格別であったはずである。あいさつに行われる漢語じたての「今日は」が、やや後の時代に現れた言いかたであったとしても、そのような願いは、当然ながら生きていて「今日は」の実意を成し、相手と共に慶び、また共に悲しむ思いを交感したとしても、しぜんのことであったと考えられる。

　信仰が薄れている今日ではなおさらのこと、人びとは、日常の関心を持ちだすのに、何も心の制約はない。ただ、相手と共に共感できる事項であることが、条件と言えば条件である。なにぶん、束の間の出あいである。短い時間に交わすことのできる、軽くて単純な内容のものであることも、条件に数えられようか。その点、時候、季節、健康、行事などは、誰にとっても関心事であり、また共感できる、そして単純化も可能な、格好の事項であった。さらには、相手の精励ぶりや作物のできのよさを讃えることなども、あいさつこつばの大事な事項であった。
　○キョーワ　アチー　ノーヤ。（今日は暑いなあ。）
　○スズシュー　ナッタ　ナー。（涼しくなったねえ。）
このような時候のことは、たしかに誰にとっても日常の関心事である。こう声をかければ、まずは共感の応答が期待できる。そして、親愛の思いを温めなおすことができる。
　○ヒノクレガ　ハヨー　ナッタ　ノー。（日の暮れが早くなったなあ。）
などとあっても同様である。

　このような持ちかけは、むろん、新しい情報を得ようとしてのことではない。極端な言いかたをすると、声をかけること、そのことが目的である。そうは言っても、よしみを通じようとするそのことばは、相手の意を迎える内容のものでなくてはならない。このようなあいさつことばが、場に即したあたりさわりのないかたちで、しかも情に触れる温みのあるかたちで、心の負担の少ない特定形式になっていくのは、言ってみれば当然であった。
　○ボニガ　キタ　ナー。（盆がきたねえ。）
　○マツリガ　キマシタ　ナー。（祭りがきましたねえ。）
近づいた盆や村祭りは、村人の大きな関心事である。さっそく交感のために

持ちだされる。

　路上で、久しぶりに会う人もある。

　○オマメナラ　ヨロシュー　アリマス。（お達者でようございます。）

「オマメナラ」は、直訳すれば「お達者であれば」である。が、達者な相手は現前にいる。こうであっても、仮定で言うことが慣習化している。「マメナ」は、あいさつに用いられることが多い。（→ p.235）

　○オバーサン。マメナ　カノ。（おばあさん。達者かな。）

などともある。老人など、久しぶりの出あいであれば、前まえからの好意を謝するあいさつが、長ながと続くこともある。

　総じて日中のあいさつは、現今では、天候、時候、行事など、共感できる日常の関心事を持ちかけて、よしみを交感するのが一般である。本稿では、今は形式化している「今日は」が、こう構えながらも、説明を保留したり省略したりした特定事項は、本来は、天候の順調を慶んだり危ぶんだりした、いわば農民の、願いごとや祈りごとに発するものであったかと推測した。仮にそうであったとしても、今日の願いごとや関心事は、それをも大きく包み込んで、さらなる広がりを見せているようである。注意されることは、拡大されたそれらの事項が出あいの場に持ち出されても、その発想や形式は、やはり、ゆるやかながら類型のなかにあるということである。あいさつことばの特殊性を、改めて思うことができる。

(3)　晩のあいさつことば

　晩は、上項でも触れたとおり、一日の労働から解放されるときである。晩の出あいのあいさつでは、その労苦をねぎらい、いたわるのがしぜんの生活感情であろう。全国的に流布している「今晩は」にも、そのような心情が託されているのか。当生活語社会においても、

　○コンバンワ。（今晩は。）

と言うのは普通のことである。

　「今晩は」は、「今日は」と同様に、後に続く文言を大きく抱え込んだ言いかたである。その抱え込んだ構えにこそ、ねぎらい、いたわりの心情が、大

きく集約されているとも言うことができる。注意するまでもなくこの語も漢語であって、本来は改まった言いかたであったに違いない。

　言うまでもなく、「今日は」「今晩は」は類同の形式であって、その点からしても、両者には、共通した改まりの心情が認められる。そして、これらの構えの包摂する発想も、また、同じような心情を内包していたと考えられる。それにしても、両者に込められた祈念の内容は同じではない。

　すでに見てきたとおり、日中のあいさつは、天候・時候を中心とした、日常の、やや広い関心事の交感である。ところが晩は、上でも触れたとおり、一日の労働の終わるときである。そして安息の訪れた、あるいは訪れようとしているときである。言いかえれば、一日の懸命な心の、和らぐときでもある。このときに臨んでの晩の出あいのあいさつでは、その労苦をねぎらい、いたわるのが、人間のしぜんの心情であろう。こういうときのあいさつの発想や内容は、かなり限られてくるのではないか。

　晩のあいさつことばを、全国的に概観したとき注目されるのは、「晩」の語である。「朝」でも、「昼」でも、「今日」「今晩」を別にすれば、あいさつことばに、時を表す語がそのまま用いられることはない。ところが、「晩」は違っている。例えば、九州の長崎県大村の「オバーン。」「オバンデス。」（藤原　1992）がそれである。この種のあいさつことばは、また東北その他に著しい。例えば、宮城県下の「オバン。」「オバンデス。」がそれにあたろう（同上）。かつては、国の辺境と目された地域に、「晩」一字一語を用いたあいさつの行われているのは注目に価する。このことについて、藤原（1992）は、次のように述べている。

　　九州地方での「オバン」系の言いかたは、とくに重要視すべきものであろう。はるか東国方面に「オバン」系の言いかたがじつにさかんだからである。

　　「晩」関係の言いかたは、東国方面につづいては北陸地方にたどられる。これが、さらに山陰地方にたどられ、かつは、山陽北域にもたどることができる。

　　「オバン」「バン」関係の、こうした分布相の全般がものがたるもの

は、何々であろうか。ここにひとまず言いうることは、「晩」関係の表現法の、もと広く、全国的に分布したらしいことである。(p.121)

これに、さらに付言すれば、この「晩」には、人びとの安息をねぎらう思いが託されていたのではないか。おそらく、「晩」と言えば、その穏やかな感懐が、人びとの意識の底に、共通の安息の世界を形づくったのである。上書はまた、九州長崎の西辺でのものとして、

　○ヨカ　バンデ　ガシテー。（よい晩でございまして。）

のような晩のあいさつ例を掲げている。「よい晩」とは、安息にふさわしい穏やかな晩ということであろう。このような「晩」の世界は、上の引用文も触れているとおり、古くは全国土に一般的な生活感情であったに相違ない。その発想や思念が、今日では、都から離れた、僻遠の地域にのみ残存していると解することができる。

「今晩は」は、この地域でもごく普通のあいさつことばであるが、ただこのあいさつには、共通語ふうのニュアンスがある。学童や若い女性にはよく行われるが、成人の男性のあいさつとしてはあっさりしすぎた感じもある。このことばに続いて、

　○コンバンワ。ヒエマス　ナー。（今晩は。冷えますねえ。）

などの補いのあいさつが期待されるところである。

「晩」関係の言いかたで、成人の男性によく行われるあいさつは、

　○バンジマシター。（今晩は。）

である。「〜マシテ。」とあることもある。このほうがいっそうていねいであることは、先にも述べた。「晩ず」について『広辞苑』は、「晩になる。日が暮れる。」と説明している。「晩ず」そのものは、当地域でも単独で用いられることはないが、晩のあいさつことばに限っては、上にあげた例のとおり慣用されている。藤原（1992）は、この種のあいさつが、出雲および岡山県下によく行われていることを報じている。当備後域をも含めて、かつてはさらに広い地域に分布していたものか。「晩」関係のあいさつについて、藤原（1992）は、さらに次のように述べている。

　ともあれ、中国地方に、かつては、かなり広く、上に言う「バン」関係

の言いかたがおこなわれていたことであろう。「今晩は。」のような「コンバン」が流布するにいたって、「バン」関係の言いかたは、ひとえに退潮の道をたどったものかと思われる。(p.127)

　成人の間で、また、
　○オシマェーナサェー。(おしまいなさい。)
の行われることがある。これをしいて言えば、「仕事を終わりにしなさい」というぐらいの意味であろう。が、その意や発想を問題にするまでもなく、こうことばをかけるのが慣習である。隣近所の、気心の知れた成人の間で交わされる、いたわりの心の深いあいさつである。

　そう言えば、この種のあいさつは、山陰の隠岐でもよく聞いた。
　○オシマイサンデ　ゴザンス。(おしまいでございます。)
これは、隠岐の五箇での一例である(神部 1978, 参照)。仕事を終えた相手の穏やかなようすや心境に、温かい情を寄せてのあいさつなのであろう。徳島県下や富山県下にも、この種のあいさつことばがあるとされる(藤原 1992)。

(4) 別れのあいさつことば

　日常のあいさつでは、朝、昼、晩のあいさつについで、別れのあいさつも注目される。別れのあいさつと言えば、全国的に行われているのは「さようなら」であろう。当生活語地域においてもこう言うのが普通である。
　○サヨーナラ。(さようなら。)
はその一例である。ただ、この言いかたは、子どもや若い女性にはふさわしいが、成人の男性などには、あどけない感じもあって、なにかふさわしくない。場や相手によっては、軽んじた感じの残ることもある。共通語ふうの「失礼します。」とか「御免なさい。」などが用いられるのはこのようなときである。心やすい相手であれば、「ジャー。」(では。)とか、「セーナラ。」(それでは。)などもしぜんに出てくる。

　「さようなら」も、後に続くことばの略されたかたちである。本来はどういうことばが続いていたのか。「マタ　ナー。」(またねえ。)などとあること

も少なくない。藤原（1954）は、九州南部の、

　〇サイナラ　マタッ　ゴアンソ。（それじゃあまたお会いしましょう。）

をあげている。そして、「もとの『左様ならば』のかまえをよく見せていよう。」と述べている。

　藤原（1992）には、また、別辞として、九州他の「イマ」（今）、佐渡の「コンド」（今度）、鹿児島・石川他の「ノチ」（後）などの言いかたが取りあげられている。別れにあたって、「また」「今度」とか、「後に」とかの発想はしぜんであろう。「左様なら」に続く心はこうでもあったのか。いわゆる再見である。

　なお、九州方言に関するものではあるが、私には、ここに関連する別稿「離別表現の一態」がある（神部　2007）。本稿の趣旨の多くはこれにゆだねたい。ご参照を乞う。

2. 非常のあいさつ

　同じあいさつでも、非常（非日常）のあいさつは、改まった場で、また改まった意識で、相手の立場や心情に思いを寄せてのものである。いわゆる冠婚葬祭で、出むいた先でのあいさつなどはこれにあたろう。隣近所の親しいつきあいの間柄であっても、この種のあいさつとなると、威儀を正し、口調を改めて口上を述べる。まさに他人行儀な儀礼に満ちたものである。かつては、「シンモー」（新亡・擬声語との説もある）も「シューゲン」（祝言）も、みな当該の家でやっていたのである。

　弔問（クヤミ〈悔み〉）の場合の例を掲げよう。弔問者は、座敷にあがるまでは、家の入り口や庭先などで、同じく弔問の人たちと、故人を偲びながら軽くあいさつを交わしたりなどしている。やがて座敷にあがって遺族と対面すると、正座し、おおよそ以下のような口上を述べる。

　〇キキマスリャー　コレニャー　オトーサンガ　ゴヨージョーガ　カナェーマセーデ　イケザッタソーデ　ムテンナ　コッテ　ゴザンシタ。オチカラオトシデ　ゴザンショー。（お聞きしますと、お宅には、お父さんがご

一、あいさつことばの発想と形式　115

養生の甲斐もありませんで、亡くなられたそうで、とんでもないことでございました。お力落としでございましょう。）

これに対して、家の者は、

○マー　オイソガシーノニ　ヨー　デテ　ツカーサッタ　ナー。セーゼンワ　オセワニ　ナリマシテ　アリガトー　ゴザンシタ。（まあ、お忙しいのによく出て下さいましたねえ。生前はお世話になりましてありがとうございました。）

弔問者は、これを受けて、さらにまたことばを継ぐ。

○マー　アンガェーナ　コッテ　ナー。ホンニ　ビックリシマシタ。コノマェー　オータバーデ　ホンニ　ゲンキジャッタノニ　ナー。（まあ、思いがけないことでねえ。ほんとに驚きました。この前、お会いしたばかりで、ほんとにお元気だったのにねえ。）

故人の思い出などに及び、それがやや長くなると、しだいに会話らしいニュアンスを帯びることもある。こうなれば、一見、どこまでがあいさつなのかはっきりしないようなことにもなる。しかし、これも弔問のあいさつに他ならない。故人の元気だった生前の姿を偲び、遺族と悲しみを共にするのも、広い意味においてあいさつの一端である。こういう場合は、形式的な口上に終始するよりは、かえって情の深いあいさつとも言える。双方、服装を改め、威儀を正しての思い出のやりとりは、たとえ顔はほほえんでいたとしても、新たな悲しみをさそう。あいさつは、ことばの上ばかりとは限らない。

　祝言の場合についても、一例を掲げよう。

○コンチャー　オヒガラモ　ヨー　ゴリョーエンガ　トトノイマシテ　オメデトー　ゴザンス。ミンナ　ヨロシュー　モーシマシタ。キョーワ　マー　エンリョノー　ヨバレテ　キマシタ。（本日は、お日柄もよく、ご良縁が整いましておめでとうございます。〈家の者が〉みんなよろしう申しました。今日は、ほんとに、遠慮なくご馳走になりに参りました。）

この場合も、当家のお礼のあいさつの後で、

○マー　オカーサンモ　クツロギンサッタ　ナー。（ほんとに、お母さん〈姑になる人〉も安心なさったねえ。）

などと、ややくだけた話題になることもある。むろん、正座し、威儀を正しての上でのことである。当家の主婦の日常をよく知っているだけに、そのことばには、相手の安堵の気もちを思いやる心情がこもっている。上でも述べたとおり、これもゆるやかな意味で、あいさつの一形式として認めるのが適当であろう。

　冠婚や葬祭に臨んでのあいさつは、そのことばの形式もさることながら、共に悼み、共に慶ぶ思いを表すことが重要である。そのことばは、形式に発しながらも、しだいに相手の心情へと入っていく。日常のあいさつが、特定化し省略化しがちなのとは逆に、非常のあいさつは、ことばを重ねて相手の日常の思いにも触れ、今の悲しみや慶びを共有することに意を用いる。そのことばや居ずまい、心情のすべてを、この際のあいさつことばと言うことができる。そして、さらに言うならば、その改まった儀礼のすべては、一種の形式である。

　非常のあいさつは、特定の冠婚葬祭の場合のみとは限らない。路上の出あいであっても、久しぶりに会った老女のあいさつなどは、その久闊を叙することばが長ながと続く。ここで出てくるあいさつの内容は、ぶさたの詫びと相手の健康状態の気遣い、それに日頃受けた好意の謝礼などである。

　○マーマー　ゴブサタバー　シトリマシテ　ナー。オマメナラ　ヨロシュー　アリマス。（まあまあ、ご無沙汰ばかりしておりましてねえ。お元気でようございます。）

から始まって、「イツゾヤワ……」（何時ぞやは、）、「コノマェーワ……」（この前は、）などと、落ちのないように、つぎつぎと付けそえていく。むろん双方からである。謝礼中心のあいさつであるから、度ごとに腰を屈めながらのことである。その故もあってなかなか終わらない。あいさつが長いということで評判の老女もいた。あの人にかかってはと、辟易したり閉口したりするむきもあったほどである。が、その真情を疑うことはない。このような出あいのあいさつも非常のものとすれば、これが、そういう類のあいさつの実情であった。

むすび

　上でも述べたとおり、農山村は、外部との交流の少ない、いわば閉鎖的な社会である。古来、たいした変動もなく、住民は大きな家族のようなものであった。ここにあいさつが重んじられてきたのは、その社会の和合や安定を大事にする、心や願いがあってのこととみることができる。言いかえれば、その特定社会の安定を維持してきたのは、住民みずからが、社会と己れを律する心情を、強く保有してきたからであろう。その心情の現れこそあいさつ行為に他ならなかった。

　むろん、あいさつは、農山村の特定社会に限ったことではない。人の交わりには欠かせない行為である。それにもかかわらず、この種の特定社会のあいさつ行為に、特別の関心を寄せるのは、ここに、あいさつの、いっそう原初的な姿が見られるからに他ならない。

　日常のあいさつは、相手との交感が主なねらいであり、非日常のあいさつは、相手の心情に思いを寄せることが主なねらいである。また、こうも言える。一方は外面的であり、一方は内面的である。すなわち、前者はことばのかたちが中心であり、後者は心の深さが中心である。しかしながら、共に、心の作用、言いかえれば、発想に支えられたあいさつ表現形式であることに変わりない。

　あいさつことばは、発想がいっそう如実に現れる世界である。

文　献

藤原与一（1954）「文法」『日本方言学』（吉川弘文館）
藤原与一（1977）『方言学の方法』（大修館書店）
藤原与一（1992）『あいさつことばの世界』（武蔵野書院）
神部宏泰（1978）『隠岐方言の研究』（風間書房）
神部宏泰（2006）『日本語方言の表現法』（和泉書院）
神部宏泰（2007）『方言の論理』（和泉書院）

二、自然敬語とその発想

はじめに

　ここに言う「自然敬語」とは何か。その敬語事実と、こう呼ぶ意図を、まず明らかにしなくてはならない。方言が、日本語と共に自然言語であることは言うまでもない。その方言に行われる敬語のすべては、自然敬語以外の何ものでもない。しかし、ここであえて自然敬語と言おうとしている、その「自然」は、それとはやや立場を異にしている。しぜんに成立した敬語と言えば、それに近かろうか。が、こう言ってもなお不十分である。

　敬語は、本来、主観的なものとも言える。話者と対象との人間関係を、話者の立場や判断から、主観的に規定したものだからである。仮に、これらの敬語を、あえて主観敬語と言うならば、ここで問題にしようとしている敬語は、客観敬語、あるいは客体敬語と言いかえてもよい。話者と対象とのかかわりの薄いところに、いわば間接的な関係のなかで成立した敬語という意味でである。この客観敬語を、ここでは仮に自然敬語と言おうとしてる。その客観性、客体性、さらに言えば間接性、自然性を、この敬語の特性として強調したかったからである。とは言え、本質は、一般の、いわゆる主観敬語に属するものであることはいうまでもない。

　自然敬語とされる敬語事実は何か。また、その発想や成立、さらにはその繁栄はどのような生活語事情によっているのか。ここでは、このような問題に焦点を合わせて進めていきたい。

1. 自然敬語「〜てじゃ」

(1) **敬意**
「〜てじゃ」の形式をとる敬語がある。

二、自然敬語とその発想

　○キョー　センセーガ　キテジャ。(今日、先生が来られる。)
　○コナェーダカラ　イトーテ　ヤスミョーッテジャ。(この間から病気で休んでおられる。《近所の老女のこと。中年女》)

これらの例文に見られる「テジャ」が、問題の敬語である。「テ」は、例の接続助詞である。その前に立つ動詞連用形を受けて行われている。この、上のはじめの例文で言えば「キ」(「来る」の連用形)である。その「来て」を断定助動詞の「ジャ」で結んでいる。この言いかたには、特に、敬意を支える特定要素は含まれていない。にもかかわらず、軽い敬意を表している。その敬意はどこから生じるのか。「自然敬語」とするゆえんである。

　この「テジャ」が敬意を帯びる要所は「テ」の働きにあろう。一般に、接続助詞の「て」には、その「て」の受ける用言の内容を確認し、継起する後件に対して関係づける働きがあるとされる。一般には、用例から帰納して、「て」の働きのいちおうの整頓や分類ができるとしても、その働きは多様で、簡単には取りまとめられない面が残る。けっきょくのところ、「て」の本質的な機能は、受ける用言の内容を、客観的に措定するところにあるのではないか。それが後件にどうかかわるかは、後件の側の表現姿勢にまかされている。言いかえれば、その関係づけの意図や責任は後件の側にある。つまり「て」は、後件に対する関係づけには消極的なのである。

　このことを、当面の人の言動に関して言えば、その言動を受けて立つ「て」には、その言動内容を、客観世界のこととして措定し、客体化するところに役割りがあった。客体化された言動自体は、意識的には、話者の立つ具体世界とは次元の異なる世界のこととして位置づけられることとなった。つまりその措定された世界は、具体の生活や人格の次元を超えた、かなたの間接世界である。このことが、話者の側からして、一定の距離感を生むことになった。その距離感が、しぜんの敬意を醸すことになったかと考えられる。こうして醸された敬意は、当然ながら、しぜんの穏やかなものである。女性によく用いられるゆえんでもある。

　さらにこの形式には、「〜テ」を結んで断定助動詞の「ジャ」が行われている。体言接続の断定助動詞は、その作用が働いて、体言以外の語に接続し

た場合でも、表現の上で、これを逆に体言化することがある。「テジャ」の「ジャ」も、話者の判断を表すと同時に、当面の「～テ」を体言化する役割を果たしているとみることができる。こうして、この「テジャ」形式は、人の言動の客体化が、いっそう確かなものになっている。

(2) 用法

　このようにして成立した「テジャ」は、むろん一体の形式であるが、それにしてもこの形式の核は、「テ」にあると言ってもよい。「ジャ」は、これを外から包む感じのものである。比喩的に言えば、一種の包装紙であり、また風呂敷である。しかし、包装紙といえども、価値は内容と一如である。包装紙があってこその内容である。外側を包む包装紙は、時と場合によって装いを変える。この敬語形式も、他の語のかかわる場合は、適宜、変化して対応する。いわゆる活用である。この活用は、もっぱら外装の「ジャ」が受けもつこととなった。したがって、その活用方式は、当然ながら「ジャ」の活用方式に準じる。

　①～テジャ　　　　　　　　終止形式
　②～テジャロー（てじゃろう）　未来・推量形式
　③～チャッタ（てじゃった）　　過去・完了形式
　④～テンナェー（てでない）　　否定形式
　⑤～テナラ　　　　　　　　　仮定形式

これが活用の基本方式である。
　①の「～テジャ」についてはすでに上で述べた。ただ、「テジャ」を基本とするこの言いかたも、次のようになることがある。
　　○モー　キトッテ。（もう来ておられる？《来訪者》）
　　○オ下ーサン　オッテ。（お父さんはおられる？《子に聞く》）
問いかけの例である。ここには「ジャ」が見られない。と言うより、問いかけの表現には「ジャ」のないのが普通である。これを省略と見ることもできよう。とすれば、なぜ省略できたのであろうか。言うまでもなく、この表現は、現前の相手に問いかけたものである。話者の判断を表す「ジャ」は、相

手への問いかけにはふさわしくなかろう。相手の判断や情報を聞きだすための問いだからである。話題の第三者への敬意は、「〜テ」による客体化によって果たされている。ここで再び包装紙の比喩を出せば、同じ立場の気のおけない相手には、わざわざ包んで渡す必要がないのである。

　○モー　キトッテ。（もう来ておられる。）
　○オッテ。（おられる。）

上の問いに対する答えである。若い女性の言うのにふさわしい、あどけなさがある。成人男性ともなれば、この場合は、「モー　キトッテジャ。」などとあってもよい。

　対話の相手の行動に関しても、この形式をもって、当の本人に問いかけたり確かめたりすることがある。

　○モー　インデ。（もう帰られるの。）

相手の様子を見てそれと察し、問いかけ、確かめている。いわゆる目睹の問いかけであり、確認である。この文では、相手の行動を客体化してとらえている。むろんここに「ジャ」の用いられることはない。その理由については上で述べたとおりである。現前の相手の行動は、観察の対象ではあっても、自己の判断の対象ではないのである。

　ただし、現前のことではなくても、相手の日常の行動について、問いかけたり、尋ねかけたりすることはよくある。疑いの問いかけ、疑問である。

　○ドケー　イッテ　ン。（どこへ行かれるの。《路上で。親しい近所の中年女
　　に。小学生女》）
　○コンダー　イツ　キテ　ナ。（今度はいつ来られるの。）

これらの文の末尾の「ン」「ナ」は、相手への問いかけの姿勢をはっきりと見せているが、相手の行動の体言化にはかかわっていない。相手の行動に関する敬意は、前述のとおり「〜テ」の客体化によって果たされている。なおこの種の文には、文中に疑問詞のあるのが普通である。

　遠慮のある相手に対して問いかける場合は、
　○モー　キトッテデス　カ。（もうおいでていますか。）

この例文に見られるように「デス」を用いることがある。この「デス」は、

かたちの上では、たしかに「テジャ」の「ジャ」に替わる位置にある。しかしながらこの「デス」は、話題の人物に関してではなく、会話の相手に対して用いられた、いわゆる丁寧語である。その意味で、「テデス」とあっても「テジャ」形式とは別のものである。それにしても、「〜テデス」の行われることは稀で、用いられるとしても近来のことである。なお、相手の行動について問う場合は、その「デス」のない文の末尾に「カ」の用いられることはない。つまり、「あなたはいつ行ってカ」は非文である（ただし、播磨ではこの種の言いかたが普通に聞かれる）。

②の「〜テジャロー」は、話題の人物の動作に関して推量する。

○ハー　ワローテジャロー。（もう笑われるだろう。《赤ん坊の成長を、その母に尋ねる》）

この場合も、敬意とはいっても、その対象は話題の赤ん坊である。母親に対する気づかい程度の、親しみの表現といったほうが実情にかなっている。

③の「〜チャッタ」は、一連の活用形式のなかで、もっともよく用いられている。次はその例である。

○ソンコラー　マンダ　オバーサンガ　イキトッチャッタ。（その頃は、まだ、おばあさんが生きておられた。《亡くなった祖母のことを話題にして。中年女》）

自分の身内であっても、年長者であれば、この形式を用いて話題にする。隣近所の人となれば、年長者ばかりでなく子どもであっても、この形式で話題にするのが普通である。敬意というより、しぜんの親愛の情である。その客体化された対象は、ある意味では特別な敬卑感情の彼方にある。神仏を含めて、すべてがゆるやかな親しみの世界である。

「チャッタ」という、拗音を含んだ言いかたは、その音相上、高い敬意を表すのには適当でない。ごく日常的な気づかいの表れである。若い女性などが用いるのにふさわしい、一種のあどけなさも出る。

④の「〜テンナェー」は「〜てでない」が原形である。「テン（で）」は「テジャ」の連用形であり、これを受ける「ない」は形容詞である。

○キョーワ　ダーレモ　キテン　ナェー。（今日は誰も来られない。《留守番

の小学生男の報告》）

その一例である。これが強調されて、「～チャーナェー」とも言う。「～てではない」である。「は」の挿入されているのが注意される。

○マ̄ンダ　ダ̄ーレモ　シッ̄トッチャー　ナェー。（まだ誰も知ってはいられない。）

その一例である。「シッ̄トッテン　ナェー」（知っていられない）を強調した言いかたである。時に非難の言いかたにもなる。

⑤の「～テナラ」は、次のように行われる。

○オ̄バーサンモ　イッテ̄ナラ　エーノニ。（おばあさんも行かれればいいのに。《催物に。孫娘》）

先にも触れたとおり、家族であっても、年長者にはこの形式で言うのが普通である。上の例は、とかく引っ込みがちの祖母にむかって、気晴らしの外出を促したものであるが、そのような祖母のことを、家族で話題にする場合でも、またこう言う。当の本人に直接に言う場合にも、この形式を用いて、自己の希望を間接的に伝えるかたちをとることがある。この形式は、また、後を略して、勧奨の意図を表すことがある。

○モ̄ー　ネテ̄ナラ。（もう休まれたらいかが？）

この文の場合は、上の例に見られる「エーノニ」が略されていよう。こうあれば、婉曲に相手の行動を促す言いかたになる。

(3) 分布

　この敬語形式は、当生活語に限らず、近畿以西に分布しており、特に中国地方は盛んである（藤原　1997，参照）。当生活語のそれも、これらの分布地域のなかでのことである。

　奥村（1990）によれば、この形式（「テ指定」と言っている）は、近世後期の上方洒落本に多く見られると言う。なお、奥村は、「疑問法ヨンデカ・命令法ヨンデ等の形も、ここに含めた。」(p.773)としているが、その「カ」をとる疑問法が当生活語にないことは先に述べた。ただし、播磨にはこれがある。洒落本（近世上方）の流れに直接かかわるものか。

○キョー　イッテ　ケ。(今日、行かれるの。)

播磨東部での一例である。

「命令法ヨンデ」についてははっきりしない。「ヨンデ（下さい）」「ヨンデ（みなさい）」などの言いかたと類縁のものなのかどうか。こうであれば、当面の敬語形式とは別語である。

なお、上の、播磨東部の、丹波柏原には「チャー」がある。

○キョー　センセガ　キチャー。(今日、先生が来られる。)

この例に見られる「チャー」が注意されるが、これはおそらく「テヤ」（てじゃ）のつづまったものであろう。おおむね女性語とされる。また、京都府下の、丹波福知山では、

○キョーワ　ドコ　イッチャ　カー。(今日はどこへ行かれるの。)

のような問いかけの言いかたも聞かれる。これも、「行ってやか」のつづまったものかと推察される。先にも触れたとおり、このような問いのかたちは備後にはない。その「や（じゃ）」のない「行ってか」もないことは、上で見たとおりである。

2.　類同の敬語法

(1)　動詞連用形敬語法

播磨東部の山間の、三田から西脇に抜ける、いわゆる西脇街道に沿ったごく限られた地帯に、「動詞連用形敬語法」とも言うべき特異な敬語がある（神部　2003, 参照）。

○キョーワ　サダコガ　キーヤ　デ。(今日は貞子〈他家に嫁入っている娘〉がおいでだよ。《老女が孫娘に、姉の里帰りを知らせる》)

この例文の「キーヤ」がそれである。この言いかたは、共通語にはおきかえることができないほどの微妙な敬意を表しているが、地元では、老女以外にはほとんど行われていない。いわゆる"おばあさんことば"である。祖母に育てられた児童が、作文に書くことが稀にあると言うが、教師は、"わるいことば"として注意すると言う。しかし、ある中年男性は、少年時代は男女

二、自然敬語とその発想　125

ともよく用いたと内省している。
　言うまでもなく、「キーヤ」の「キー」は、「来る」の連用形である。その連用形の語尾を伸ばしている。語尾を伸ばした連用形を、断定助動詞の「ヤ」が結んでいる。その点からすれば、「ヤ」は、連用形を、体言化する作用も果たしていると見ることもできる。体言化された連用形は、その動作を客体化して表すことになった。ここのところに、現実の次元からすれば一種の距離感が生じ、しぜんの敬意を生むことになった。こう見る限りにおいては、上の「てじゃ」形式と、類縁の語法とすることができる。
　それにしても、この一連の語法は単純ではない。たしかに、断定助動詞の「ヤ」の立つ「来ーヤ」「行キーヤ」などの「〜ヤ」形式は、一連の語法を代表するかのように観察されるが、ただ、一方に、「来ータ」「来ーナイ」などの過去形式、否定形式もある。
　○キョー　スミチャンガ　キータ　デー。(今日、すみちゃん〈孫の友だち〉がおいでよ。《祖母が孫娘に》)
　○キョーワ　マダ　キーナイ　ナー。(今日はまだおいででないねえ。《友だちの遅れを気づかって。老女同士》)
播磨での実例である。むろん「行キータ」「行キーナイ」(語幹が2音節以上の場合は、「行キタ」「行キナイ」のようにも言う)など、他の語例も豊富である。ところで、これらの例に見られる連用形も、上の「〜ヤ」の場合と同様に、実質は、体言化したものではあるまいか。その体言に「タ」「ナイ」が接して、過去形式、否定形式が成立していると見ることもできる。
　この種の、連用形に「た」の接する語法は、江戸初期に始まったとする説もある(楳垣 1946)。仮にそうであればなおさらのこと、その体言化に、「ヤ(じゃ)」がかかわったとは推測しにくい。今日の用法を観察しても、「ヤ」のかかわりはほとんど考えられない。こうであるとすれば、「〜ヤ」形式と、「〜タ」「〜ナイ」形式とは、別系統のものか。しかし、一連の、帯同した使用情況や用法を見ると、そうとも言いきれないふしがある。むしろ、近畿に、連用形体言の根強い慣習があって、この体言に、後世、「ヤ(じゃ)」「タ」「ナイ」のついたのがこの形式であると考えたほうが実情に適っ

ているのかも知れない。

　ともあれ、上述の一連の敬語は、連用形体言が核になっている。これに付属する「ヤ」「タ」「ナイ」などは、その体言の文中での働きを補助した、いわば活用語尾と見ることができようか。ひとまずこう解すれば、その活用語尾は、他の動詞の活用形の類推で慣習化したと推定される。

(2)　動詞連用形命令法

　近畿は、動詞連用形を、そのままのかたちで、表現によく用いる地域である。特に、「行キー」「来ー」などの命令・勧奨法が際立っている。

　○マー　アガリー　ナ。（まあおあがりよ。）

播磨での、その一例である。京都などでは、この言いかたに、「オ」がついて、後に「オアガリ」などと言うようにもなった。

　近畿に、連用形体言が現れ、頻用されるようになったのも、この体言化の帯びる客体性に関係があるのではないか。いわば、一種の敬意表現である。人の動作を、あからさまにではなく、客体化して言うところに、近畿人の物言いの、発想と慎ましさがあった。いわば、近畿人の生活習慣が、しぜんにこの言いかたを育てたとも考えることができる。上に見た勧奨・命令法は、その典型的な用法であろう。むろん、この用法は、今日では、近畿は言うまでもなく、四国その他に分布している。そして、四国のそれも近畿起源と見られるものである。

(3)　近世後期の特殊敬語法

　近世後期の上方洒落本には、上で問題にした語法のすべて（「テ指定」「連用指定」「連用命令」）が現れている（奥村　1990）。「連用指定」とされている用例を、島田（1959）によってあげると次のとおりである。

　　夫に又どふして不養生なといひぢや（南遊記・寛政11）

「連用た」の用例も合わせ掲げておく。

　　たんばやの子どもしゆは、しんちの見せへいきた（短華蘂葉・天明6）

島田は、「初出は明和六年の間似合早粋」とし、「京大阪の遊里女性用語であ

ったらしい」と述べている。

　奥村（1990）の「敬語辞」項の、上方洒落本の統計資料によると、「連用命令」は女性に際立つものの、「連用指定」は全般に少ない。それにひきかえ「テ指定」は多用されている。例えば「箱枕」（文政5）では、「テ指定」44例（男5、女39）、「連用指定」2例（女2）である。ちなみに、「連用命令」は53例（男11、女42）である。この例にも見られるとおり、「テ指定」の優勢なのに対して「連用指定」は劣勢である。この事態は、「テ指定」が、新興の、そして開かれた敬語であることを物語っていようか。このことは、「て」の措定性、それに、その語法の構えの大きさ、確かさが、人びとの、新しい表現意識に適ったかとも考えられる。この敬語は、すでに上項で指摘したとおり、「〜て」を支える「じゃ」の位置づけも明らかで、その展開による活用方式も整っている。いずれにしても、両語法の新と旧の機能差活力差が、上方後期の文献の上にも明らかである。

　「テ指定」と「連用指定」との優劣関係は、今日の分布状況にも現れている。「テ指定」とされているものが、上項の「てじゃ敬語」であることは、もはや改めて言うまでもないが、その語法が、近畿以西、特に中国地方で盛んなこともすでに上項で述べた。それに対して、「連用指定」は、播磨東部の山間に、"おばあさんことば"として余命を保っているにすぎない。この分布差は、両事象の機能差、それに、新興と衰微の差異による現象と考えることができる。

む　す　び

　両敬語とも、連用形の体言化が原点にある。その観点からすると、両敬語は、同類のものと見ることができよう。しかし、「連用指定」に見られる体言化は、どのようにして成ったのか。断定助動詞のかかわりが後世のことであるとすると、ここのところがもうひとつ明らかでない。その体言化の用法が、文献の上でも、また現行の方言の上でも、頻用によって際立つのは「連用命令」（「（オ）行キ」「（オ）待チ」）である。このこともあって、連用の命令

法が当初のものかと考えるのが、本項の立場である。

　連用の命令法は、人の動作を客体化し、婉曲に言い表すところに、その本領があった。いわば近畿方言の発想である。ところが、「テ指定」(てじゃ敬語)にはその命令法がない。この点からすれば、両者の違いは小さくないとも考えられる。とすれば、「てじゃ敬語法」は、命令法を捨てても「〜て」の構えの確かさを選び、人の動作を客体化することに徹した語法とも言うことができる。連用の命令法が、比較的限られた社会や地域で行われた語法であるとすれば、「てじゃ敬語法」は、いわば解放的な語法とも言える。このことが、広く人びとに受け入れ、分布を広げた要因の一つと考えることができる。

　敬語は、話者の立場からすれば、人の動作を、しぜんに実現するように表すのが基本である。「自然敬語」の発想と成立は、その敬語存立の基本に則って、それこそしぜんに生まれた語法現象と言うことができる。

文　献

楳垣　実（1946）『京言葉』（高桐書院）
島田勇雄（1959）「近世後期の上方語」『国語と国文学』36-10
藤原与一（1978）『方言敬語法の研究』（春陽堂）
藤原与一（1997）『日本語方言辞書』下（東京堂出版）
奥村三雄（1990）『方言国語史研究』（東京堂出版）
神部宏泰（2003）『近畿西部方言の生活語学的研究』（和泉書院）
神部宏泰（2006）『日本語方言の表現法』（和泉書院）

三、敬語命令形の慣用とその表現心理

は じ め に

　特定の生活語において慣用されている言語形式は、その形式が、当の生活語に生きる人びとの、日常の表現心理に支えられた、有効な言語手段であることを物語っていようか。その点では、地域の言語発想、生活語発想の、一つの原点を見せていることにもなる。ここでは、そのような観点から、特定の敬語の命令形を取りあげ、発想と表現の基本について考えてみたい。
　慣用と言えば、大きくとらえれば、生活語もまた慣用の言語形式である。が、そういう生活語にあっても、日常、活用されることのいちだんと際立つ特定形式がある。ここで問題にしようとする敬語の命令形も、その重要な形式の一つである。

1. 敬語命令形

　今日の命令表現の形式は、多種多様である。相手に直接命令したり、要求したりする表現を避けて、いわゆる間接法、婉曲法が一般化しているからである。その間接・婉曲の表現方法は少なくない。そういう趨勢のなかにある動詞の命令形は、周知のとおり、その使用・実用の範囲がかなり限られているのが現状である。
　ところで、上述のとおり、命令表現法が推移する実情のなかにあって、敬語の命令形は、一般には、かなり特異な存立を見せている。つまり、敬語の他の活用形が衰退・衰滅しても、命令形だけが生き残っている場合があり、しかもそれが、頻用されるという、特異な場合のあることである。むろんその逆の場合もある。当生活語にあっても、命令形だけが残存している事実がある。この事態は、どのような史的事情によるのであろうか。本項では、こ

の残存の現象を問題とし、慣用の視点から、存立の事情について考察することにしたい。

　敬語が、日本語の待遇表現に関する重要な形式であることは、ここに改めて言うまでもない。ただ、その敬語も、地域地域による生きかたとなると、単なる分布図からは推しはかれない、様ざまな内情がある。上述のとおり、命令形しか存しない地域もある。むろん敬語のない地域も多い。

　敬語の各活用形ごとの盛衰も単純ではない。一般に、活用語の命令形は、使用の実際にあたって、働きかける相手は、目の前にいるのが普通である。その現前の相手に、直接に、命令・要求などの働きかけをするのが基本である。敬語の命令形も例外ではない。ただ、敬語ともなれば、相手を意識する度合いがいっそう著しい。

　相手に命令することは一つの負担である。その負担の意識は、また相手からも、何らかの心的拘束を受けていることの証しでもある。ところが、敬語の他の活用形は、そのような拘束や束縛が薄い。現前の相手についても、また話題の人物についても、その使用は、命令するときほどの緊張感がない。その点からすれば、命令形と他の活用形とは、生息の次元が異なるとも言える。活用表として一括整頓されることがあったとしても、それは単なる研究や学習の便宜のためのものにすぎない。このような観点からすれば、他の活用形が衰退しても命令形だけが残存することがあったり、またその逆の、命令形だけが欠落することがあったとしても、そのことの多くは、命令の表現心理の、微妙なところにかかわっている。

　他の活用形とは次元の異なる、敬語命令形の実用上の残存や欠落は、以上のように、単なる表面上だけのことではない。その複雑さをもたらしている根源のところは、既述のとおり、敬語の命令形が、現前の相手との心的距離感を特別に意識することにあり、また、そのことにかかわって生じる、相手からの心的拘束感にある。

　敬語が比較的若く、活用形が揃って活動している場合でも、命令形の使用頻度は、概して高いのが一般である。このことは、日常の会話において、相手に命令したり勧めたりする言語行為の、比較的多いことを示してもいよ

う。同時にまた、敬語命令形の使用が、会話の運用や進行に、有効な表現手段であることを物語っているかと考えられる。現前の相手に、その相手の言動を要求することは、再三述べたとおり、どの程度にしろ負担の意識がある。その負担を軽減しようとして、相手を立てた敬語の、その勧奨の言いかたを選ぼうとするのは、いわば表現心理のしぜんでもある。しかし、どんな敬語の命令形でも、また、どんな場面でも、ただ使用していればよいというものでないことも明らかである。それには、場面に適切で、また単純な形式の選択が必要である。その形式に関する格別の意識と頻用が、おのずからに、特定の敬語命令形の慣用をもたらすことになった。

　普通動詞の命令形は、相手の立場に配慮することがほとんどないままに、その言動を要求するのが基本の用法である。ところが、敬語命令形は、まずは相手の立場と、そして自己の立場を推しはかる。そして、彼我の立場のバランスに立って、言いかえれば、自己の立場をわきまえた上で、何らかの要求を出すのが基本の用法である。したがってその要求は、命令というよりも勧め、時には願いと言ったほうが実情に適ったものとなった。もとより、話者と相手との関係は様ざまである。物言いにあたって、それぞれの関係にふさわしい言いかたを選ぼうとするのは、これまた表現心理のしぜんである。そういう情況のなかで、普通動詞の命令形の使用の場面がしだいに限られていった。そして、地域によっては、敬語命令形が多用され、さらには特定の命令形の慣用される現象さえ生じたのである。その特定の敬語命令形は、概して古態で、敬意もほどほどの、いわば下位に属するものであった。

　実際の会話においては、話者と相手との間に、一定の心的距離のあるのが一般である。その距離感のない状態、あるいは、時にマイナスの状態で用いられるのが、普通動詞の命令形である。それに対して、敬語の命令形は、語によって差異はあるものの、相応の距離感のあるのが普通である。もとよりその距離感は、語によっては縮小して零になることもあり、ついにはマイナスに転じることもある。そうなれば、表現の効果も特殊なものになる。が、そのことは、ここでのさしあたっての問題ではない。ともあれ当面の敬語命令形は、相手との間に一定の心的距離をおいたまま推移していった。

さて、敬語に盛衰の推移のあることは、語史の指摘するところでもあり、また具体の生活語の世界においても、実際に体験してきた事実である。そういう史的推移のなかで、敬語の、他の活用形が衰滅しても、命令形だけが残存している場合の、その命令形の使用を、ここでは特に取りあげ、「敬語命令形の慣用」として問題にしようとしている。以下に、当生活語の、実際の事例を取りあげることにしたい。

2.「ナェー（ない）」命令形

　当生活語には「ナェー（ない）」による命令表現がある。この「ナェー」が、敬語「なる」の命令形であることは言うまでもない。
　　○ハヨー　キナェー。（早く来なさい。）
その一例である。「なる」の活用形のなかで、この命令形の「ナェー」だけが残存している。おおむね女性のものである。半世紀前頃の小学校では、これが女児童の専用語の感があった。遊びのなかなどでも、また男児童に対しても、これをよく用いた。が、男児童は決して用いなかった。女ことばとしての感覚や認識が強かったのである。この形式は、備後南部ではいっそう盛んであり、またその地域に連なる備中でもよく聞かれる。
　　○ハヨー　イキネー。（早く行きなさい。）
備中倉敷での一例である。これもおおむね女性の物言いである。ごく気らくな、親しみのある言いかたである。
　敬語の「なる」は、その活用形のすべてが、かつては、当生活語でも行われていたに違いない。藤原（1978）の当該語に関する記述及びその付図によっても、この語が、ほぼ全国に分布している事実を知ることができる。当地域も、巨視的に見れば、その分布の広がりのなかにある。が、今では、上述のとおり、命令形のみを残して、他の活用形はすべて衰滅している。命令形のみが残存したのは、上でもいくらか触れたとおり、相手との間の、程よい距離意識があってのことに違いない。もっとも敬語は、距離意識があってこその存在であるが、ただ、他の活用形と違って、現前の相手に限って用いる

命令形は、その距離意識が、特別な意味を持ったかと考えられる。比喩的に言えば、いくらか気がねな相手との会話において、その相手との距離を支える尺度、あるいは支え棒があれば利便である。その支えによっている限り、特別に距離を気にする必要がないからである。それを用いていれば、会話進行上の待遇関係に、ほぼ間違いがないからである。当面の命令形「ない」はその支え棒に適当で、表現上、これを、にわかには取りはずすことができなかったのである。

「なる」は「なはる」の変化形である。近世の早い時期、京都を中心とした地域で形成された「なはる」（「なさる」の変化形）は、「なさる」と共に全国に分布していった。むろん分布の先ざきで、「なさる」から「なはる」に変化するという事態もあったであろう。その「なはる」はまた「なる」も生んだ。しかし、上述の分布図を見る限り、当面の関連地域である中国の山陽地域は、「なはる」の分布がきわめて薄い。このことは、どのように解釈すべきであろうか。

山陽は、サ行子音〔s〕の、比較的確かな地域である。その点、近畿の、軟化して〔h〕になりやすい地域とは対象的である。近畿地域で形成された「ナハル」は、あるいは、軟らかくて都会ふうな雰囲気を持っていたかも知れない。しかし、それが分布してきたとしても、山陽地域では反応がにぶかったに違いない。それにしても、山陽地域でも、この敬語をいったんは受け入れたのであろうか。「ナル」の命令形が、わずかでも残存している事実からすると、どの程度にしろ、受け入れはあったとしなくてはなるまい。しかし、地域の基質になじまない「ナハル」「ナル」の活動は微々たるものであったろう。そのこともあって、この敬語は、程なく、命令形のみを残して衰滅していった。

「ナハル」に替わって、とでも言える状態で使用が盛んになったのは「ンサル」である。この語は、言うまでもなく「ナサル」の変化形である。「サ」の軟化にはなじめなかった山陽地域では、この「サ」の発音習慣のままに推移して「ンサル」を生んだ。「サ」の保全の意識は、「ナハル」の場合とは逆に、直前の「ナ」を軟化させて、地域性の濃い敬語である「ンサル」を生

み、安定させていったのである。藤原（1978）の付図の「ンサル」は、この語が、ほぼ中国や北九州に偏している実状を示しており、特に中国地方では、「ナハル」の分布のごく薄い山陽側に、「ンサル」の分布が際立っている。すなわち中国地方では、「ナハル」と「ンサル」は、山陰と山陽とに、相補的な分布を見せているのである。

3.「ツカェー（つかい）」命令形

　当生活語には、また、「ツカェー（つかい）」による命令表現がある。
　○ウチニモ　ツカェー。（私にも頂戴。《女児同士》）
その一例である。この命令形のみで、他の活用形はない。その点、上項の「ナェー」に類したところがある。女性に多い言いかたであるところも似ている。「ナェー」のよく行われたかつての小学校でも、「ツカェー」は女児童のもので、男児童はまず用いなかった。

　この「ツカェー」は、「つかる」の命令形かと推定される。が、その「つかる」はすでに衰滅している。それにしても、その「つかる」は、どのようにして成ったものであろうか。

　「遣はす」は古くから見られる語であるが、その語に「る」がついて成った「遣はさる」とその変化形は、中国・四国、およびその周辺地域に何らかの分布を見せている（藤原　1979）。ここで注目されるのは、九州の福岡県下、中国の山口県下、それに四国の徳島・高知県下一帯に分布する「ツカハル」である。この「ツカハル」が、「ツカワサル」から「ツカーサル」「ツカサル」を経て成った変化形であることは容易に推測されよう。その「ツカハル」が、「ツカル」へと推移することもあったか。当該の備後地域でも、かつては「ツカハル」や「ツカル」の行われることもあったのであろうか。が、たとえそうであったとしても、これらの語は、たいしてふるわなかったのではないか。

　山陽一帯は、上項の「ナル」に関して述べたとおり、サ行子音の存立が確かで、古来、この音の、前後の音に同化することの少ない地域である。その

基質の故に、上項の「ナサル」も、「ナハル」への流れをにぶらせることにもなった。そのことと同じように、「ツカサル」の、「ツカハル」への流れも、あまりはかばかしくなかったのではないか。「ツカハル」への展開がとどこおれば、その変化形である「ツカル」も、たいしてふるわなかった道理である。ともあれ、当生活語にあっては、「ツカハル」はまったく見られないが、少なくとも「ツカル」の存したことは、その命令形の「ツカェー」が、今に残存していることによっても知ることができる。

一方、「ツカーサル」(遣わさる)はよく行われており、特にその命令形「ツカーサェー」が顕著である。

　〇ア̄シュー　クズシッ　ツカーサェー。ド̄ーゾ　ロクニ　シッ　ツカーサ
　　ェー。(足を崩して下さい。どうぞ楽にして下さい。)
座敷に請じ入れた客人に、楽にするように勧めた一例である。
　〇イ̄リコト　セッケンオ　ツカーサェー。(炒子と石鹸を下さい。)
子どもの、店でのお使いことばの一例である。

「ツカーサル」がよく行われているのは、一つには、「サ」の子音の、確かな存立もあってのことと解されようか。この語は、広く、中国・四国に分布しているが、特に山陽一帯で著しい(藤原　1979)。備中南部の倉敷で、ある老人は、

　〇ヨ̄ロシュー　ユーテ　ツカーセー。(よろしく言って下さい。)
のような例を示し、命令形のみが古老の間に行われていると説明した。安芸の広島でも同様な指摘がある。

当生活語には、また「オクレー」(下さい)がある。が、ここでは特に取りあげない。なお、敬語命令形の残存や慣用は、上でもいくらか触れたとおり、当該地域に限ったことではない。その実情については、神部(2007)を参照していただきたい。

4. 敬語命令形慣用の心理

上項で問題にしてきたとおり、当生活語にあっても、特定の敬語命令形が

残存し、慣用されている。尊敬語の「ナェー」は適度の敬意の「勧め」が、謙譲語の「ツカェー」は適度の敬意の「求め」が、それらの形式の存立価値を支えている。いずれも、相手に対する要求が基本であるが、それにしても、敬語の実質からは、いくらか遠いものになっている。

　他の活用形が衰退しても、なお残存して命令形が慣用されているのは、現前の相手に対する心的距離の、一定化を願ってのことと思われる。このことについては、上でも触れたとおりである。相手につきすぎもしない、そうかと言って離れすぎもしない、適度な親愛感のにじむ距離は、村人同士の会話の世界では特に重要であった。古形式の命令形は、古形式なるが故に、そのぬくもりの距離の一定化に適当であったと考えられる。言うまでもなく古形式は、日常性からやや遠ざかっており、そのことが、ある意味では、かえって深みのある、伝統的な情愛を含んでもいたからである。相手との心的距離の一定化を望み、それに適う用語の活用が一に帰したのは、相手との距離取りを均す、それとしての土壌が醸成されつつあったからでもあろう。いずれにしても、慣用は、村の人間関係の円滑化を、しぜんのかたちで模索した、生活表現の知恵でもあった。

　河合（1984）は、日本人の根本的な生きかたを、「女性の意識」とみている。これは、相手や周囲との、ほどよい関係を保とうとする意識ということのようである。特定の敬語命令形の慣用も、このような日本人の根本的な生きかたや待遇の心づかいに、多くかかわってのこととみることもできるのではないか。

　特定の敬語命令形の慣用は、一種の斉一化である。古形式を頻用して一定化をはかるのは、表現方法の斉一化と解されよう。対話の当事者の範囲が、広くも狭くも、推移によっておのずからに定められてくるのも、これまた場面の斉一化に他ならない。斉一化は、また、一方から見れば、話者の情意の希薄化でもある。この点に注目すれば、この現象は、客体化とも、間接化とも考えられよう。しかしながら、当面の命令形の慣用において、何よりもその間接化が育んだものは、話し手と聞き手との程よい関係、言いかえれば、地域の伝統に根ざす隣人愛であり親愛感であった。

5. 敬語命令形と性

　上項で取りあげた慣用の敬語命令形は、いずれも、おおむね女性のものであった。しかし、一般には、慣用の命令形の活用が、特に女性に偏しているとは必ずしも言えない。それにしても、上の事例にも明らかなとおり、しぜんと女性に多く見られるのも事実である。このことは、女性の物言いの特性、河合の言う「女性の意識」にもかかわっていようか。

　一般に、女性は、会話にあたって、相手の立場に同調し、ここを発想や展開の起点とすることが少なくない。もっとも、この特性は女性に限ったことではなく、日本語の話し手の基本的な姿勢である。が、そういうなかにあっても、女性の物言いは、その伝統にいっそう忠実かのようである。敬語の発達を根底のところで支えたのも、そういう女性の生きかたであったかも知れない。「敬語というのは、要するに言語の中のいわば女性的要素です。」（外山　1978）という見解のあるのも、それとしてうなづける面がある。上の敬語命令形の慣用が、主として女性に見られやすいのも、そういう史的背景のあってのことであろう。

　ところが、残存命令形の慣用が、女性に偏るとばかりは言えない事例がある。少し例がとぶが、九州の熊本のそれを参照してみよう。比較のために取りあげる敬語は「ス」である。この語はやや複雑な展開を見せている。

　「ス」は、「行かっしゃる」などの「シャル」から派生した、「サ」行五段に活用する敬語である。最初に、「行カッシャッタ」が直音化して「行かシた」となった。その新生連用形の「シ」が起点となり、五段活用の類推で成立したとされる（藤原　1978）。ところでこの敬語は、半世紀前頃には、天草などの離島、または県南部の辺地ではともかく、熊本市域一帯ではすでに衰微していて、会話の相手に用いることはなかった。いわば、三人称敬語として、話題の、身近の人やペットについて言う程度のもので、敬意と言うには程遠い、軽い親愛、時には軽い侮蔑さえ表すものであった。これを比喩的に言えば、軟化しまた装いを変えて三人称の世界に逃避し、かろうじて死滅を

免れていたのである。しかし、対話の相手にしか用いない命令形は、三人称の世界とは無縁であった。用いるべき適当な相手のいない命令形は、しぜんに逼塞して、影の薄いものにならざるを得なかったのである。それでも辺地では、「おじいさんことば」として、祖父が孫に、「勉強をサシ。」などと、稀に言うこともあったらしい。

　この地域では、敬語命令形が逼塞して「おじいさんことば」として意識されている事実に、改めて注意したい。先には、残存の敬語命令形が、女性に偏している実情に触れた。一般にはこれが普通であろう。それにしても、男性的なニュアンスを持って生きた敬語には、どのような史的背景があったのか。

　識者によれば、「ス」敬語は、元もとは「細川家中弁」であったと言う。言うまでもなく、武家社会は男性中心である。新生の連用形「シ」を、いちはやく五段活用に転じさせる直截さは、いかにも男性社会にありがちのことのようにも思われる。当初は、これが武骨な敬意を表していたか。その新生敬語は、やはり女性にはなじめなかったのではないか。これがやがて農民や町人の社会に広まったとしても、女性に支持されない敬語の運命は、早くから見えていたように思われる。

　しかし、その命令形のみは、家中弁としてながく残存したとされる。長上が若者に対して用いるのにふさわしい、権威のある「武張った」言いかたであったと、古老の識者は語っている。

　このような史的事情があれば、「ス」の性格も、合理的に理解できよう。概して、男性主体の残存命令形は、地域性が濃いかのようである。対して、女性主体の残存命令形は、広域の伝統的な流れに棹さしている。が、共にその棹さばきは緩慢で弱い。

む　す　び

　慣用は、けっきょく一種の間接化である。個別の発言を支える各話者の具体的な表現意識は、慣用の形式を取ることによって中和され、間接化される

ことになる。言ってみれば、慣用表現は、オブラートに包んだ言いかたである。本節で取りあげた、特定の敬語の命令形の残存も慣用も、話者の意識の直接的な表出を押さえて間接化した、一種のオブラートであった。それにしてもこのオブラートは、閉ざされた社会に生きる人びとの、円滑な人間関係を志向する、表現上の、しぜんの知恵であったとも言えようか。

文　献
藤原与一（1978）『方言敬語法の研究』（春陽堂）
藤原与一（1979）『方言敬語法の研究続編』（春陽堂）
外山滋比古（1978）「日本語の論理」『日本語と日本文化』（朝日新聞社）
河合隼雄（1984）『日本人とアイデンティティ』（創元社）
神部宏泰（2006）『日本語方言の表現法』（和泉書院）
神部宏泰（2007）『方言の論理』（和泉書院）

140　第二章　文表現・その発想

四、転成文末詞の形成

はじめに

　文表現の末尾に、主として呼びかけの働きをもって行われる特定要素、文末詞には、二つの種類がある。一つは、元もと感声的な語であったものであり、また今一つは、他の語から転じて成ったものである（藤原　1982）。その転成文末詞が、本来はどのような語であったのか、またそれがどういういきさつで文末に慣用されるようになったのかなどについては、上掲書その他で触れられてはいる。しかし、何ぶんにも、時代をさかのぼってのことでもあり、また、地域による事情もあって、必ずしも明らかになったとは言えない情況にある。本節では、当生活語から見て、その出自や転成のいきさつを推察できる二、三の語を取りあげ、原初の、文末要素形成に関して考究することにしたい。

1.「ナラ」の形成

　ここに取りあげる「ナラ」は、
　○ソケー　オルナー　ダレ　ナラ。（そこに居るのは誰だい。）
　○ドケー　イクン　ナラ。（どこへ行くんだい。）
のように用いられる、疑問を表す文末ことばのことである。この語の形成に関しては、これまでにも取りあげたことがある（神部　2006, 2007）。が、ここでは、視点を変え、本書の趣旨に沿うよう、形成の視点から考究することにしたい。
　この「ナラ」について、藤原（1986）は、
　　助動詞「ダ」の活用は、「ダラ・ダッ・ダ・（ナ）・ナラ」とされている。

四、転成文末詞の形成　141

> おもに関西地方におこなわれている文末の「ナラ」は、おおよそ、文末詞ふうのものと見られようか。とすると、「ナラ」は、助動詞系の転成文末詞とすることができる。(p.191)

のように述べて、「ナラ」を、助動詞「ダ」の、仮定形からの転成と見ている。「ナラ」の形を問題にすれば、その源流を「ダ」の仮定形とするのは、たしかに一つの見かたかと考えられる。しかし、実際には、こう考えて、なお不審とすべき問題が残るように思われる。

　仮に、「ナラ」を「ダ」の仮定形としても、疑問の意を表す文の文末要素が、なぜ仮定形なのか、このことがまず釈然としない。今日、仮定の言いかたが、文表現の文末に用いられることがないでもない。「早く行けば。」とか「もう帰ったら。」などのように、いわば勧奨の表現をつくるのがそれである。むろんこのことは、共通語ふうの表現の世界でのことである。この言いかたにしても、仮定形は、相手へ要求することの押しの強さを和らげる意識が働いて、しぜんに選ばれた形式と見ることができよう。当然ながら、ここには相手への心づかいがある。しかし、「ナラ」には、そのような柔らかさも心づかいもない。ときに詰問調の鋭さがあり、いきおい下品でもある。藤原（1997）も、

> 助動詞ダの仮定形としうるナラが文末詞化してもいる――指定して問う心をつよくあらわすものである。(p.401)

と、その点を認めているかのようである。「指定して問う」とは、穏やかな言いかたには無縁である。そうであればなおさらのこと、このような問いの表現の末尾に、なぜ仮定形が頻用され、慣習化したのであろうか。仮に「仮定の意識」が疑問の表現に関係があるとしても、そうであるなら、むしろ柔らかな疑いや問いかけになるのがことばのしぜんであろう。

　私は、「ナラ」には、疑問の「ヤ」がかかわっていると考えている。すなわち「誰なりや。」などの、「なりや」のつづまったものと見るのである。しかし、こう言うについては、もう少し関係諸語の観察を進めなければならない。さしあたって、その「ヤ」が問題になる。

　「ヤ」は、当生活語においても、文末詞としてよく行われている。これが

原生的な、感声的文末詞であることは、藤原（1982）が指摘するとおりである。詠嘆から発したかと思われる、呼びかけ、勧誘、勧奨、疑問など、多くの用法を見せている（神部　2006，参照）。そのなかで注意されるのは、疑問の用法である。
　〇ソリャー　ダレ̄ン　ヤ。（それは誰のだい。）
　〇ナニュ̄ー　モットル　ヤ。（何を持っているんだい。）
疑問の文表現を成り立たせている「ヤ」の例である。このような用法の「ヤ」は多い。疑問詞と呼応して行われている点が注意される。
　中古に栄えた「係り結び」の、その係助詞「や」が、文中に働く際において、反語や疑問の意を表したことはよく知られていよう。やがて「係り結び」は消滅したとしても、係りの「や」と、その語の帯びた疑問の働きが、特定の地域に残存したとしても異とするにあたらない。当生活語の「ヤ」の疑問用法は、あるいはそれにかかわっているのかも知れない。
　上に掲げた文例の「ヤ」は、前行語とかかわることもなく、文末に孤立している。ところが、その前行語と融合して現れる「ヤ」もある。
　〇コレカラ　ドケー　イキャ̄ー。（これからどこへ行くかい。《夕方の路上で、急ぎ足の友人に問いかける。青年男》）
　〇イマ　ナニュ̄ー　ショ̄ーリャー。（今、何をしているかい。《路上での立ち話。初老男同士》）
これらの文の末尾に見られる「イキャー」「ショーリャー」は、「行くや」「しおるや」のつづまったものである。その末尾の「や」は、当面問題の「ヤ」に他ならない。たしかに、「イキャー」などを形本位に見れば、動詞の仮定形の「行けば」などの変化形と見られないこともない。現に、当生活語に行われる仮定形は、まさにこの形（「イキャー」「ショーリャー」）である。言うまでもなく、「ヤ」〔ja〕は、前音が半母音である。こうあれば、前行語末尾の母音と融合しやすい。それにしても、このように融合して現れるのは、気らくな物言いの場合に多い。
　このように融合する例は、他の文末詞の行われる場合にも見られる。参照例として掲出しておこう。

〇アシタ　イカー。（明日、行くよ。）
　〇ワシャー　シラナー。（俺は知らないよ。）
などの「イカー」「シラナー」は、「行クワイ」「知ランワイ」の末尾が融合したものである。「われ」を起源とする文末の「ワイ」〔wai〕も、前音が半母音であって、前行語の末尾音と融合しやすい。
　〇イツノ　コトデスリャー。（いつのことですかな。）
　〇ソーデスラー。（そうですよ。）
前例は「～デスルヤ」、後例は「～デスルワイ」の末尾が融合したものである。「デス」が「デスル」とあるのは、むろん新しいことではない。上の融合も、古く成立し、慣用された表現形式の残存と考えられる。たしかにこの言いかたは、老成した感じを持っている。
　さて、疑問の「ヤ」は、断定助動詞を受けても行われた。言うまでもなく「だ」以前の断定助動詞は「なり」である。その「～なり」が文末に「や」をとり、疑問詞と呼応して疑問表現を成すことが慣習化した（「いかなる方便なりや。」）。そして、その文末の「なりや」が融合するのも、またしぜんのなりゆきであった。その推移をなぞれば、「ナリヤ」は「ナリャ」となり、やがて「ナラ」と変容したと考えられる。先に、「ナラ」には、疑問の「ヤ」がかかわっているとしたのは、この見かたに基づいている。このことについては、また後で、改めて取りあげることにしたい。
　疑問詞と呼応して「や」の行われる疑問表現の形式が、文献の上に現れるのは、鎌倉・室町の頃とされる。松村（1969）は、「鎌倉時代から室町時代にかけて、疑問語の下に用いられる『や』の用例が数多く見られるようになった。」と述べている。また、阪倉（1975）も、鎌倉中期以後、疑問詞の下には助詞「か」を用いるという従来の原則が破れて、疑問詞の下に「や」を用いる形式が見えだしたとしている。ただ、この形式も、「か」が一般的になるにつれて、しだいに影をひそめていったかのようである。阪倉は、さらにロドリゲスの「日本大文典」（1608）を引いて、
　　室町時代にはいっては、〈要判定〉の〈問〉は、「――ヤ。」が文章語にのこる（ロドリゲス『大文典』）ほかは、ほとんどすべて「――カ。」の

形式に統一される。(p.248)

と述べ、その後の流れを追跡している。これからすれば、「や」は、室町時代に入れば、文章に用いられる古風な言いかたとなり、口頭語としては活力を失っていったものと見られる。なお、阪倉によると、コリヤードの「日本文典」(1632) は、「や」による問いを、「下品な言い方である」としているとのことである。この記述によると、「や」による問いは、下品とされながらも、また末期的状況ながらも、なお中央の口頭語の世界に余命を保っていたようである。やがて中央でこれが消滅したとしても、地方の特定地域には存することもあったかと推定される。当生活語に行われる文末の「ヤ」の疑問用法も、この、いわば残存用法に関係のあることに違いない。この文末の「ヤ」も、疑問詞と共に用いられることは、先にも触れたとおりである。　当面問題の「ナラ」も、先述のとおり、断定助動詞の「なり」が「や」と融合して成ったものと推定される。藤原 (1986) は、この「ナラ」を、断定助動詞「ダ」の仮定形起源としたが、その仮定形説はおくとしても、断定助動詞がかかわっているとしたのは、その後の追究に有効であった。「ナラ」の立つ疑問表現が、特殊な詰問や確認のニュアンスを添えるのも、断定の意味や働きが核になっているからに他なるまい。

　断定助動詞は、言うまでもなく体言に接して用いられる。文末に遊離し、孤立して、働きも変わっている「ナラ」も、本来の用法の原則は受けついでいるかのようである。先に掲げた例に重ねて、さらに実例をあげれば、

　〇ソリャー　ナン　ナラ。（それは何だい。）

がある。この例で、「ナラ」は、「ソリャー　ナン」の叙述部全体を統括しているとされる。ただし、この叙述部分は、末尾を体言の「ナン（何）」で結ばれているために、表現上、その全体は、体言化していると解するのが普通である。すなわち「ナラ」は、そのにわかの体言を統括して存立していると理解される。それにしても、表現上はこう解されるとしても、要素的、あるいは起源的には、「ナラ」は、やはり直前の「ナン（何）」の、何らかの拘束下にあることは否めない。

　〇ソリャー　ダレン　ナラ。（それは誰の〈もの〉だい。）

この例にしても、「ソリャー　ダレン」の叙述部分の末尾は「ン（の）」（準体助詞）で結ばれていて、このため、全体は体言化していると解される。そのにわか体言を、「ナラ」が大きく統括して、この文表現は成っている。たしかに、要素的には、「ナラ」は、あくまでも「ン」の拘束下にある。つまり断定助動詞の本来の性格を根底に保有している。しかし、文末に遊離して特定化した「ナラ」のその文法性は、にわか体言全体を射程に入れることによって発揮されていると見るべきであろう。この立場からすれば、「ン」は、あくまでも叙述部を性格づける（体言化する）要素と見るのが合理的である。
　○ドー　シタン　ナラ。（どうしたんだい。）
類例である。

　以上によって、「ナラ」は、「なり（断定助動詞）＋や（文末詞）」の融合の結果、形成されたものであることが明らかになったと思われる。この言いかたは、中国地方の山陽側に、また四国愛媛県下によく行われているとされる（藤原　1986）。この文末詞の形成の時期を言うことは容易でないが、今日の使用情況などから推して、近世の、それもかなり古い時期であるかとも考えられる。

2.「ジャ」の起源

(1)「デァ」転成の「ジャ」

本項で問題にする「ジャ」は、次例のようなものである。
　○ナキターダキ　ナク　ジャ。（泣きたいだけ泣くことだ。《いつまでも泣きやまない子に。母親》）
　○マタ　アシタ　イッテ　クル　ジャ。（また明日、行って来ることだ〈行って来ることにするか〉。《荷物運びに。初老男》）
その実例である。前例は、泣く子に手をやいたあげく、勝手にしろと、突きはなした心境を表す一文である。子の側にあった母親が、立場を変えて、傍観者の側に立って言いわたしたものとも言える。後例は、話者自身の行動についての判断を、傍観的な立場から言い表したものである。

このような文の成立には、末尾に働く「ジャ」の働きが大きくかかわっている。この「ジャ」が、文末特定要素として熟していることは言うまでもないが、ここで問題にしたいのはその出自である。「ジャ」の形から推測すれば、断定助動詞「ジャ」から転じて成ったものかとまず考えられる。断定の「ジャ」は、周知のとおり、この地域に限らず、西日本の広い地域に分布する事象である。その「ジャ」の特定用法が、文末に熟用されて成った形式と考えることも、たしかに一つの見かたに違いない。しかし、そう考えることに軽いためらいを覚えるのは、上の文例にも見られた、その傍観的な働きである。断定助動詞は、言うまでもなく、主観的な判断や確認の働きの強い事象である。この機能と、上の傍観的な機能との間には、やや距離があるように思われる。

　ある表現要素が、文末に慣用され、あげく、孤立した特定要素として転成するには、一定の時間や過程が必要である。単に時間だけでなく、本体要素も、活動の終焉期にあるか、あるいはすでに消滅しているか、いずれかであることが少なくない。こういう状態であっても、基底の意味に類似点のあることは言うまでもない。ところが、断定助動詞の「ジャ」は、現に活動する機能体であって、これが文末に特殊化するとなれば、かなり異例の過程があってのことと推測される。むろん、そういう事例が他にないわけではない。例えば、中国山陰などに見られる、助動詞「ダ」の頻用のなかにあっての、文末詞の「ダ」はこれにあたるであろう。このような観点もあって、かつて私は、一般に文末詞と認定されている「ダ」や「ジャ」の多くについて、また、上掲の「ジャ」について、断定助動詞からの転成を疑わないできた。しかし本稿では、当初より少しずらせた視点に立って、この問題を再考しようと考えている。とは言え、上掲の文末詞の「ジャ」が、断定助動詞と、何らかの縁につながる事象であることは間違いないことのように思われる。

　現今の断定助動詞「ダ」「ジャ」が、中世末期の「である」から発したものであることは周知のとおりである。「である」は「でぁ」となり、さらに「ぢゃ・じゃ」へと転じた。「だ」も、けっきょくはこれから生じたものである。この間の事情については、神部（2007）で、やや詳しく取り上げてい

る。国の西部域の多くの地域で「ジャ」が一般的であることも、ここで改めて言うまでもない。さて、その変化の過程で形成された「でぁ」はどうなったのであろうか。分布史の上ではあまり注意を引かない「でぁ」であるが、この事象も、単なるわたり的なものではなく、いったんは広く分布し、用いられていたことは間違いない。実は私は、当生活語の問題の文末詞の「ジャ」は、「ぢゃ・じゃ」よりもおそらく早い時期に分布していたであろうはずの、その「でぁ」から転じて成ったものかと疑っている。この問題を、順をおって追及してみよう。

　断定助動詞の「デァ」は、実は、現に奥能登珠洲の外浦に生きている（愛宕　1969）。愛宕は、「『デァ』の類はその分布域こそ限られてはいるが、その地域内での生息状況には、相当に根強いものが認められる。」として、多くの事例をあげている。藤原（1962）もまた、名古屋ことばの「デァ」を指摘している。そして「古くからこれのおこなわれたことは、新古の文献の諸記事によって知ることができる。」としている。同書に引用されている芥子川律治氏は、

　　でぁ　江戸時代から明治にかけて名古屋方言の中の重要な位置を占めていた指定の助動詞である。（中略）その後明治に入って、「ぢゃ」が漸次優勢となり、次いで「だ」となって、今日では「でぁ」はほとんど姿を消し、僅かに老人の間に残存しているに過ぎない。

と述べている。

　なお、東北地方には、文末詞とされる「デァ」「ヂャ」がある。これについて、藤原（1986）は、

　　「ダ」の東北地方に「ヂ（ジ）ャ」のあるのがふしぎである。助動詞の「ダ」と「ヂ（ジ）ャ」とが両立するわけはあるまい。ものが助動詞然としていても、それは文末詞としての安定形であって、起源は何か他のものではないか。（p.116）

として、「デァ」「ヂャ」の起源を「では」とした。慎重な扱いであるが、それにしても、下に取りあげる山陰の隠岐には、事情はやや異なるとしても「ダ」「ジャ」の併用される地域もある。何よりも、その両者にかかわる原形

が「デァ」であることも注意する必要があろう。ここで深入りはさけなければならないが、古形式の「デァ」が、上述の各地域に、文末詞化して残存していると考えられないこともない。

　さて、能登や名古屋で、古老のものながら、現に助動詞の「デァ」が行われているとされるのは注目すべきことである。この古い事象は、かつては京都の西側の特定地域でも、何ほどか見られたに違いない。むろん、当面の備後の生活語においても同様である。これが、新来の、あるいは新生の「ジャ」に後を譲ったとしても、何らかの痕跡を残すことにもなった。それが、問題の文末要素、文末詞の「ジャ」ではなかったか。

　ここで、改めて例の文末詞を見てみよう。
　〇ボツボツ　ヒルニ　スル　ジャ。（ぼつぼつ昼食にするとするか。《畑仕事
　　のひとくぎりを見定めて。中年男》）
協同作業中の誰もが納得の間合いで、独白ふうに呼びかけている。これも、状況にあわせた発言であって、分別くさい老成ぶった言いかたである。自己の判断を押しつけたものではなく、いわば、客観的な言い表しかたになっている。この文の意味の決定も、文末で一文を統括する、「ジャ」の働きに依っている。先に掲げた文例では、これを傍観的とも言った。判断と言うよりも状況の認識、あるいは確認と言ったほうが実情に適っていよう。現行の、主観性の強い断定助動詞の「ジャ」が、ここに特定化することがないとは言えないが、それにしても、問題の文末詞とは、距離があり過ぎるように思われる。そういう視点もあって、これを、かつて分布していたはずの、「デァ」から転じたもの、さらにそれが、「ジャ」の形に安定したものと見たいのである。観点を変えれば、かつての「デァ」の残存とも、また痕跡とも見ることができる。傍観的な表現性を蔵しているのも、文末要素に転じることによって、自己の判断よりも、相手への心づかいの勝ったゆえか。言うまでもなく文末特定要素は、相手への呼びかけが本性である。こうであれば、古い伝来の「ジャ（でぁ）」は、本来の働きを退いた中性の文末特定要素として、また新しい伝来の「ジャ」は、現役の断定助動詞として、それぞれに、表現上の機能を分担したと考えることもできよう。

四、転成文末詞の形成　149

　同じ中国地方の山陰隠岐には、「デヤ」という文末詞がある。
　○ニギヤカニ　ゴザル　デヤ。(にぎやかですよ。《村祭り》)
島後北西部での一例である。これが、断定の「であ」に関係のあるものかどうか。島後には、上でも触れたとおり、断定助動詞として、「ダ」と共に、劣勢ながら「ジャ」もある。かつては、両形に流れ得る「であ」が、何ほどか分布していた可能性は排除できない。上の「デヤ」は、その痕跡と見ることもできよう。
　隠岐にはまた、文末詞として熟している「ヂャ」も「ダ」もある。これらにしても、直接の起源を「であ」とする見かたができないわけではない。
　○エヌッ　ヂャ。(帰るよ。〈帰ることにするよ〉)
島前での一例である。島前は島根本土寄りの群島で、ことばも、全般に島後よりは新しい。「ヂャ」も、その島前に限って行われている。あるいは島後の辺境に存する「デヤ」の変化形か。
　○ウチノ　オカーガ　オコッタ　ダ。(うちの家内が怒ったことよ。)
島後での一例である。見られるとおり、これら文末詞の「ヂャ」にしても、また「ダ」にしても、現在、隠岐に行われている断定助動詞の「ジャ」「ダ」とは、むろん用法は異なっているとしても、意味の上でもかなりの距離がある。起源については再検討する余地があろう。
　藤原(1986)は、中国地方の山陽側に分布する「ジャ」形文末詞はかなり見られるとしながらも、それらが断定助動詞系のものであるかどうかについては、慎重な姿勢をとっている。そして、広島県下のそれに関して、
　　純粋の助動詞系「ジャ」文末詞は、見いだされにくいのか。(——九州地方についても、「ジャ」形文末詞の起源には再考すべきものがあるか。)
　　岡山県下の、
　　　○ソイジャー　ヤメニ　スル　ジャー。
　　　　それじゃあやるにするさ。
　　などは、どういう「ジャ」であろうか。(p.184)
と述べている。岡山県下例の「ジャー」は、まさに、私がここで取りあげよ

うとしている事象である。この語の起源についての私見は、上で見てきたとおりである。

(2) 否定「では」転成の「ジャ」

　文末詞に今一つの「ジャ」がある。
　○ワシデモ　セー　ジャ。(俺だってやるとも。〈やれないなんてことがあるものか〉)

などがそれである。この文は、自己を主張する反発の表現である。文末の「ジャ」は、情のたかぶりぐあいによっては、「ジャー」と末尾が伸びることもある。この「(セー)ジャ」は、「(せい)では」が原形であろう。当然ながら「ジャ」は「では」起源である。
　○ヨイヨ　オージョー　セー　ジャー。(全く往生するよ。《幼いわが子にやりこめられたことを語って。中年男》)

これも同形式の表現である。この場合は、子どもの成長ぶりを閉口したかたちで語ったものであるが、同形式で、人の欠点をあげつらったり、非難したりする言いかたにもなることは言うまでもない。
　ところで、この「〜セー　ジャ」は、また「〜スラー　ジャ」ということも少なくない。
　○ワシデモ　スラー　ジャー。(俺だってやるさ。)

その一例である。この言いかたはどういう成り立ちのものか。おそらく、自己の立場や思いを強調するには上の「セー　ジャ」形式ではあきたらず、やがて、これに「ワー(←ワイ)」が加わることになった。「ワイ」は、「われ」「わし」など自称代名詞に起源を求めることのできる文末詞である。すなわち「スラー　ジャ」は「スル＋ワー＋ジャ」が原形と考えられる。「スル＋ワー」が「スラー」となるのはしぜんの推移である。

　ただ、この形式は、五段活用の動詞には適用されない。と言うより、適用したとしても効果がない。と言うのは、否定形のかかわる言いかた(〜い)と、終止形のかかわる言いかた(〜わい)との間には、実現形の上に差異がないからである。例えば「行かい」は「イカー」となり、また「行くわい」

も「イカー」となる。こうであれば、仮に「イカー　ジャ」とあっても、その原形は「行かいでは」なのか、「行くわいでは」なのか、その区別はつかないことになる。

　ところが、変格活用や一段活用の動詞は、その差別が形の上に表れる。サ変の「スル」については、上にも取りあげたとおりである。上一段の、例えば「着ル」について見ると、
　　〇ワシデモ　ケッコー　キー　ジャ。(俺でもちゃんと着れるさ。)
　　〇ワシデモ　ケッコー　キラー　ジャ。(俺でもちゃんと着れるさ。)
のように、その違いが形の上に表れる。下一段の、例えば「投ゲル」でも、
　　〇ワシデモ　ケッコー　ナゲー　ジャ。(俺でもちゃんと投げれるさ。)
　　〇ワシデモ　ケッコー　ナゲラー　ジャ。(俺でもちゃんと投げれるさ。)
のとおりであって、その差は形に表れる。後者のほうが新しい言いかたか。

　このことに関連して注意すべきことがある。述部に形容詞が立つ場合は、
　　〇コッチノ　ホーガ　エー　ワージャー。(こっちのほうがいいともさ。〈いいに決まっている〉)
このように行われる。見られるとおり、その形容詞は、続く文末の「ワー」と融合することがない。末尾の「ワージャー」は、上でも取りあげた、例の「わいでは」であることは明らかである。それにしても、なぜこの場合は融合しないのか。述部の形容詞の、形と意味とを保持しようとする、しぜんの表現法則に則ってのことと思われるが、いずれにしても、「ワー」は、前行語と融合することなく、そのままの形を留めることになった。
　　〇ナンボー　ワシデモ　サビー　ワージャー。(いくら丈夫な俺だって寒いことは寒いさ。)
類例である。このように、「ワー」の形が温存されていることは、逆に、上述の、述部に動詞終止形の立つ場合に見られる「〜ラー　ジャ」が、「〜わいでは」であることをはっきり物語ることにもなった。

　「ワージャ」は、複合の文末詞として整頓することができよう。が、その「ワージャ」(わいでは)にしても、先の「ジャ」(では)にしても、たしかに文末に遊離して特殊な機能を発揮してはいるが、ただ、これらの文末要素

が、前行述部の種類を選ぶことにもなっている点は注意を要する。すなわち、「ジャ」は、述部の動詞が「未然形＋い（否定）」であるか、あるいは「語幹＋ラー（るわい）」である場合に限って行われる。複合の形そのものの「ワージャ」にしても、また述部が形容詞である場合に限られている。つまりこのような事態は、当面の文末要素の「ジャ」「ワージャ」が、述部の拘束下にあることに他ならない。その観点からすれば、この「ジャ」は、いまだ、文末に自在に働く独立の要素とは言えないかも知れない。

3.「ニ」の出自と用法

「ニ」文末詞がある。
　○ドーナロー　ニー。（どうなろうか〈どうにもなりはしない〉。）
　○ダレガ　イコー　ニー。（誰が行くか〈行くものか〉。）
この「ニ（ニー）」は、接続助詞「のに」に由来するものと見られる（藤原1986, 参照）。上項で、いまだに述部の拘束下にあると見られる「ジャ」について問題にしたが、この「ニ」もまた、その「ジャ」に類する存立を示している。と言うのは、例文に見られるとおり、この「ニ」は、述部が、話者の意思を表す「〜う」で結ばれる場合に限って用いられる。その「ニ」もまた、出自の「のに」に由来する、やや屈折した情念を表している。そうしたこともあって、この種の文表現は、自己中心的な感情文となるのが一般である。さらにこの「ニ」は、文中の疑問詞と呼応して行われるのがつねである。こうあれば、自己中心的な感情表出は、いっそう強調された、時に高揚したものになる。上掲の例文を見ても、その表現性がよく出ていよう。上例は、意気の高揚した気分、ある意味では無責任な心情が表出されいる。
　○ナンタロー　ニー。（何であろうかい〈何ということもない〉。）
類例である。下例は、反発の感情が、反語的に表出されている。
　○ナンガ　オモシロカロー　ニー。（何がおもしろかろうか〈さっぱりおもしろくない〉。）
その一例である。

ところで、「ニ」の行われる文表現に、述部からする一定の制約があるとすると、その「ニ」は、いまだに、述部の拘束下にあることになる。その意味では、文末要素として熟しているとは言えないかも知れない。しかし一方から見れば、このような機能や用法が、転成文末詞の宿命とも言える。
　このような「ニ」の用法は、他に、少なくとも備後、備中の内にもある。しかし、「ニ」の分布を見ひろげていけば、述部の拘束から脱したかに見える「ニ」もある。次は、山陰の北方海上に位置する、隠岐群島での例である（神部　1978，参照）。
　○オ下リコガ　ソロワヌ　ニ。(踊り手がそろわないよ。《盆踊り》)
　○チガウ　ニー。(違うよ。《子どもの遊びの中で》)
これらの文に行われている文末の「ニ」は、どんな語から転成したものか。これが「のに」起源のものであるとすると、これには、述部からする制約は認められない。出自が疑われるほどに、働きは個性的である。なお、中国地方は、「のに」からの「ニ」のよく行われる地域とされる（藤原　1986）。
　○ソンナ　コト　シラン　ニー。
　　　　そんなことは知らないよ。
同書から引用した、周防大島の実例である。

4．「デ」の源流

(1)　断定助動詞連用形転成の「デ」
　ついで問題の文末詞は、
　○ナンヤラ　オチトル　デ。(何か落ちてるよ。《子が母親に》)
　○ワシャー　シラン　デ。(俺は知らないよ。)
これらの文の末尾に行われている「デ」がそれである。この「デ」は、告げ知らせる働きを見せていよう。相手に訴える効果を高めるため、上昇調をとるのが一般である。この「デ」の出自は何か。「デ」そのものは単純であるものの、出自となると、事は容易でない。藤原（1986）は、この種の「デ」を格助詞系と見る。たしかにそう見られるふしはある。それにしても、文中

の語の、文法上の格を示して用いられる助詞が、文末に慣用されるようになるのには、それとしての特殊な経過がなくてはならない。たしかに、格助詞「で」の出てきたところで、後続の部分の省略されることがある。その形式はその形式なりに、一定の表現効果をもたらしてはいる。が、その形式や現象の習慣化となると、あり得ないことではないが、かなり特別なことのように思われる。それに、上の文例に見られる文末の「デ」は、意味の上でも格助詞のそれとはやや距離があるように観察される。少なくとも、当生活語に行われる告知の「デ」は、これを格助詞系とするのには、いくらかのためらいがある。

　仮に、出自の代案を出せば、断定助動詞の連用形として整頓されている「で」ではなかろうか。これが「にて」のつづまったものであることは周知のとおりである。この「で」は、「である」は言うまでもなく、「でござる」「でございます」「でござんす」「でごわす」「でえす」「です」と、文を結ぶ陳述の核に立っている。この「で」が、その陳述を収斂した形で文末に立ち、判断や訴えの働きを表す特殊な文末要素として転成したとしても、表現の推移の筋道としては、理に適っていると考えられる。

　上掲の文例に見られる告知の「デ」が、先にも触れたように、上昇調をとって行われるのも、本来、「デ」の持たなかった訴えの働きを、何ほどか補助しようとする意識に基づいた結果かも知れない。

　「デ」が用いられれば、概してていねいな物言いになる。その故もあってのことか、若い女性に用いられることが多いかのようである。少女が用いればあどけなさの出ることもある。藤原（1986）も、このていねいなところを認め、「『デ』の敬意度には、『デス』の敬意度に通じるものがあるかと考えられる。」と述べている。

　ここで、「『デス』の敬意度に通じる」としているのは示唆的である。上で、私見として述べた「デ」の断定助動詞連用形説も、あるいは藤原によって容認されるかとの期待も抱かせる。「でございます」から「です」に至る一連の史的推移は、たしかに「で」の核的性格をいっそう際立たせることにもなった。そして、「ございます」の保持していた敬意は、ついには「す」

に託され、やがて核の「で」に収斂されることにもなった。文末に孤立した「で」は、陳述を収斂すると同時に、本来の指定の働きをも蔵した特定の機能体として、新しい展開を遂げることになったのである。告知の機能も、こうした過程や推移のなかで、特定化したものと見ることができる。

(2) 「ゾイ（ドイ）」転成の「デー」

○マダ ダーレモ シルマー デー。（まだ誰も知らないだろうよ。）

この文を統括している文末の「デー」は、どういう成り立ちのものであろうか。藤原（1986）は、この種のものを「想像の告知」とする。たしかに、現象的には想像の告知であるが、成り立ちから見て、単に告知と言っただけでは気がかりなことがないわけでもない。この「デー」は、例文にも見られるとおり、告知というよりも、みずから確認する独白のニュアンスが勝っている。それに、長呼されるのが普通である。そのこともあってか、上項で見た告知の「デ」ほどのていねいさもない。さらに言えば、述部が推量、想像の形式を取る場合に限って行われる。あれこれ思いあわせれば、上項の告知の「デ」とは、また別の流れのものかも知れない。

こうなって、あるいは源流かと疑われるのは、山口、広島、岡山、島根など、中国地方の内に点在する「ゾイ」である。

○ソージャロー ゾイ。
　　　　そうだろうよ。

藤原（1985）から借用した岡山例である。このような「ゾイ」は、同書も「推想の意味」と指摘するとおり、上の「デー」の存立のしかたや意味に類似している。当生活語に「ゾイ」はないが、次例のような「ゾ」はある。

○カケリョーリャー マタ コロボー ゾ。（走っていればまた転ぼうぞ
　《坂道を走る子に。母親》）

このような「ゾ」は、他域の「ゾイ」の働きによく似ている。これを強めれば、「ゾー」にも「ゾイ」にもなろう。また、上の例文で、「ゾ」の位置に「デ」が立ってもよい。こうした事態からすれば、先に掲げた例文の文末の「デー」は、「ゾイ」からの転化形である可能性がある。

別の事象のことではあるが、「ゾイ＞デー」の参考例としてあげれば、告知・伝聞の「テー」（モー　インダ　テー。〈もう帰ったんだって。〉）がある。この「テー」も、「トイ」から転化したものと推定される。こう見れば、当生活語に「ゾイ」がないのも納得できる。「デー」も、同様な過程を経て、「ゾイ」から成ったものと推定してよかろう。

(3) 問いの「デー」の出自

「ゾイ」や、その変化形かと推定した「デー」に関連して、今一つ、付けそえておきたいことがある。それは、問いの「デー」についてである。

○イク　デー。（行くかね？）

は、藤原（1986）から借用した愛媛の例である。このような「デー」は、当生活語にはない。しかし、九州北部、四国北部、それに山陰に広く分布している。藤原（1986）は、これを格助詞系のものと推定している。文末要素としての「デ」を、助詞起源と見る限りでは、この説も重要な視点であるが、それにしても、何か不安定な感じの残ることは否めない。立場や視点を変えることによって、別の風景の拓けてくることもある。私は、かねてから、この問いの「デー」を、「ゾイ」からの変化形ではないかと疑ってきた。

四国と言えば、問いの「ゾ」「ゾイ」の盛んな地域である。瀬戸内海に沿った北部地域では、問いの「ゾイ」と「デー」とが併存している。この事態は、「デー」を「ゾイ」からの転化形と見れば、納得できる部分が多い。このことからすれば、当生活語のように、問いの「ゾイ」の存しない地域に、問いの「デー」の見られないのは、当然と言えば当然であろう。むしろこの事態は、逆に、当生活語の告知の「デー」が、「ゾイ」の転化形である可能性を示唆してもいる。

「デ」文末詞の源流は、単純に見えて、実情はそうとうに複雑である。

む　す　び

本来語から転じて成った文末特定要素―文末詞は、この生活語にも少なく

ない。文の後部や述部に、表現の意味や意図を託すのを特性とする日本語にあっては、その文末は、表現をしめくくる要所である。その要所に立つ文末詞は、文成立の要とも言える。殊に方言の世界では、その文末詞が、現前の会話の相手への、呼びかけの働きをも担っていて、いっそう多彩である。

　呼びかけの意図や心情は、相手に応じて、また場に応じて様ざまである。転成の文末詞が栄えるのも、その各おのの事象の本来の意味の背景が、おのずからに、呼びかけの多様なニュアンスを醸しだし、現場での多様性に応じ得ることにもあったと考えられる。

　本来語から転成して成った文末詞の世界にも推移はある。特定化が進み、あるいは衰微して、容易には源流を思わせないものもある。そうであればなおさらのこと、今日の文末詞から、その出自をたどる作業も容易ではない。同じ形に安定していても、源流の異なるものもあって注意を要する。

　ただ、文末詞の研究の眼目は、源流の探求よりもその機能の探求にある。が、機能を把握する上に、その源流に関心を持つことは重要である。

文　献

藤原与一（1962）『方言学』（三省堂）
藤原与一（1982）『方言文末詞〈文末助詞〉の研究』上（春陽堂）
藤原与一（1985）『方言文末詞〈文末助詞〉の研究』中（春陽堂）
藤原与一（1986）『方言文末詞〈文末助詞〉の研究』下（春陽堂）
藤原与一（1997）『日本語方言辞書』下（東京堂出版）
愛宕八郎康隆（1969）「奥能登珠洲方言の『ディ・ジャ・ヤ』」(『国文学攷』49)
松村明編（1969）『助詞助動詞詳説』（学燈社）
阪倉篤義（1975）『文章と表現』（角川書店）
神部宏泰（1978）『隠岐方言の研究』（風間書房）
神部宏泰（2006）『日本語方言の表現法』（和泉書院）
神部宏泰（2007）『方言の論理』（和泉書院）

第三章　語詞語彙・その原風景

　本章では、当生活語の、伝統的な生活語を特色づける、主要な動詞、形容詞、それに形容動詞を取りあげ、その形態と意味とを、語誌ふうに記述することにしたい。また、ここに言う「原風景」は、私自身の、主として幼少時代の生活語体験に基づいている。その幼少時代も、はや、60～70年も時の彼方になった。今日からすればずいぶん昔のことである。当時の村は、むろん車もテレビもない、明治・大正・昭和の時代が同居するいわば前近代的な世界であった。農耕中心の社会であって、その農作業も農具も、そして信仰も慣習も、前時代のままであった。ここにも生活の哀しみが満ちていたとしても、しかし、ふりかえって思い浮かぶのは、純朴で明朗な人びとの面影ばかりである。まさに人の生きる社会だったのである。そしてまぎれもなく、一つの生活文化の世界であった。

一、動詞の生活とその推移

はじめに

　生活語に行われる動詞は、地域の生活語体系を支える重要な要素である。それと同時に、国語の伝統がいきづく事象でもある。その伝統的な動詞も、地域の風土と、その風土に培われた生活に特色づけられて、地域に根ざした変動と変遷を重ねてきた。言いかえれば、生活語の体系の重要な要素である動詞は、地域やその生活に生きることによって、今日の地域の言語を特色づける核にもなってきたのである。この観点からすれば、たとえ共通語と同じ

形を保持しているかに見える動詞であっても、実際には、地域や生活の個性に色づけられていて、有機体としての生活語体系の生命を支えていると考えることができる。本節では、小野（神石高原町小野）生活語に行われる、注意すべき特定の動詞を取りあげ、その伝統に留意しながら、生態とその推移を問題にすることにしたい。

1. 形　　　態

はじめに、動詞の伝統的な活用形態の、今日の小野生活語に生きる実状について取りあげたい。そのすべては、共通語には見られない現象である。

(1) ナ行変格活用

ナ行変格活用の動詞は、「死ぬる」「去ぬる」の2語である。むろん2語とも、今日の共通語には見られない活用形態である。

① シヌル（死ぬ）

「死ぬ」に対応する「シヌル」がナ行変格活用であるのが注意されるが、この語は、当生活語のみでなく西日本（主として近畿西北部、四国、中国、九州東部）に広く分布している（『方言文法全国地図2』(68図) 参照）。このナ変活用が古活用であることは周知のとおりである。この古活用が近畿以西に分布しているという事実は、この地域の生活語が、特にナ変の古活用にこだわった、しぜんの意思を思わせないでもない。このナ変活用が、共通語では五段活用になっていることは改めて言うまでもない。
　〇ワシモ　シヌル　トキガ　キタ　カ。（俺も死ぬときが〈いよいよ迫って〉来たか。《老人の嘆き》）
　〇ワシガ　シヌリャー　ナク　モンモ　オロー。（俺が死ねば泣く者もいるだろう。）
　〇ワシガ　シンダラ　オマェーモ　シネー。（俺が死んだらお前も死ね。）
その実例である。連用形が撥音便になるのは、上の文例のとおりである。
　体言化した連用形「シニ」の、複合語に見られる例は、共通語の場合と同

様に少なくない。「シニメ」(死に目)、「シニガオ」(死に顔)、「シニバナ」(死に花)、「シニビョーキ」(死に病気)などがそれである。「ハヤジニ」(早死に)、「ワカジニ」(若死に)などもある。
　○エー　シニガオー　シトッチャッタ。(いい死に顔をしておられた。《死者のお悔やみから帰っての報告。中年女性》)
　○ホンマニ　ワカジニジャッタ　ナー。(ほんとうに若死にだったねえ。《若い死者のことをうわさして》)
その一例である。

② **イヌル（去ぬ・往ぬ）**

　ナ変活用の「イヌル」も、当生活語に限らず西日本(近畿、四国、中国、九州)に広く分布している(藤原　1996 A)。この類の語は、共通語ではもはや行われていないか。藤原(1996 A)は、和歌山、香川に見られる五段活用の「イヌ」の例をあげている。さて、当生活語の「イヌル」は、おおむね「帰る(辞去する)」の意味で使われる。
　○モー　イヌルン　カー。(もう帰るの。)
　○ハヨー　イヌリャー　エーノニ。(〈あいつ〉早く帰ればいいのに。)
　○ハヨー　イネ　ヨ。(早く帰れよ。)
その実例である。撥音便の行われることも「死ヌル」と同様である。
　○ハー　インダン　カー。(〈あの子は〉もう帰ったのか。)
その一例である。「イニガケ」(帰りがけ)も連用形の一用法である。
　山陰の隠岐でのことではあるが、辞去の軽いあいさつで、
　○エニマス　ズヤ。(帰りますよ。〈さようなら〉)
　○エヌッ　ヂヤ。(帰るよ。〈さよなら〉)
などと言っていたのが、ここに思いあわされる。

　『岩波古語辞典』は「去ぬ」について、《その場に居たものが、姿を消して、見えなくなる意》として、万葉集の例などをあげている。大野(1976)は、さらにこのことを説明して、
　　古い時代には「いぬ(往ぬ)」という言葉もあった。これは現在東京では使わないが、関西では今でも「早ういね(早ク帰レ)」のように使わ

れている。「いぬ」は目の前にいたものが、何処かへ消え失せてしまう意だが、(p.149)

このように述べている。共通語ではもはや使われていない古語が、今日なお西日本の広い地域で行われているのは興味深いことである。

「去ぬる」にほぼ類する意味で行われる語に「モドル」（戻る）がある。五段に活用する。これも「帰る」の意で用いられるが、ただ、「去ぬる」とは微妙な差異もある。

○バンマデーニャー　モドル。（夕暮れまでには帰る。）
○ハヨー　モドラニャー　ヒガ　クレル　ゾ。（早く帰らないと日が暮れるよ。）

その実例である。

ここでまた、隠岐の事例を思いあわせることができる。隠岐には「オカヨビ」（丘呼び）という奇習が伝わっている。臨終の人の家に近所の者たちが集まり、その家の棟にあがって、「誰だれヤー。モドレ　ヤー。」（誰だれようい。戻れようい。）と、みんなで大声をあげ、まさに肉体を離れ、遠く飛び去ろうとしている魂を呼びもどそうとするのである。人びとの、死に対する、素朴で厳粛な意識が偲ばれる。

『岩波古語辞典』は「戻る」について、源氏物語の例を引き、「出て行ったものが、帰ってくる。」と説明している。当面の生活語では、2語とも「帰る」の意としてさしつかえないが、ただ、「去ぬる」は訪問先から去って帰途につくことを言い、「戻る」は出て行った常住の場に帰着することを言う。むろん話者は、一見複雑と見えるこの意味の差にとまどうことはない。そして、「帰る」はあくまでも共通語である。

(2) 活用の推移

上項の動詞を別にしても、古語の活用方式をそのまま保持している動詞もあり、特殊的に変動している動詞もある。また、その関係が複雑に交錯してるものもある。共通語の動詞の活用方式を間において見れば、その特色はいっそう明らかである。該当する動詞のいくつかを取りあげて問題にすること

にしたい。

① アグ（飽きる）

「アグ」は、古語は四段活用でありながら、共通語は上一段活用のものである。ところで、当生活語では五段（四段）活用であって、古語の活用と一致する。つまり、共通語の活用が、古語の活用から変化したと解される。ただ、古語は「飽く」（アク）であった。それが、当生活語では「アグ」になっている。しかし、一方に「アク」ともあり、この語の分布領域のほうが広いかのようである。この両者を、今、仮に同類と見れば、その「飽く」の分布は、ところによっては他事象に分断されながらも、西日本の広い地域（中部西部、近畿南部、中四国西部、九州中・北部）にわたっている（『方言文法全国地図2』（62図）参照）。

「アグ」〔agu〕は、主として備後・安芸、およびその南部の瀬戸内海域にまとまっている（上掲地図参照）。「アク」の分布するなかでの、いわば特殊形であって、「アク」〔aku〕の変化形と解される。

○コドマー　スグ　アグ。（子どもはすぐ飽きる。）
○モー　アェーダ〈アイダ〉ン　カー。（もう飽きたのかい。《子に》）

その一例である。

② タル（足りる）

「タル」も、古語は四段活用でありながら、共通語では上一段活用になっている。が、当生活語では五段（四段）活用であって、古語の活用と一致する。つまり、上項の「飽く」と同じ推移を見せている。この「足る」も、当生活語を含む近畿以西に、広い分布を見せている（『方言文法全国地図2』（63図）参照）。

○コレダキ　アリャー　タルジャロー。（これだけあれば足りるだろう。《縄の長さを測って》）
○チョード　タッタ　デ。（ちょうど足りたよ。）

その一例である。

③ カル（借りる）

「カル」も、上の2語と同じ推移をたどっており、当生活語では五段（四

段）活用であって、古語の活用と一致する。その分布も、上項同様、西日本の広い地域にわたっている（藤原　1996 B）。

　　○カッタラ　チャント　カエセ。（借りたらきちんと返せ。）
　　○ヒトカラ　ムヤミニ　カル　モンジャー　ナエー。（人からやたらに借りるものではない。）
　　○チョット　カレ。（ちょっと借りろ。）

その実例である。音便形の「借ッタ」が、共通語の「買ッタ」と同じ発音（「カッタ」）であることに、軽い話題を誘うことがある。このことから、ふと思いつくことがある。それは、西日本で「借ッタ」が長い生命を保ち得ているのも、あるいは「買ふ」の音便形が「買ウタ」であったことにも一因があるのではないか、ということである。両者には、発音の上での抵触がなかったからである。

　『岩波古語辞典』は、「借る」に注して、《上一段に活用するのは、関東・東北地方の方言的な変化》と解説している。また、国語史上では、「近世期、或いは中世末頃より江戸で上一段に活用する」（川端　1982）とされている。

④　**シュム（染みる）**

　古語は四段活用の「染む」（しむ・そむ）であり、また当生活語の「シュム」も五段（四段）に活用している。ただ、その語の発音は「シュム」である。言うまでもなく、共通語では「しみる」（上一段）、「そまる」（五段）と、活用が分かれて展開してきている。

　　○マダ　シュマン。（まだ染みない。）
　　○イロガ　シュンダ。（色が染みた。）

その一例である。藤原（1996 B）によれば、「シュム」は「近畿・四国・中国でかなりよく聞かれる。」とある。

⑤　**ウミル（膿む）**

　「膿む」は、古語も共通語も五段（四段）活用である。が、当生活語の「ウミル」は上一段に活用する。

　　○コリャー　ウミトル　ゾ。（この傷は膿んでるよ。）
　　○クスリュー　ツケトカニャー　ウミル　デ。（〈その傷に〉薬をつけておか

ないと膿むよ。)

その実例である。かつての農山村の生活では、特に子どもはよくけがをし、それがよく膿んだ。ろくな薬もなかったのである。傷が膿んで、大きな瘡になっている子が何人もいた。傷口からは「ウミ」(膿)も出ていた。それでも子どもは元気いっぱいであった。

⑥　ウミル（蒸す）

「ウミル」の推移はやや複雑である。古語に「熟む」があり、これは「果実が熟する」意である。この動詞の後裔を当生活語に期待するとなれば「熟ミル」であるが、しかしこういう意味の動詞は行われていない。その期待される位置に立っているのは「熟レル」である。ところが、「熟レル」は古語の「熟る」を引く語である。これを整理すれば、当生活語では、古語の「熟む」には「熟レル」が対応しており、「蒸す」には「蒸ミル」が対応している。

「熟む」は上項の「膿む」と同根とされる。たしかに、両動詞の意味する状態には類似したところがある。「膿む」が「ウミル」へと推移したとすれば、「熟む」もまた、「うみる」への推移を期待したいところではある。ところが「熟レル」がその位置を占めた。「うみる」が存立場所として安んじたのは「蒸ミル」の位置であった。

「蒸ミル」は、もち米などが湯気を通して「蒸しあがる」の意味である。炊いた飯が程よく蒸しあがる意味に用いることもある。共通語の「蒸す」は他動詞である。当生活語では、他動詞は「蒸ムス」（→ p.182）、自動詞は「蒸ミル」と使いわけている。その「蒸ミル」の位置に、しぜん「熟む」からきた「熟みる」が立つことになったのではなかろうか。たまたま自動詞の位置があき間になっていたことにもよろうか。むろん意味も類似していたからに他ならない。

　〇モー　ウミルジャロー。(もう蒸しあがるだろう。)

　〇モー　ウミタ　カ。(もう蒸しあがったかい。《もち米》)

「蒸ミル」の実例である。「蒸ムス」の例もあげておこう。

　〇モット　ウムシタ　ホーガ　エカロー。(もう少し蒸したほうがよかろう。

《蒸し加減についての助言。老女》)

「ウミル」の分布については、今は不明と言う他はない。ただ、備中・石見・瀬戸内海域で、この動詞の存在が報告されている（広戸　1963・藤原　1988・長尾　1990）。

⑦　**タテル（立つ）**

「タテル」は、言うまでもなく古語の「立つ（立つる）」に由来する、本来は下一段活用の他動詞である。しかし、当生活語では、足で立ったり、立ちあがったりする動作に限って「立テル」を用いている。活用も五段である。つまり、自動詞の「立つ」の意で「立テル」を用いているわけである。

○ダレヤラ　アシケー　タテットル。（誰かあそこに立っている。）
○ソケー　タテンナ。（そこへ立つな。）
○ハヨー　タテレ。（早く立て。）

藤原（1997）は、この語の分布地点として、三重・兵庫・鳥取・岡山・島根・愛媛・徳島・福井・石川をあげている。

(3)　**禁止辞・打消推量辞の接続**

「行クナ」のように、禁止・制止を表す「ナ」は、いくらか込みいった接続を見せる。五段（四段）活用の動詞には、「行クナ」「咲クナ」「取ンナ」のようにその終止形につく。一段活用の動詞には、「見ナ」「落チナ」（上一段）、「出ナ」「捨テナ」（下一段）のようにその未然形につく。また変格活用の動詞には、「死ヌナ」「去ヌナ」（ナ変）、「スナ」（サ変）、「来ナ」（カ変）のように、その古活用の終止形につく。

打消推量の「マイ（メェー）」も、上の禁止辞「ナ」の接続法と一致している。すなわち、五段（四段）活用の動詞には、「行クマイ」「咲クマイ」「取ルマイ」のように、その終止形につく。一段活用の動詞には、「見マイ」「落チマイ」（上一）、「出マイ」「捨テマイ」（下一）のように、その未然形につく。また変格活用の動詞には、「死ヌマイ」「去ヌマイ」（ナ変）、「スマイ」（サ変）、「来マイ」（カ変）のように、その古活用の終止形につく。

これらの禁止辞・打消推量辞は、周知のとおり、古代にあっては終止形に

つくのが一般であった。が、それからすると、当生活語の接続法は、かなりの変動を見せていることになる。しかし、よく観察すると、問題になるのは一段活用動詞の接続法である。この変動については、亀井（1964）の見解が参考になる。亀井は、助動詞「らむ」について次のように述べている。

　　古く「らむ」という助動詞は、「行くらむ」、「日　暮るらむ」というふうに、すべて動詞の終止形につくのが、その習慣であった。ところで、室町時代の口語で「らむ」にあたる、これの後身は、「らう」であるが、これと動詞との接合のきまりについて、ここに変化がおこっている。すなわち、二段活用の場合には、「日　暮るるらう」というふうにいわなければならなくなっているのである。そして、なぜ、こういうことがおこったかといえば、それは「暮る」という終止形がほろびて、古い終止形につく慣用にもその影響がおよんだ結果なのである。(p.218)

古い終止形がほろびて、本来、その終止形についていた「らむ」は行き場を失った。そのために生じた変動とすれば、上の禁止辞などの接続変動の場合にも当てはまる。禁止辞「な」も、本来、終止形接続であった。その「な」はどう動いたのか。一段活用に合流するかたちとなった二段活用は、否定辞の縁をたよって未然形についたのである。その際、本来の一段活用動詞もその流れに乗った。五段（四段）活用の動詞には終止形に変動はない。変格活用の動詞も、古い活用の終止形をそのまま伝承している当生活語にあっては従来のままで、特に変動する必要もなかったのである。

　さて、「マイ」である。「マイ」の前身である「まじ」も、本来、終止形接続である。この語についても、亀井（1964）は、

　　四段系は「行くまい」、一・二段系だけ「暮れまい」「見まい」となって、この場合は、いちおう、ある安定に到達しているのが、こんにちの状態である。(p.220)

と述べている。「マイ」は打消推量とされるように、打消と推量の意を持っている。その打消が、本来の打消辞の縁をたよって、未然形に仮の宿りを求めたことになる。これも落ち着きが悪かったようで、当生活語などではともかく、共通語では「まい」そのものが姿を消しつつあり、「…ないだろう」

がとって代わろうとしている。

(4) 音便形

　共通語の音便形を一方において見て、当生活語で問題になるのは、ハ行動詞のウ音便形と、サ行動詞のイ音便形である。

　ハ行動詞の音便は、共通語では促音便をとる。ところが、当生活語では、「笑うて」「洗うて」などのようにウ音便になる。この現象は西日本方言に共通していて、言うまでもなく周知の事実である。

　　○ミ̄ンナデ　ワ̄ロータ。（みんなで笑った。）
　　○ア̄ローテモ　オ̄チン。（洗っても〈汚れが〉落ちない。）

これらの例のとおり、実現形は「ワローテ」「アローテ」である。詳細については、付章の「九州方言における動詞音便の変遷」を参照していただきたい（→ p.275）。

　サ行動詞のイ音便はかなり微妙である。

　　○ヨ̄ー　ハ̄ナェーテ　クリョーッチャッタ。（よく話して下さっていた。）
　　○ソ̄ケー　オ̄レーテ　ヤスミンサェー。（そこに〈荷物を〉おろして一服しなさい。）

このように行われる「ハナェーテ」「オレーテ」の原形は、〔ai〕〔oi〕の融合する当生活語の発音の習慣からみて、「ハナイテ」「オロイテ」か。しかし、日常、この言いかたの意識されることも、また行われることもない。「ハナェーテ」「オレーテ」の原形意識は、あくまでも「ハナシテ」「オロシテ」である。そして、現にこの言いかたも併存している。

　　○チ̄ート　ハ̄シテ　イキンサェー。（少し話して行きなさい。）
　　○ソ̄テー　ダシトケ。（外に出しておけ。）

このような併存のなかにあって、意識としては、非音便形のほうが上格である。これが新しい言いかたか。が、その区別意識はほとんどない。

　さて、平素、「ハナェーテ」「オレーテ」などが普通に行われてもいるということは、かつてこの地域にも、「ハナイテ」「オロイテ」があったということではなかろうか。それが、今日、融合形のなかにのみ痕跡を留めていると

解することができるのではなかろうか。

　サ行動詞イ音便形は、発生の当初から、かなり不安定であったかのようである。亀井（1964）は、「このサ行四段のイ音便は十分の発達をとげずに終わっている。」としている。詳細については、付章の「九州方言における動詞音便の変遷」を参照していただきたい（→ p.280）。

2. 意　　味

　この項では、地方色の濃い動詞の一斑を取りあげ、主としてその意味の面を問題にする。地方色となれば、おのずから古態とその推移に関心を持つことになろうか。ただ、古態と言えば、共通語も含めて、動詞の多くは古い起源を持っている。が、ここでは、共通語ではすでに消滅するか、あるいは影を薄めるかしていても、なお当生活語では、残存的ながら一定の活力を持って活動している動詞を取りあげることにしたい。注意されるのは、ここにとりあげた動詞が、しぜん、生活の基本語であることである。そして、それらの動詞が、そのまま日本語の基礎語であることである。これらの動詞が、この地域にあって、ときに発展さえもして、活力を保ち続けてきたということは、これらの語を支える生活環境と、その生活環境に根ざす人びとの心情とが、なお存続しているばかりでなく、その語の生きる新しい環境を拓いてきたことを物語ってもいようか。ここでは、これらの動詞の、生活に生きる息の長い生命を把握することを念としたい。

(1)　**農作業関係**

①　**コナス（熟す）**

　「コナス」は麦の穂を麦藁から落とすことを言う。

　　〇ムギュー　コナス。（麦の穂を落とす。）

その一例である。古語にもこの語はあるが、意味は微妙に違っている。『岩波古語辞典』は、《「粉（こ）になす」が原義》と説明した上で、「砕いてこまかにする。」を第一義としてあげている。土のかたまりを砕いて細かくす

るとか、食べたものを胃の中で細かくすることなどを言ったらしい。そう言えば、麦の穂を麦藁から落とすことも、「コナス」の原義からはずれているとは思われない。

　麦の穂は、「ムギタタキ」（麦打ち台）に叩きつけて落とした。麦打ち台は、腰の高さの足を四隅につけた長めの木の枠に、竹を割ったものを並べて造った、ごく素朴な道具である。これに、麦の束の根元のほうをつかんで、穂を力いっぱい叩きつける。その勢いで穂は枠の下に落ちた。それでも、なお穂の残っている塵芥は、集めて「カラサオ」（唐竿）で叩いた。唐竿は、長い棒の先に1メートル程度の木片を取りつけ、棒を振りあげたとたんに手練の手ぎわで、その木片が回転するようになった道具である。回転して勢いのついた木片を塵芥に叩きつきけて麦粒を収穫した。このような作業は、土くれなどを砕いて細かくする作業と同じものである。「コナス」は、このような農村の脱穀作業の現実に適って、特定的に存続したものと考えられる。

　連用形「コナシ」も、体言としてごく普通に活用されており、主として麦の脱穀作業を指している。

　○キョーワ　コナシジャ。（今日は麦こなしだ。）

　また複合語にも「ムギコナシ」（麦こなし）があり、その作業をする仕事小屋を「コナシゴヤ」（こなし小屋）と言うこともある。

　一方、稲の脱穀は「コナス」とは言わないようである。「コグ」〔kogu〕（扱く）である。

　○イニョー　コグ。（稲を扱く。）

その用例である。『岩波古語辞典』は、「扱く」を「むしり、しごいておとす。」の意としている。そこには、名義抄の「ムシル」も引用されている。少なくとも古代では、「こなす」とは意味が違っていたらしい。それを、当生活語では稲の脱穀を言い表すようになっている。稲と麦との脱穀作業が、それぞれ別の語で言い表されているのは注意を要する。が、これも、その脱穀方法に由来していると考えられる。

　稲は、かつては「センバ」（千歯、千把）を用いで脱穀していた。千歯とは、木の台に、先の尖った細長い鉄片を、櫛の歯状に取りつけた道具であ

る。この歯の間に稲穂をひっかけて、その穂を扱き落とすのである。私も少年の頃、千歯とその作業の情況を見た記憶がある。「ヤッコメ」(焼米)(→p.6)を作る折り、少量の刈りとった青稲を、千歯で扱いでいた。また、少量の「オカボ」(陸稲)(→p.17)を収穫する際にもこれを使用した。千歯を使用するようになる以前は、竹を二つに割って作った「扱き箸」を用いて、穂を扱き落としていたらしい。麦の実は叩いても落ちたが、稲の実は叩く程度ではなかなか落ちず、扱く以外になかったのである。大豆小豆類や粟などは、主として叩いて実を落としていた。

　上でも触れたとおり、麦の脱穀を「コナス」と言い、稲の脱穀を「コグ」と言ったのは、その脱穀方法によるところが大きかったと思う。方法が違ったのは、むろん各おのの実の性質によることである。両語とも、古代に起源を求めることができるが、農山村の当生活語では、これらの語を、穀類の収納作業に、ほぼ限定的に用いて伝承してきたかのようである。農作業そのものは、時の推移と作物の成長と共に次つぎと変化し、その生活は、それとして充実していたのである。

　ちなみに、土くれを細かく砕いて均すことは「コデル」と言うが、瀬戸内には、これを「コナス」と言う地域があるらしい（藤原　1988）。山陰では「こなし」と言うともある（広戸　1963）。なお、当生活語では、木や枝にくっついた実を扱くことは「シゴク」と言っている。

② サビル（簸る）

　「サビル」は、箕（ミー）を用いて、米や麦など穀類に交じっている塵や籾殻を、あおって振るい落とすことを言う。言うまでもなく、穀粒を箕のなかに残さなくてはならない。したがって、この作業は熟練を要する。下手をすると、せっかくの穀粒までも振るい落としてしまうからである。老女などは、さすがにこれをよくした。

　○チリュー　サビテ　クレー。（塵を簸ておくれ。）

その用例である。古語にも「簸る」はあるが、『岩波古語辞典』は、この語について、《ヒ（嚏）と同根。奈良時代には上二段活用》と注記している。「嚏と同根」というのはよくわかる。「サビル」ことは、箕をあおって塵を勢

いよく風に飛ばす動作だからである。したがって、風の力も利用して動作する。当然、風の向きも計算する。

さて、古代語は「ひる」もしくは「ふ」であるのに、ここでは「サビル」である。語頭の「サ」は何なのか。あるいは接頭語とも、また複合語の略形ともされようが、よくわからない。

藤原（1996 B）は、瀬戸内海大三島の「サベル」をあげ、「サビルが中国地方にもある。」としている。山陰の隠岐に、この動詞のあることは確認している。広戸（1963）は、山陰の「さびる」「さべる」をあわせて掲げている。ただ、ここで気になるのは、石見の「さびる」について、「穂を扱き落とす」と説明していることである。広く見れば、当然ながら「さびる」も一義ではない。

なお、脱穀関係の道具で、箕について言えば「トーミ」（唐箕）があり、籾ずりについて言えば「トース」（唐臼）がある。先項では「カラサオ」（唐竿）を取りあげた。「唐」と名のつくものが、ほんとうに唐から渡来したものかどうかは別として、当時は、その便利さにおいて、革命的な道具であったろうことは容易に想像される。外来のそれらの道具を、「唐～」と言って珍重した心境も理解できないことはない。農具の変遷・改良も、生活文化史の重要な視点である。

③ トース（通す）

「トース」は日頃ごく普通に用いられる動詞である。

　○チョット　イトー　トーシテ　クレー。（ちょっと〈針の耳に〉糸を通しておくれ。《老女が孫に》）

その用例である。が、ここで問題にしたいのは、その動詞そのものよりも、連用形から成った体言の「トーシ」（篩）である。

「トーシ」（通し）は、穀粒や粉などを選りわける道具である。曲げものの枠の底に、大小の目の金網を張ったものである。この「通し」のなかに、例えば、「シーラ」（粃の交じった米）とか、搗いたり引き割ったりした米などを入れて振るい、下に落ちたものと「通し」のなかに残ったものとに分けるのである。その、「通し」に入れて振るうことを「オロス」（下ろす）と言っ

た（通しでオロス）。それぞれの家庭には、目的に応じた大小の「通し」があった。網目の大きさも様ざまである。代々伝えられてもいて、どの家庭でも、7、8種類を備えているのが普通であった。

　上項の脱穀との関連で言えば、籾と塵とを振るい分ける大型の「通し」があり、稲扱ぎの作業の最終段階で必要な道具であった。枠の前方を綱で天井に吊し、手前の両側につけた柄を持って、なかに入れた塵交じりの籾を振るうのである。籾は下に落ち、「通し」のなかには塵が残る。上項で取りあげた、箕で「サビル」動作は、そうした作業を経た後に残ったものの始末で、塵の量もそんなに多くはない。

　精白した米や小麦を、臼で搗いたり石臼で引いたりして小さく砕き、最後に「通し」で下ろして細かい粉を得ることを「ハタク」と言った（粉をハタク）。『岩波古語辞典』は、「はたき」に「砕き」の漢字をあて、「搗いて細かくする。」としている。「ハタク」はこの語の後身か。同古語辞典によれば、粉にする作業全般を指したかと受けとられもするが、当生活語での「ハタク」は、おおむね、粉を「通し」で下ろすことを言う。とすれば、製粉の最後の段階を、限定的にこう言うようになったのであろうか。

④　サガス（探す）

　「サガス」が、物や人、場所などをさぐり求める「探す」意であることは改めて言うまでもない。しかし、当生活語では、そのような一般的な意味と共に、筵に広げて庭（カド〈門〉と言った（→ p.45））に干した麦や豆などの穀類を、よく乾くようにするために掻き交ぜることも、「探す」と言っている。

　　○チョット　サガエートケ。（ちょっと〈麦を〉掻き交ぜておけ。）
その用例である。

　『岩波古語辞典』は、「さがし」（探し）について、《物をひろげて日にさらし、風にあてるのが原義。転じて、中身をさらけ出す意。物を掻き廻し、散らかして、求める物を取り出す意。（後略)》と注記している。その上で「ひろげて風や日に当てる。」を第一義としてあげている。後世では、その転義のほうが一般化しているかのようであるが、当生活語では、その原義が生き

ているとされようか。ただし、穀類を掻き交ぜることに限っているのが注意点である。

　日に干した穀類を掻き交ぜる道具もある。のこぎり状の荒い切りこみをつけた厚めの板に長柄をつけた、ごく簡単なものである。その柄の一方を握って、押したり引いたりして干した穀類を掻き交ぜる。この道具を「モミサガシ」（籾探し・籾掻き）と言ったか。

　広戸（1963）は、石見に行われる「さがす」をあげている。「掻き廻す。火をかきまぜる時に言う。『寒いけー火を十分サガシてあたりんさい。』」と解説している。また、藤原（1988）は、瀬戸内海域の例として、「手鍬爪鍬などで中耕することを言う（麦が10センチばかり伸びたころの畑ではこのサガスがよくおこなわれた）」として、「○サガショールンカ。（サガシてるんですね。労働慰安の特定のあいさつことば）」の用例をあげている。この行為も、中耕と言うよりも表面に芽吹いている小さい草を、土の表面を掻き廻して除去するのが目的の作業かと思う。石見、瀬戸内の例のいずれも、「掻き廻す」またはそれに近い意味で用いられているのが注意を引くが、ただ、掻き廻す対象は穀類ではない。それにしても、ここでも原義が生きているとしてよかろう。

⑤　ノクル（順送りする）

　「テングノクリ」という語がある。今で言うバケツリレーの要領である。物（バケツなど）を、横に並んだ隣の人から受けとり、また片方の隣の人に手渡して、順次運んでいく。こう説明していて、少年の頃に遭遇した火事の現場を思いだした。かけつけた人びとが、細い坂道に横一列に並んで、谷川から汲みあげた水を満たしたバケツを「テングノクリ」した。老若男女いっしょになって、みんな必死であった。残念ながらその家は全焼したが、今でもやりきれない思いが残っている。戦時中（第2次大戦）の防火訓練でも、「テングノクリ」は必須の訓練項目であった。

　私は、少年の頃、「テングノクリ」の「テング」を、「天狗」と解していた。それにしても、この奇妙な解釈は、私だけではなかったらしい。広戸（1963）も、この種の語に「天狗」と注している。ただ、「ノクル」は、いつ

も用いる生活語であった。「順送りする」ことである。
　○コリョー　ミテ　ノクットクレー。(これを読んで次へ渡しておくれ。《触れを、隣の人が持って来て手渡す》)
その用例である。刈りとった稲束を、田んぼのなかから畦に運ぶのにも、こうした方法によることがある。また別に、左右の足をうまく交互に前に出すこともこう言うことがあった。
　○エーグアイニ　アシガ　ノクレル　カナ。(うまく足が運べるかい。《病気して、足の弱っている人に向かって》)
その用例である。幼児の歩きはじめを気にしてこう言うこともある。
　「ノクル」という動詞は共通語にはない。しいて対応する動詞を求めるとすれば「送る」であろうか。が、これには「順次に」という意味が、ないこともないが、希薄である。むろん、古語に求めることもできない。あるいはこの動詞は、「退く」と「送る」との複合語ではなかろうか。
　「退き」について『岩波古語辞典』は、《ノコリ(残)と同根。現在自分の居る所や、居る予定の所から引きさがって、他の人にその所をゆずる意》と注記しているが、この意については、今日でも大差はない。ただ、「他の人にその所をゆずる」にこだわってみたい。「ノクル」も、一方から手渡された物を、即座に他方に手渡して、自分はその責任から解放され「退く」かたちになる。まさに「退き送る」である。この複合語が「のくる」になったのではないか。一私案である。
　「ノクル」は中国地方の他域にもあるらしい。藤原(1988)は、瀬戸内海大三島の「ノクル」について、「要件や仕事を先へ延ばす。仕事をやむなく延期する。」と説明している。いわば日延べの意である。そう言えば、当生活語でも、順延の意味で稀に行われることもあるが一般的でない。広戸(1963)も、出雲の「仕事を順延する。」をあげている。また、石見の「順送りにする。」も併せて掲げている。
　さて、「テングノクリ」の前項の「テング」であるが、これは「手繰る」の連用形の「手繰り」ではなかろうか。その「テング」も、「テグリ」の「グ」の鼻音〔te⁻guri〕の残存形とみることができるように考えられる。そ

して末尾の「り」が脱落した。古語にも「手繰る」はあったようで、『岩波古語辞典』は、この語の意味の一つとして、「順繰りに、手から手に渡して物を運ぶこと」をあげている。こうであるとすれば、「テングノクリ」の動作と同じである。ただし、「手繰る」という動詞は、当生活語には生きていない。複合語のなかに「テング」が残存するのみである。

広戸（1963）は、先にも触れたとおり、「てんぐ」を「天狗」としながらも、石見の「多くの物を多人数でリレー式に渡すこと。」をあげている。なお、同書によれば、石見や隠岐に「てんぐり」があるらしい。

(2) 食生活関係
① タク（炊く）・ニル（煮る）

「タク」も「ニル」も、食物を煮ることを言う動詞で、その用法は共通語のそれと同じである。ただ、「タク」について言えば、

　○メシュー　タク。（ご飯を炊く。）

であり、「ニル」について言えば、

　○イモー　ニル。（芋を煮る。）

である。柴田（1995）は、「煮る・炊く」について、

　　御飯だけが「炊く」で、ほかのものは何であろうと全部「煮る」と言うのが現代の「標準語」で、それに対して、関西では、御飯でも魚でも芋でも豆でもすべて「炊く」だということは、広く常識となっている。
　　（p.33）

と述べている。この記述によって、たしかに要点は把握できるが、ただ、ここで言う「関西」とはどこを指すのか。おそらく近畿、それも京阪中心の地域であろう。近畿の北部や南部の一部には「大根を煮る」という地域がある。また西日本となると、中国南部や四国北部、それに九州の西辺や東辺に「大根をタク」という地域がある（『日本言語地図2』（58図）参照）。

中備後に位置する当生活語では、両動詞とも共通語の用法どおりである。ところで、この用法に、いくらか気になるところがある。なぜ「飯」だけが「タク」なのか。同じ米が材料でも「お粥をタク」とは言わない。いったい

一、動詞の生活とその推移　177

「たく」とは、本来、どういう意味の語なのか。
　古語にも「たく」はある。『岩波古語辞典』は「たき」に「焚き・燻き」をあて、「暖を取り、香をくゆらし、食物を煮、塩を取るなど、或る目的のために火を使う。」としている。これによれば、「焚く」は、ある目的のために火を使うことであった。少なくとも炊飯の「炊く」は第一義ではない。この「火を焚く」の意でなら、当生活語でもよく用いられている。かまどやいろりの「火をタク」はむろんのこと、風呂を沸かすことも「フロー　タク。」と言った。かつては薪で焚く五右衛門風呂が主流であったからである。「タキツケ」(焚きつけ)、「タキグチ」(焚き口)、「タキモン」(焚きもの)など、関連の語も多い。かまどやいろりの火に、鍋釜をかけて煮炊きすることは、暮らしの上で欠かせないいとなみであったろうが、飯の場合だけを「タク」と言うようになったのには、なにか理由があるに違いない。
　ここで、当生活語の「ニル」(煮る)について見ておこう。上でも触れたとおり、飯以外のおかずの類は、「ニル」と言うのが一般である。「芋をニル」「豆をニル」「魚をニル」である。このことについて柴田 (1995) は、『日本言語地図2』(58図) を解釈して、

　　かつて日本全土が「大根ニル」と言っていたのが、中央の京都あたりで
　　「大根タク」に変化し、四国以西にも広がったと推定することができる。
　　「タク」は日本語の歴史から言うと、新しいことばなのである。(p.34)

このように述べている。『日本言語地図解説2』にも、ほぼ同様の見解に基づく記述がある。一部を掲げておこう。

　　古くは「炊く」、「煮る」の二つの意味は区別されず、語形としてはニル
　　が使われていた。ないしは、「炊く」という料理法はなかった。そのあ
　　とに、タクという新しい単語が起こって、近畿地方にタクの地域が広ま
　　って、そのあとで「炊く」という「煮る」とは別の料理法が発達した。
　　(p.13)

このような解釈である。一つの見かたとは思うが、いくつかの疑問がないわけではない。「中央の京都あたりで『大根タク』に変化し」たのはどういう理由によるのか。このことについては、上の、二番目に掲げた引用文の、

「タクという新しい単語が起こって」がその説明として受けとられるが、それでもなお、なぜ「タク」という単語が新しく起こったのか、このことについても釈然としない。新しく単語が起こるとしても、突如としてそうなるのではなく、それとしての生活史的背景があってのことと考えられる。

　古代は、米は、国や生命の根幹を支える、いわば瑞穂として、信仰の対象ともなる、特別の食べものであった。収穫されたわずかな米も、ハレの日の神祀りの供えものとし、その祀りの後で、それを神と共食するのが大きな喜びであったと伝えられている。ケの食べものとしては、拾い米や砕け米、麦・粟・稗・そばの類、それに大根や芋などを麦に混ぜたカテ飯など、今日からは想像もつかないほどの食生活であった。「褻稲」が語源かと推測されている「ケシネ」ということばがあるが、これは、日常、主食とされる、諸もろの雑穀を指したものだったようだ。古代に限らず、近世でも、農山村の実情に、大した違いはなかったらしい。私も、半世紀ばかり前、調査のために訪れた瀬戸内の島の、ある農家を思いだす。主食は甘藷であった。私の村でも、平素は麦飯が普通であった。粉食（うどん・そば・だんご汁）やカテ飯（根菜混飯）、雑炊（おじや）の類は、かわりものとしてむしろ歓迎されるむきもあったか。農村、寒村の実情は様ざまであるとしても、かつては、米飯を炊きあげて常食とする食生活は、少なくとも普通ではなかったと推測される。古く、「煮る」生活が一般的であったとみる柴田の推測は、いわば雑穀やカテ飯、それに根菜類を主とした、水分の多い、いわば雑炊ふうの食物を念頭におくことによって理解される。「煮る」とは、つづまるところ、鍋に入れた水と共に、雑穀類や根菜類を沸騰させて食べものにしあげる方法であった。「ニル」と「菜」との関係を指摘する説もある（→ p.258）。

　ところで、米はどのようにして食べものにしあげていたのであろうか。上でも見たとおり、米は特別のもので、他の食材の煮炊きと同列に見ることはできない。古代には、米を食べものにしあげるのに「かしく」という方法や語のあったことは周知のとおりである。『岩波古語辞典』には、「かしぎ」（炊ぎ）について、《室町時代までカシキと発音》と注した上で、「米・麦などを蒸したり煮たりして飯をつくる」とある。蒸してつくった飯は言うまで

もなく強飯である。同辞典も、強飯を「米を甑（コシキ）入れて蒸して作った飯。古くはこれを普通の飯とした。」と説明している。この辞典も指摘するとおり、古い時代の普通の飯は蒸してつくった。これを「かしく」と言い、「炊く」でもなく「煮る」でもなかったのである。『日本言語地図2』（57図）は、東北の青森や秋田の西寄りに、その「カシク」や「カシグ」が点在することを示している。おそらく当時の中央での言いかたが、北陸道を北進していった、その痕跡を示すものであろう。

　米の飯には、また別に固粥や汁粥があった。その粥は蒸してつくったとは考えられない。ではその料理のしかたは何と言ったのであろうか。いずれ、土鍋類に、水と共に米を入れ、火を焚いて煮たと推察されるが、そうしたつくりかたは、蒸しの「かしく」と言うのにも、また雑炊の「煮る」と言うのにも、適当ではなかったに違いない。『時代別国語大辞典上代編』は、「かしく」（炊）について、「飯をたく。通常こしきで蒸して飯を作ったので、実際には、米を蒸すことをいったものであろう。」と解説している。（「甑」も「かしき」から出たものか。）そうであるとすればなおさらのこと、粥をつくるのに「かしく」とは言えなかった道理である。ここで注意したいのは、『時代別国語大辞典上代編』も、また『岩波古語辞典』も、この「かしく」に、「炊」をあてていることである。それはともかくとして、「炊く」は「かしく」の一方法であったかとも推察される。言いかえれば、「炊く」は、米飯をつくる、他の料理とは違った次元の、特別の言いかたであったとも考えられるのである。

　このように見てくると、先の引用文に示された柴田の見解とは、かなりの部分で異なってくる。まず、『解説2』の、「古くは『炊く』、『煮る』の二つの意味は区別されず、語形としてはニルが使われていた。」と推定されているのは適当とは言えなくなる。「煮る」に対応するのは「かしく」であって、「炊く」は「かしく」の領域から展開した語である。その意味では「炊く」は新しい語と言えないこともないが、それは「煮る」との比較の上のことであって、少なくとも近世以前のことと考えられる。また「タクという新しい単語が起こって、近畿地方にタクの地域が広まって、そのあとで『炊く』い

う『煮る』とは別の料理法が発達した。」とあるのも一考を要する。その逆の見かたもできるからである。

　逆の見かたはこうである。近畿、特に京都・大阪を中心とする地域でも、長く「炊く」と「煮る」は区別され、別の料理法であったにもかかわらず、おそらく近世期、「煮る」が「炊く」に吸収され、結果、両者は合一したと考えられる。その理由として、一つには米飯の料理を言う「炊く」に、一種の上品さを意識したことによるのではなかろうか。二つ目をあげるならば、京阪を中心とした地域の食生活の改善・進展があげられる。備後の当生活語のように「炊く」と「煮る」の区別を保っている地域は、近畿に見られるような現象の後の発達などではなく、むしろ近畿がそうなる前の、古い状態を示していると考えられる。

　「炊く」「煮る」のような、食生活の根幹にかかわる語は、基本的には地域それぞれの、生活上の史的事情にも大きく左右されている。地図に現れた分布現象についても、その深みを読みといていくことが肝要である。

② コシラエル（作りあげる）

　上項の「炊く」「煮る」に関連して、この項を立てた。

　「コシラエル」は、共通語に現存する語で、ここに改めて取りあげるまでもない。ただ、上項でも触れたとおり、同じ米が材料でも、「飯を炊く」とは言っても「粥を炊く」とは言わない。粥は「コシラエル」である。また、味噌汁なども「煮る」とは言わない。これも「コシラエル」である。これを共通語で言えば「作る」または「作りあげる」であろうか。

　粥にしても味噌汁にしても、できあがったもののイメージがある。そのイメージを頭に描き、あるいは目標にし、材料に手を加えて、ある意味では創作する。

　　〇デコー　コシラエル。（人形を作る。）
　　〇ゴッツォーオ　コシラエル。（ご馳走を作る。）

「人形」にしても「ご馳走」にしても、できのよい完成品をイメージして、または目指して、その制作・創作に精出すわけである。ところが大根や芋などは、煮ることによって、その食材そのものの変化（柔らかくなる）を期待

するだけである。ここに、両者の意味の違いがあろうか。

　なお、調理の「シタゴシラエ」は、共通語どおりの意味で使っている。類する別の一例をあげれば、田植えの準備の「田ゴシラエ」がある。また、女性が化粧し晴れ着を着て、よそ行き（外出）ふうに装うことも「コシラエル」と言っている。

　○コシラェーテ　ドケー　イク　ナ。（おめかししてどこへいくの。《路上で、近所の人にひやかされて》）

『岩波古語辞典』は、「こしらへ」について、《こちらにすでに出来ている構図におさまるように相手をなだめ、とりなす意。転じて、材料にあれこれ手を加えて思うような物を作りだす意》と注している。この古意は、当生活語にも生きていよう。ただ、次例などはどう解釈できるのか。

　○ジョーリュー　ツクル。（草履を作る。）

稲藁を用いての草履作りは、当時は欠かすことができなかった。が、草履は「コシラエル」とは言わないで、「ツクル」である。稲藁を用いての生活具は多い。「筵を織る」「俵を編む」「縄を綯う」と、それぞれを生産する動作の言いかたは、その製品の作りかたによって慣用的に決まっている。すると、「草履」も「作る」が慣用的に決まった言いかたなのか。

　普通には、「コシラエル」は「作る」と言いかえてもよい。しかし、「ツクル」としか言えないものもある。

　○イニョー　ツクル。（稲を作る。）
　○ムギュー　ツクル。（麦を作る。）

農作物は、天の恵みとする古来の祈りが生きているのか。事実、今日でも、天候や気候に左右されるのが農作物である。「手を加えて思うような物を作りだす」ものではない。天や自然に従って収穫を得るのが農作物である。それにしても、人為の限りを尽くして収穫を目指すのが、農作業であることは言うまでもない。「田を作る」「畠を作る」は、田や畠の耕作を指しているが、むろん作物の育成を目指してのことである。

　「味噌」も「醤油」も「ツクル」である。が、これは醸造の意味での「ツクル」であることは言うまでもない。

○ミ̄ソー　ツクル。（味噌を造る。）
　　○シ̄ョーユー　ツクル。（醬油を造る。）
この類も、酵母菌の働きに依存するところが大きく、その意味では人為を越えたところがある。
　「耕作」も「醸造」も根幹のところは人為を越えている。この領域には、「コシラエル」も踏みこめない。「ツクル」の領域である。が、その「ツクル」の用法も単純ではない。

③　ウムス（蒸す）

　先項で、米を「かしく」場合の「蒸す」に触れた。その後身として、当生活語には「ウ̄ムス」がある。
　　○モチゴメヨー　ウ̄ムス。（餅米を蒸す。）
その一例である。「ウムス」対象には、餅を搗くための餅米や赤飯のおこわがある。また、柏餅も蒸して作った。木枠の蒸籠がその蒸す器具である。これを、湯を沸きたたせた釜の上にかけて使用する。餅も赤飯もまた柏餅も、ハレの日の特別の食べもので、蒸籠も平素は出番がなかった。
　自動詞としての「ウ̄ミル」（熟む）もある。例えば、柏餅の仕上がりぐあいを調べてみて、
　　○ヨ̄ー　ウ̄ミトル。（よく蒸んでいる。）
などと、待ち顔の一同に知らせたりする（→ p.165）。
　他に、甘藷をふかす場合も「ウムス」と言う。次はその例である。
　　○イモ̄ー　ウムス。（芋をふかす。）
ただ、甘藷を蒸すには、蒸籠は用いなかった。水を入れた鍋に簀を敷いて、その上に甘藷を置く。湯が沸いて熱気を通すしかけである。
　「ウミル」の語頭の「ウ」は、入りわたり鼻音〔⁻musu〕に関係があるのではなかろうか。その鼻音の顕在化したものとも考えられる。古代にもこの音の現れることがあったらしい。『岩波古語辞典』の「かしぎ」の項に、「新撰字鏡」からの引用として、「可志久（かしく）、又宇牟須（うむす）」が見られる。この「宇牟須」の語頭の「宇」は、研究者の間で、特に問題にはされていないかのようである。それほど意識されない程度の入りわたり音であ

ったのかも知れない。その音が、今日の特定の地域で顕在化し、〔u〕となって伝承されているとしても不思議ではなかろう。

④　ヤク（焼く）

「ヤク」も主要な料理法であるが、共通語の用法と大差はない。
　〇モ<u>チュー</u>　<u>ヤク</u>。（餅を焼く。）
はその用例である。いろりの燠を、周囲の灰の上に掻きあげ、「テッ<u>キ</u>」（鉄灸）を置いて、その上に固くなった餅や団子を並べて焼く。甘藷や唐もろこしも焼いて食べた。これらは、じかに燠の上に置いて焼いた。魚も、煮たり焼いたりした。「餅は乞食の子に焼かせろ。魚は大名の子に焼かせろ」とは、祖母が、当時、子どもの私に教えて、よく口にした言いぐさである。餅は度たび裏返したほうがよい、魚はじっくり焼きこんだほうがよい、ということらしい。

餅などは、長く火の上に置くと、焼けすぎて、茶色になったり黒くなったりする。このことを「クギル」（焦げる）と言った。
　〇モチガ　ク<u>ギョール</u>　<u>ゾ</u>。（餅が焦げているよう。）
ただ、「黒クギ」とか「焼けクギ」と言うことはない。ここはやはり「黒コゲ」「焼けコゲ」である。
　〇<u>ワー</u>　モ<u>チガ</u>　ク<u>ロコゲジャー</u>。（わあい、餅が黒こげだい。）
「クギル」「こげる」は、いずれ類縁の語であろう。

　自動詞に「<u>ヤケル</u>」がある。「餅がヤケタ」「芋がヤケタ」はその用例である。食生活に関係はないが、失火による火事は、当然ながら自動詞でしか言えない。「家がヤケル」「山がヤキョール（山が焼けている）」はその用例である。

　古語に「焦がる」があるが、これは当生活語にはない。ただ、飯を炊いたときにできる釜の底の焦げは「コ<u>ガレ</u>」と言った。「日葡辞書」にも「コガレ（焦がれ）」が「釜で焦がした飯」とある。炊飯器の発達した今日では、もはやお目にかかったことはないが、かつてはこれがよくできた。そして子どもの好物であった。

⑤　ツグ（よそう）

　飯などを茶碗によそうことを「ツグ」と言っている。

　　○メシュー　チーデ　クレー。（飯をよそっておくれ。）

その一例である。この「ツグ」には「盛る」の意もあり、また「お代わり」の意もある。が、これらの意味は一体化していて、ともかく飯を茶碗によそうことなのである。『岩波古語辞典』は「つぎ」に「継ぎ・次ぎ・嗣ぎ」の字をあてた上で、《ツゲ（告）と同根。長くつづくものが絶えないように、その切れ目をつなぐ意。転じて、つづくものの順位が、前のものの直後にある意》と注している。そして「（あとをすぐ受けて）絶えないようにする。続けてする。」を第一義としてあげている。この原義が上の「ツグ」に生きているとすれば、一膳目に続いて、二膳目をよそうことに重点があったかのようである。もっとも、この意の「つぐ」は共通語でも行われてはいるが、しかしこう言うのは、酒や水について言うことのほうが普通であって、今では、飯は、「よそう」が一般的かのようである。

　古語でも、液体をつぐ意味もあったらしく、『岩波古語辞典』は、上にもあげた「つぎ」の⑥義として「（飲みものなどを容器になくならないように）そそぎ入れる」をあげている。当生活語でも、この意の「ツグ」もごく普通に行われている。

　　○ワシーモ　イッパェー　チーデ　クレー。（俺にもいっぱい注いでおくれ。
　　　《盃を差し出して酒を注ぐことを要求する。老男》）

軽い祝いごとの座などでの一例である。また他に、火にかけた釜の湯が、なくなる前に水を加えることも「ツグ」と言っている。

　　○カマェー　ミズー　チーデケ。（釜へ水を注いでおけ。）

　なお、液体のことを言った機会に、「ハエル」「ヨボー（よほう）」にも触れておきたい。「ハエル」は、液体（水・醬油・酒など）を容器に、そろりと注ぎ入れることを言う。容器の注ぎ口の状態や、入れた液体の量・変化などを注視しながら、少しずつゆっくりと注ぐ。「ヨボー」は、醬油など液体を他の瓶などに移し入れているとき、その液体が、瓶の口を伝って少しずつ流れ出ることを言う。不注意な注ぎかたである。

〇オイオイ。ヨボヨール　ゾ。(おいおい。流れだしているよ。)
気がつかないでいる当人に、傍の者が軽く注意する。
　さて、食関係を離れて、他に「継ぐ」の生活を見てみよう。連用形の働く複合語に「イーツギ」(言い継ぎ) がある。伝達の口上を、隣家から隣家へと言い送ることである。「どこそこのおじいさんが死ンジャッタゲナ。コリャー　イーツギジャケー。(……亡くなられたさうだ。これは言い継ぎだから。)」は、その一例である。受けた家ではまた次の隣家へ走る。かつてはこのような伝達方法が普通であった。
　衣類の破れを補修するための布切れを「ツギ」と言っている。補修することを「ツギュー　アテル。(布切れを当てる)」とも言う。共通語でもおなじみの言いかたである。野良着などは、補修の跡の生なましいものが多かった。次は、そのことを言った一例である。
　〇ワシナー　ツギダラケジャー。(俺の野良着は継ぎだらけだい。)
　衣類が破れれば、すぐに補修して原形を保持する。そのための布切れを「継ぎ」と言ったのは納得できる。やがて、補修に直接関係がなくても、布切れ自体を「ツギ」と言うようになったようである。そして、特に色合いのきれいな「ツギ」は、娘たちの収集の対象として喜ばれた。母や娘は、その「ツギ」を縫いあわせて、「オジャミ」(お手玉) や「テサゲ」(手提げ袋) を作ったりした。

⑥　ワケル (分ける)

　「ワケル」は共通語でも一般的なもので、その意味・用法に関しては、ここで特に取りあげることもない。ただ、食生活に関係した言いかたがある。連用形からの体言の「ワケ」(食べ残し) である。
　〇ワキョー　スナ　ヨ。(食べ残しをするなよ。《母が子へ》)
「ワケ」を「キーワケ」(食いワケ) とも言う。また「ネコワケ」(猫ワケ) とも言った。猫はよく食べ残しをするからだと説明されてきた。
　「分ける」は、言うまでもなく分割することであり、また分配することである。理を立てれば、食べ残した部分は、食べた部分と、二つに分割したことになる。「ワケ」とは、こういう見かたに由来するものか。『岩波古語辞

典』にも「食べ残し」の「わけ」が記載されており、中世の文献の例が引かれている。

「カタミワケ」（形見分け）は共通語としても通用している。財産でも土地でも、分割したり、またその結果の取り分を「ワケチ」ということがあるが、これは「分け地」かどうか。

○ワケチュー　スル。（分配をする。）

その用例である。

「ワケル」の、平素よく用いられる、ある意味では地方色のある用法を一つ出しておこう。「分けてもらう」「分けてあげる」の言いかたである。むろん共通語にもこの用法はある。「分ける」は分割の意である。

○ナスビノ　ナヨー　チート　ワケテ　ツカーサラン　カ。（茄子の苗を少し分けて下さらないか。《依頼》）

(3) 心情関係

① ハブテル（ふてくされる）

「ハブテル」は、不平・不満を表す無言の抗議である。

○ヨー　マー　ハブテルトモ　ハブテルトモ。（よくもまあ、ふてくされるとも、ふてくされるとも。）

女児のふくれっつらに呆れた、母親の、苦笑混じりのことばである。この例のように、女児について言うことが多い。

この語はまた、鶏が卵を抱くことをも言う。「鶏がハブテトル。（…ハブテている。）」がその例である。鶏が羽を膨らませ、外部からの刺激にも反応せず、ひたすら卵を抱いている様子は、一見何か異常でもある。女児のハブテル様子は、この鶏の状態に似たところがある。膨れているところなどは特にそうである。あるいは「ハブテル」は、この鶏の様子に関係があるのかも知れない。

「ふてる」については『広辞苑』にも収録されている。不敵で捨てばちな行動に出るとして、「剛情を張る」とも「思うようにならないので自暴自棄になる。ふてくされる。」とも、その意味を説明している。古語の「ふつ」

の後身である。その「ふつ」については、『岩波古語辞典』に「すてばちになる」と出ている。

あるいは「ハブテル」は、「ハ」と「フテル」の複合語ではなかろうか。「ハ」は「羽」である。つまり鶏が羽を膨らませて、他に対しては何の反応も示さず、ただひたすら卵を抱く様子を言うのが「ハブテル」であった。人について言うのは、その比喩だったのではなかろうか。

藤原（1988）は、瀬戸内海大三島の「ハブテル」について、「すねる（おもに大女か子どもについて言う）」としている。広戸（1963）も、山陰にある「はぶてる」について、「膨れ面をする。腹を立ててすねる。」と、その意味を説明している。

② コクレル（いじけてひねくれる）

上項の「ハブテル」によく似た語に「コクレル」がある。いずれも、不平や不満に対しての、無言の抵抗や抗議を表す動詞であるが、両者の意味の違いをしいてあげれば、「ハブテル」には外面的なところがあり、「コクレル」には内面的なところがある。いわば陰気な抵抗である。他からのからかいやいじめに対しても、また気に入らない押しつけに対しても、ただひねくれておし黙っている。

　○マタ　コイツ　コクレトル　ゾ。（またこの子、コクレているよ。〈よくまあ、コクレルやつだ〉）

こういう行動をとるのも女児に多い。

この動詞の語源もはっきりしない。形態・意味面からみれば「暮れる・眩れる」に近い。ちなみに「眩れる」について『岩波古語辞典』は、「①（目の前が）真っ暗になる。②（涙で）くもって見えなくなる。③心が迷う。理性を失う。」と説明している。いわば心のふさがった状態を言ったもので、その点、「コクレル」の心的状態に類似している。あるいは「コクレル」はこの「眩れる（眩る）」に発したものではなかろうか。語頭の「コ」は、軽い程度を表す接頭辞とも見られる。若い女性や子どもがすねる程度のものであれば、一般には、苦笑の対象にはなっても、たいしたことではない。いつでも身近にあることで、いわば生活の色あいであり、リズムである。このよ

うな軽い気もちが、しぜんに「コ」を取らせることにもなったのか。
　「コクレル」は山陰にもあるらしい（広戸　1963）。
③　スバル（すねてしつこくねだる）
　「スバル」も、上項の「ハブテル」や「コクレル」に類似したところのある語である。ただこれには、いくらか外向的なところがある。時にはうらみの声もあげ、自己の不平・不満、または要求を通そうとする、無理おしのすねかたである。陰気でうっとうしい。
　○アェーツァー　マダ　スバリョール。（あの野郎はまだスバッテいる。《子のしつこさに閉口して。父親》）
この語も、子ども、それも男児の行動を言うことが多い。
　この語は古くからあるらしい。『岩波古語辞典』は、「すばり」に「窄り」をあて、「狭くなる。また、意気消沈する。」と、その意味を説明している。例の、星の昴もこれである。「スバル」もこの語の後身であろう。内面に思いが集中して狭くなり、特定のことしか見えなってくる。その結果、内にこもった、陰気な自己本位の要求になって現れる。
　なお、強引にねだることを「セガム」と言うが、これは共通語でも行われていようか。この語も古くから用いられている。
　また、「スバル」から、「スバローシー」（うっとうしい・貧相な）という形容詞ができている。この語については、後稿の「形容詞の生活とその推移」を参照していただきたい（→ p.220）。
　なお、ここでは取りあげなかったが、「ヤゲル」（うるさく騒ぐ）という動詞がある。これも主として子どもの行為を言うが、これからもまた、「ヤゲローシー」（騒々しい）ができている。併せて、後稿の「形容詞の生活とその推移」を参照していただきたい（→ p.219）。
④　セガム（しきりにねだる）
　「セガム」も上項の「スバル」に類似した語である。主として子どもが、親や親しい大人に、しつこく、また、強くねだることを言う。
　○コドモニ　セガマレテ　ナー。（子どもに無理やりねだられてねえ。《祭りで子の手を引きながら。父親》）

この語も古くからあるらしい。『岩波古語辞典』は、「せがみ」の項を立て、「①強引に頼み求める。ねだる。②無理を言って相手をなやまし、いじめる。」などの説明をしている。ただ、用例は「雑談集」からのもので、このことからすると、それほど古い語ではなさそうである。その引用から推察すると、おおむね成人の行為とみられるが、当生活語では、主として子どもの行為に用いられている。たしかに、今日のその行為は幼児的であるが、一つの推移とみられるかどうか。
　この語は、幼児的かどうかはともかく、他地域でも広く行われている。
⑤　ソバエル（はしゃいでふざける）
　「ソバエル」も子どもの行為について言うのが普通である。子どもは、珍しい客があったりした場合に気が浮き浮きする。特にみやげを貰ったりすると、心が異常に弾む。調子にのってふざけたり騒いだりする。客の関心を引こうとしての行為であろう。それが「ソバエル」である。
　　○コドモガ　ソバェーテ　テニ　アワン。（子どもがふざけて始末がかつかない。《親の嘆き》）
　この語も起源が古いらしい。『岩波古語辞典』は、「そばへ」について、《イソバヒ（戯）の転。》と解説した上で、「ふざける。じゃれる。」と意味を説明している。その「いそばひ」には《イは接頭語》とあり、「たわむれる」として万葉集の例をあげている。
　「ソビューカウ」（そびをかう）という言いかたがある。「ふざけてちょっかいを出す」ことである。これも「ソバエル」関係があるのか。
　　○コリャ。ソビュー　カウナ。（こら。ちょっかいを出すな。《幼児をふざけて挑発し、からかっている子に。見かねた父親》）
　藤原（1988）は、瀬戸内海域の「ソバエル」が、「にわか雨が降る」ことだとしている。そして、「ソバエル」からの「ソバエ」類は、瀬戸内海域のほぼ全域で「にわか雨」を指している（藤原　1974（134図））。石見にもこれがあるらしい（広戸　1963）。周知のとおり、「にわか雨」は、にわかに降ってくるがすぐやむ。日が照りながら降ることもある。夕立・朝立を指すこともある。その気ままな降りかたは、たしかに「ソバエル」行為に似ている。

ここから比喩的に「ソバエ」と言うようになったのか。そう言えば、『岩波古語辞典』も「そばへる」に、「日照り雨が降る。」意のあることを指摘している。その名詞形としての「日照り雨」も掲げている。ただし、そこに引かれた用例が「俚言集覧」であるところを見ると、この言いかたは近世期に成ったものかと推察される。

⑥　ツバエル（ふざけて騒ぐ）

「ソバエル」に似た動詞に「ツバエル」がある。これも主として子どもがふざけて騒々しく騒ぐことを言う。

　○コリャ。ソガーニ　ツバエナ。(これ。そんなに騒ぐな。《ふざけてあって
　　騒いでいる子どもたちに。父親》)

この語は、「ソバエル」の意味に似ている。が、この語は、相手があって共にふざけあうことを言う。単独ではこうなれない。子どもたちもそうであるが、また、若い男女がふざけあっているのをこう言うこともある。あるいはこれが本来の意味かも知れない。

この語は、あるいは「睦ぶ」と「合へる」（合ふ）の複合語ではなかろうか。「睦び合へる」が「ツバエル」となるには、一見、距離がありそうに思える。しかし、mutubiaferu ＞ tubaferu ＞ tubaheru ＞ tubaeru の変化過程を想定することは無理ではない。とすると、「ツバエル」は、若い男女が、ふざけ合いながら情を交わすことが原義であったと考えてよさそうである。

この語も中国地方に広いかのようである。藤原 (1988) は、瀬戸内海大三島方言の同語について、「寄りあって遊び騒ぐ（子どもに関して言うことが多い）ふざけまわる（おもに青年について言う）」と述べている。また、広戸 (1963) は、山陰方言について、「戯れ騒ぐ。ふざけ騒ぐ」と共に、石見の「青春期の若い男女が上気づく」をあげている。

⑦　セラウ（ねたむ）

「セラウ」（セローとも）は、身近のある者（兄弟や友人など）をきらって、嫉妬したり羨ましがったりしてねたむことを言う。このねたみ心が相手をいじめたり傷つけたりすることもある。おおむね陰湿な感じの語である。子もついて言うことが多いが、かならずしもそうとは限らない。

○ソガー　セラウナ。(そんなにねたむな。《妹の持ち物を欲しがり、いじわるして取りあげようとする兄をたしなめて。母親》)
　この語も、「競り」と「合ふ」の複合語から成ったかと思われる。seriafu > serafu > serau のようにその過程をたどってみれば、その変化に無理はない。この推察どおり「競り合ふ」であれば起源は古い。『岩波古語辞典』は、「せりあひ」を立てて「迫り合ひ・競り合ひ」をあて、「力や技などではげしくせまりあう。互いにしのぎをけずって争う。」とその意味を説明している。この説明や引かれた用例から見ると、「競り合ふ」は、堂どうの競いあいであったように想像される。今日でも、共通語として用いられている「競り合う」にはまず暗さはない。が、「セラウ」にはこのような明るさはなく、陰湿なねたみばかりである。
　共通語の「ねたみ」「そねみ」も古来のものである。が、当生活語にはその語が伝承されておらず、また「競り合う」もなく、その「競り合う」からの「セラウ」が、もっぱら陰湿面を表すかたちになっている。しかしそれも、子どもの世界に偏っている。
　語の受け入れや改変も、またその使用の機微も、風土に裏打ちされた地域の、主体的な営みであることを思わないではいられない。
　「セラェーゴ」(せらい子)という言いかたがある。子ができないと諦めた夫婦が貰い子をした後で、生まれた実子のことを言う。貰い子をねたんだ実子が、その子を除け者にするつもりで生まれたとする解釈である。諧謔のきいた言いかたで軽い笑いを誘うが、この言いかたには、地域による意味の違いもあるらしい。藤原(1988)は、瀬戸内海大三島の「セライゴ」について、「(実子が生まれて)養子はセライゴとよばれる地位にたった」と説明している。
　なお、「セラウ」は、西日本にかなり広く分布しているようである(東条1951・広戸1963・藤原　1988)。
⑧　コラエル（耐える・許す）
　「コラエル」は、体の痛みや屈辱などに耐えることを言い、また相手の過ちを許すことを言う。

○イトーテモ　コラェートレ　ヨ。(痛くてもがまんしていろよ。)
○モー　コラェーチャレ　ヨ。(もう勘弁してやれよ。)

その用例である。共通語でも「耐える」の意味では行われている。が、「許す」の意味はなさそうである。

この語も古くからあったようである。『岩波古語辞典』は「こらへ」に「堪え」をあて、《コリ（凝）アヘ（合）の約。相手の仕向けて来るに合わせて、じっと凝りかたまってそれに堪える意》と解説した上で、「①たえる。もちこたえる。②我慢する。忍耐する。」と意味を説明している。

ところで、当生活語での「許す」の意味は、相手から受けた肉体的精神的苦痛に、じっと耐えるところからきているのではないか。その行為が、相手を許す意味に転じた。当生活語では、「耐える」よりも「許す」意味で用いられることのほうが多いかのようである。争いごとにしても、耐えしのぶことは相手を許すことだとする、古来の生活信条が、この語に生きている。

○モー　コラエン。(もう許さない。《相手のしうちに腹をたてて》)

「コラエジョー」という語がある。「こらえ性」か。「……がよい／わるい」のように用いられる。

○コラエジョーガ　エー　ヒトジャ。(〈あの人は〉我慢強い人だ。)

我慢強い人は、穏やかで、人を許す徳を持っている。

瀬戸内海域でも山陰でも、この語が行われているらしい（藤原　1988・広戸　1963)。が、「許す」意を持っているのは山陰である。

(4) 生活一般関係

① イラウ（さわる・いじる）

「イラウ」（イローとも）は、手で物にさわったり、いじったりすることを言う。子どもに関して言うことが多い。

○コリャ。ソリョー　イラウナ。(これ。それをいじるな。)
○マタ　イラヨール。(またさわっている。《子を叱って。中年男》)

この語はまた、幼い子に、おもしろはんぶんにちょっかいを出し、からかったり、いじめたりすることにも言う。

○コマェー　コー　イラウナ。(小さい子をからかうな。)
おおむね悪戯の行為で、「～ナ」は、それを制止する場合に行われることが少なくない。
　この語も、成立は古いかのようである。『岩波古語辞典』は「いろひ」について《入リ追ヒの約か。事に入りこんで追う意》と解説した上で、第三義として「手をふれる。いじる。」をあげている。ただし、引用例は御伽草子からのもので、この意味が行われるようになったのは、おおむね江戸期のことかと推察される。
　「イラウ」も、少なくとも中国地方には、広く分布しているかのようである。山陽・山陰にこの語の存在が指摘されている（藤原　1988・広戸　1963）。なお、半世紀も前のことになるが、備前在住の正宗敦夫氏が、親交のあった井上通泰氏について、「通泰さんは、目をイラヨーチャッタ」(……イラッテオラレタ〈眼科医をしていられた〉)と語っていたのを思いだす。

② 　ドズク（叩く）
　人を叩くことに言う「叩く」「殴る」「どやす」「しばく」などの語は、共通語ふうに用いられているものまで加えるとかなり多い。相手を威嚇したり、軽い暴力をふるったりすることが、人の生活の赤裸らな一面であったことを改めて思いおこさせる。そんな行為を非難する心情もあったろう。ここでは、特に地域性の濃い語のいくつかを取りあげる。
　「ドズク」は、つよく殴りつけることを言う。
　○カバチュー　タレリャー　ドズク　ゾ。(文句を言えば殴るぞ。)
つよい威嚇である。「ドズク」は拳骨で殴るのが普通である。この語は、今日の共通語には見られないが、中世以降には、中央でもよく行われた語のようである。『岩波古語辞典』は「どうづく」「どづく」をあげている。前者については、「はげしく突く。どんと突く」と説明し、俳諧からの例を引いている。「どづく」はその転化形としている。当生活語の「ドズク」も、これらの語に関係があるのか。
　備中や瀬戸内海域からも、同類の語の存在が報告されている（長尾　1990・藤原　1988）。

③　ハツル（平手で叩く）

　「ハツル」は、相手の顔を平手で激しく叩くことを言う。
　○ワリャー　ハツッチャル　ゾ。（貴様は叩いてやるぞ。）
こう言って威嚇する、その一例である。「ドズク」ほどの重量感はないが、平手による鋭さがある。
　この語は古語にもあり、本来は表面を削りとることを言ったものらしい。『岩波古語辞典』は、「はつる」の意味を「①皮などをはぐ。②すこしずつけずり取る。へつる。」と説明している。①の例として、日本霊異記上の「兎を取りて、皮をはつりて、野に放つ」を引いているが、何か、具体的で生なましい内容である。ところで、当生活語の叩く意味の「ハツル」は、表面を剝いだり削ったりする本来の意味の流れのように思われる。顔の表面を平手で叩く動作が似ている。
　そう言えば、当生活語でも、建築用の柱などを手斧で打ち削って出っぱりを修正することも「ハツル」と言っている。
　○ソコー　チート　ハツッテ　ミー。（そこを少し削ってみな。）
大工の棟梁の助言である。この打ち削る動作は、平手で顔をパシリと叩く動作に似ている。叩くの意味はこんなところから生まれたものか。
　なお、上の古語辞典によれば、古代は、「けずり取る」ことを「へつる」とも言ったかのようである。つまり「はつる」と「へつる」とは、ほぼ同じ意味であったかと思われる。会津の「塔のへつり」が思い合わされる。
　当生活語にも「ヘツル」はある。ただ、その「ヘツル」は他人のもの、あるいは保存されている食べものなどをごまかして掠めとることを言う。今日の共通語の「へずる」にあたろうか（両者は同源の語であろう）。ただし、目当ての物の一部分を、すぐには分からない程度に削ぎとって、ひそかに自分のものにしてしまうところに焦点がある。兄が、幼い弟妹の菓子などをごまかして、指先で削ぎとって、こっそり食べたりするのは、まさにこれである。ヘツレば、当然ながら、わずかでも形がいびつになり、悪戯の跡は残る。たわいないことではあるが、ともあれ、当生活語には、「ハツル」と「ヘツル」とに、意味の区別がある。両者は、基本的には、どちらも削りと

る動作をすることで似たところがあるとしても、「ハツル」には斧で打ち削る、あるいは平手で叩くなどの陽の勢いがあり、「ヘツル」にはひそかに指先などで削りとる、あるいは人のものをごまかすなどの陰の暗さがある。なお、「ヘツル」の意に似た語に「ツメシル」がある。「爪しる」であろうか。が、この行為は、特に悪戯にはかかわらない。爪先でわずかに掠めとることを言う。石見にもこの語があるが、これは「つねる」ことを言うらしい。

　山陰にも「はつる」「へつる」はあるが、「はつる」に人を叩く意はない（広戸　1963）。瀬戸内海域にも「ハツル」はあるが、これにも人を叩く意はないらしい（藤原　1998）。

④　テベス（殴る）

　「テベス」も、上項の「ハツル」と似た意味の語で、顔や頭を殴りつけることを言う。「ハツル」との違いをしいて言えば、この語の動作のほうが強くて重いか。殴る箇所も、顔のこともあり、頭のこともある。また平手のこともあり、拳骨のこともあるが、その違いは特に問題にならない。

　〇モンクー　タリョーリャー　テベシアゲチャル　ゾ。（苦情をぬかしていると殴りつけてやるぞ。）

この例文には「テベシあげる」が用いられている。こうあればいっそう徹底的である。

　「テベス」はどういう成りたちの語か。古語に、つよく圧しつける意の「へす」があることは周知のとおりである。「テベス」は、この「へす」がかかわって成ったのではないか。『岩波古語辞典』は、「へす」（圧す）の意味について「①強く押しつける。圧迫する。②圧倒する。へこます。」と説明している。「万葉集」に、オミナヘシを「姫押」と表記した例のあることも紹介している。そう言えば当生活語にも、植木や細工物の、木の高さが揃わなかったりした場合に、高い木の先を「テベス」と言うことがある。

　〇サキュー　チョット　テベーテ　ミー。（先を少し切ってみな。）

　木の場合は、先を切れば事足りるが、土盛りの場合はそうはいかない。圧しつけるか叩くかして揃えることになる。総じて、上部のほう、人で言えば頭のほうが、この語の、圧す動作の対象になるかのようである。

ところで、「テベス」は、「テ（手）＋ヘス（圧す）」の複合語ではなかろうか。仮にそうであるとすれば、「テ（手）」を複合要素としたのは、手の動作に、特別に関心を持ってのことに違いない。共通語ふうの「へし折る」「へし潰す」なども、ここに思いあわされる。

この語も、中国地方には、何ほどかの分布が見られるようである。瀬戸内からも、山陰からも、その存在が報告されている（藤原 1998・広戸1963）。

なお、殴る意の語に「ニヤス」がある。「業を煮やす」の「煮やす」もこれかと思われるが、ここでは特に取りあげない。この語も中国地方には広く分布している。

⑤ ヒヤグ（乾く）

「ヒヤグ」は、体に出た汗などが乾く（退く）ことを言う。
〇ヨーヨー　アセガ　ヒヤーダ。（ようやく汗が退いた。）
微熱があったりして口のなかが乾くことも、こう言うことがある。
〇クチガ　ヒヤーデ　イケン。（口のなかが乾いてしようがない。）

洗濯物が乾くことは「ヒル」（干る）である。日照りで、池の水が蒸発してしまうことも、また「ヒル」とか「ヒアガル」とか言うことがある。「ヒヤグ」も、成立にあたって、この「ヒ（干）」が、関係していたのではなかろうか。

ここでまた『岩波古語辞典』を参照しよう。同辞典は、「ひ（干）」につて《水分が自然のままの状態で蒸発し、または力衰えてなくなる意。類義語カワキは、熱気または火気ににあたって、水分が蒸発する意》と解説している。これに従えば、水分の蒸発も、「干る」が自然状態で、「乾く」が外部作用によってということになる。ただし、当生活語に「乾く」はない。既述のとおり、汗は「ヒヤグ」、洗濯物は「ヒル」である。共通語では、その両方とも「乾く」か。「のどが乾く」も、当生活語では「のどが干る」であるが、「水が飲みたい」「水が欲しい」と言うことが多くなっている。

ところで、「ヒヤグ」にも「干る」がかかわっているとすれば、「ヒ（干）＋アグ（上ぐ）」のような複合語が考えられる。つまり「ヒアグ」からの

一、動詞の生活とその推移　197

「ヒヤグ」である。「干る」作用の徹底を意味した複合語であったかと推察される。上でも出した、池の水の「干上がる」も、「干る」ことの徹底的な実現状態を強調して言ったものである。

　「汗がヒヤグ」は上に例としてあげたが、「ヒヤグ」はまた、
　　○テガ　ヒヤグ。（手がすく。）
のように用いることがある。仕事が一段落して暇になることである。体から汗が退く（乾く）ように、手から仕事が退くことを言ったものか。これを「テヒヤギ」（手ヒヤギ）とも言う。「手すき」のことである。
　　○ヨーヨー　テヒヤギン　ナッタ。（ようやく手すきになった。）
その用例である。世話をしていた孫が実家などに帰った後で、手すきになった主婦や老女がこう言うこともある。

　瀬戸内海域にも、また山陰にも、「ヒヤグ」が点在する（藤原　1998・広戸1963）。

⑥　サバク（散らかす）

　「サバク」は、座敷のなかを、衣服や家具などを放置して、雑然ととり散らかすことを言う。子どもが玩具などを散らかしてよく叱られたりする。この状態を強調して「サバキ散らす」と言うこともある。ところで、共通語にも「捌く」があるが、この語は、むしろ逆の意の、「うまく分ける／処理する」である。「サバク」は果たしてこの語と同根かどうか。

　古語にも「捌く」がある。『岩波古語辞典』は、「さばき」の意味を「①手にとって巧みに扱う。②ばらばらにほぐす。裂く。③複雑な物事を適性に処理する。（略）」などと説明している。今日の共通語の意味につながるものと見てよかろうか。ただ、「ばらばらにほぐす。裂く。」の意味があることにも注意される。その意味の用例として「狂人のまねとて、髪をさばき、あかはだかになり」（真宗教要鈔下）が掲げてある。そう言えば当生活語でも、女性が寝起きなどで髪をばらばらにしていることを「髪をサバェートル」と言っている。

　今日、共通語で言う、例えば「鮪をさばく」は、肉や骨などをうまく切り分けることである。これも適切な処理の一環に他ならないのだけれど、ある

いは当生活語の「サバク」は、このように、切り分けたり、ばらばらにしたりするところに関係して、その意味に限定して活用され、伝承されてきたのであろうか。このばらばら状態が、生活の実状を言うのに、いっそう適切であったのであろうか。

　○カタズケタバーノニ　モー　サバェートル。(片付けたばかりなのにもう
　　散らかしてる。《子に対する母親の嘆き》)

その用例である。

　瀬戸内にも山陰にも、意味の類似した「サバク」がある（藤原　1998・広戸　1963）。

⑦　ツクネル（積み重ねたままにする）

　「ツクネル」は、汚れ物や洗濯物などを、縁先や座敷の隅などに、積み重ねたまま放置していることを言う。

　○マタ　センタクモノー　ツクネトル。(また洗濯物をほったらかしている。
　　《洗濯物を取りこんだまま放置している娘を叱る。母親》)

竿からはずして縁先に投げこみ、畳みもしないで、乱雑に積み上げたままにしていることを非難したものである。

　共通語では、「つくねる」を、何かを造る目的で、土などを捏ねることに言うようである。「つくね芋」という言いかたもある。ところで、古語にも「つくぬ」がある。『岩波古語辞典』は、この語の意味を「①手で丸める。②乱雑に積み重ねる。」と説明している。が、引用例は中・近世期のものである。当生活語に、「手で丸める」の意はないが、「乱雑に積み重ねる」は生きている。ただ、この語も、上でも触れたとおり、主として汚れ物や洗濯物などが乱雑に扱われていることを限定的に言うもので、不快感を伴うのが一般である。

　東に隣接する備中からは、「乱雑に積み重ねる」が報告されている（長尾1990）。が、山陽側の瀬戸内海域には、手でこねる意の「ツクネル」のみがあるとされる（藤原　1998）。山陰についても、広戸（1963）は、「手でこねて丸くする」をあげ、また、藁や髪などを「束ねる」意にも用いるとしている。これも「手でこねて丸くする」からきたものか。

⑧　ツドウ（事が重なる）

　「ツドウ」（ツドーとも）は「集う」が原義であると思われるが、人ではなく、事が一度に重なることを言う。

　〇ナニモカモ　イッペンニ　ツドータ。（何もかも一度に重なった。）
その例であるが、例えば、家の修理で職人が来て多忙なところへ、隣家の葬儀の手伝いが重なったりした場合がこれにあたる。いずれものっぴきならない所用である。長雨が止んで、刈取りや種蒔きなど、のっぴきならない農作業が一度に重なる場合などもこれにあたるか。

　共通語では、「集う」は、人について言うのが普通である。が、ここでは「集う」のは人ではなく事件・用件である。ところで、古語の「集ふ」について『岩波古語辞典』は、《ツヅ（粒・珠）アヒ（合）の転で、一つの緒に多くの珠が貫かれるのが原義か。》と解説している。その上で、「①集合する。②寄り合う。会合する。」と、その意味を説明している。少なくとも奈良時代以来、集うのは人としてよい。その点からすれば、当生活語の「ツドウ」の意味用法は、かなり特殊である。が、これも、農村の生活の実情に即しての、おのずからの改変ではないか。人の動きよりも関心が高かったのは身辺の事件・用件の動きである。

　この意味の言いかたは、中国地方には広いかのようである。瀬戸内海域からも山陰からも、また備中からも、その存在が報告されている（藤原1998・広戸1963・長尾1990）。

　なお、他動詞に「ツドエル」がある。収穫物などを取りこみ、積みあげておきながら、多忙で、そのまま放置していることを言う。

　〇イソガシューテ　マダ　ツデータマンマジャ。（忙しくてまだ〈作業小屋に〉積みあげたままだ。《刈り取った粟の穂》）

　これも、「集える」のは人ではなく、物である。周辺の地域からの、この語の存在の報告はない。

⑨　カケル（駆ける・走る）

　「カケル」は「走る」の意で用いられている。ただし、行われているのは「カケル」だけで、「走る」の語を用いることはない。

○ア̄スコー　ダ̄レヤラ　カ̄ケリョール。(あそこを誰か走っている。)
○ソ̄ガーニ　ハ̄ヨー　カ̄ケンナ。(そんなに早く走るな。)
その実例である。もちろん犬や猫についても「カケル」である。
○イ̄ヌガ　カ̄ケリョール。(犬が走っている。)

　走り競争も「カ̄ケリヤェーコ」(かけ合いこ) または「カ̄ケリッコ」(かけりこ) と言った。また、「かけっこ」も「かけくらべ」も、学校の読本や童謡などで子どもの世界にも入ってきてはいたが、何となく違和感があって平素は用いなかった。そんな感じを支えたのは、一つは、共通語の「かける」は下一段活用であったのに対して、当生活語の「カケル」はラ行五段活用であることにもよろう。「かけおりる」は「カ̄ケリオリル」であり、「かけこむ」は「カ̄ケリコム」である。なお、小学校の運動会用語は「徒競走」であった。

　むろん「かける」は古い語である。『岩波古語辞典』は、「かけ」に「駆け」をあて、「馬を疾走させる」を第一義としてあげている。とすると、「駆ける」は、本来、馬の駆けることを言ったものか。柴田 (1979) が「カケルは足の動きに注目する語だと言える。」しているのを参照すると、馬の疾走も、その足の運びの速さに注目した語かと推察される。

　台所の流しを「ハ̄シリ」と言う。これが「走る」からのものとすれば、これが唯一「走る」の用いられた例ということになる。ところで、『岩波古語辞典』は、その「はしり」の名詞の項に「台所の流し」をあげている。とすれば、当生活語の「ハシリ」も、それを伝承したものとみてよかろう。ただし、引用された用例は天正年間のものである。このことからすれば、流しを言う「走り」は、だいたい中世期の成立か。「走る」の、ほとばしる勢いの意味がここに連想されての、比喩的な成語かと考えられる (→ p.71)。

　「カケル」のみを言うのは中国地方に多いのか。山陽・山陰にこの語の分布が指摘されている (藤原 1988・広戸 1963)。なお、流しを「はしり」と言うのも同様である。

⑩　タガウ (違える)

　「タガウ」(タゴーとも) は、手足の関節などの筋をはずすことを言う。足

首などは、踏みはずすなどしてこの負傷が多かった。

　○アシュー　タゴータ。（足の筋を違えた。）
この用例に見られるとおり、「タゴー」は他動詞的に用いられている。この意味の「たがう」を共通語に求めると「違える」であるが、この語には「手足の筋をはずす」という意味はない（「約束を違える」など）。

　古語にもこの語はある。『岩波古語辞典』は、「たがひ」を解説して《タ（手）カヒ（換）の意。相手の意向、自分の予定、正しいことなどに対する現実の手段・実行・行動が入れちがいである意。》のように述べている。手足の関節の筋をはずすことは、変わってはいるが、たしかに、本来の姿とは入れちがった現象であって、その点、原義に沿っている。このような特殊な用法の語が、今日、特定の地域に限って残存しているのが注意される。言うまでもなく、共通語では、「ちがう」が優勢で、「たがう」は特殊化しつつある。その「ちがう」について、『岩波古語辞典』は、《チ（方向）とカイ（交）との複合。同じ種類の動作が互いに交差する意。》と解説している。一般には、単純な行動や意味の語のほうが現実に合い、人びとの支持も得やすかったかのようである。

　「ネタガェー」（寝たがい）という語がある（動詞形はない）。寝ている間に首や手の筋などを違えることである。共通語に言う「寝ちがえ」である（動詞形もある）。

⑪　ニガル（苦る）

　「ニガル」は腹痛のことを言う。食あたりか何かによる、胃や腸が捩れるような痛さである。この動詞については、前章の「ニガル考」に詳述した（→p.69）。なお、この稿には、痛みや排泄に関する次の諸動詞も併せて取りあげている。

シブル（渋る・腹痛）	ハシル（痛む・切傷）	ウバル（腫れる）
ウミル（膿む）	ツエル（潰える・腫物）	ツヤス（潰やす）
コク（放く・糞）	ヒル（放る・糞）	タレル（垂れる）
エズク（嘔吐く）	アゲル（上げる・吐く）	タグル（咳く）
アタル（当たる）	スエル（饐える）	アマル（腐敗する）

クミル（腐敗する）

⑫　タモー（たばう〈惜ふ〉）

「タモー」は「惜しむ」意で用いられている。

○タマェー　タマェー　クエ　ヨ。（惜しみ惜しみお食べよ。）

子どもの頃、祖母が、少しばかりの菓子か何かをくれて、よくこう言ったものである。「タマェー　タマェー」は、憶えば懐かしいことばである。同じ備後の隣町出身の友人も、このことばを懐かしんでいて、子どもの頃、貰った菓子などを、すぐ食べるのを惜しんで、

○チョット　タモートコー。（少ししまっておこう。）

などとも言ったと報じてくれた。私の村では、「貯える」の意では用いなかったが、同じ動詞であることはむろんである。

　この動詞は、古語の「たばふ」を引くものであろう。『岩波古語辞典』は「たばひ」に「惜ひ」をあて、「惜しむ。大切に守る。〈〈名義抄〉惜、タバフ〉／貯える（文明本節用集）持、タバウ」を、その意味としてあげている。この語は、今日の共通語には見られないが、当該地域には、上掲のとおり生きている。ただ、老女が孫に言う程度のことで、発展性はない。が、子どもの心には、懐かしさと共に深く刻みこまれている。

　藤原（1988）は、瀬戸内海の大三島の「タモウ」について、「たいせつにする　だいじにする　使うべきものでも使わないでとっておく（食物でも金品でも）」とした上で、「子どもには、とくにしたしみぶかい語であった。（子どもが、おいしいたべものなどをたべないで、じっととっておくのは、タモウの最たるものである。）」と述べている。

⑬　ミテル（使用によってなくなる）

「ミテル」は、一定量の貴重品が、使用することによってついになくなることを言う。「砂糖がミテタ」などはその例である。詳細については、前章の「ミテル考」を参照していただきたい（→ p.59）。

(5) **自然関係**

① **アダレル（生りものが落ちる）**

「アダレル」は柿や栗などの木の実が、風や雨によって落ちることを言うが、また大豆や小豆などの穀類が殻から落ちることも言う。

　○カゼガ　フキャー　カキガ　アダレテ　ノー。(風が吹くと柿が落ちてなあ。《驚きと嘆きと》)

生りものが、熟す前に落ちてむだになったことを言っている。小豆などは、熟しすぎ、殻が弾けて落ちることが多い。これにしても、苦労やせっかくの収穫がむだになったことには変わりない。

この動詞には、実のない、むだの意の「徒（あだ）」がかかわっていようか。古語にも「徒」を動詞化した「徒ふ〈アダフ〉」があったらしい。『岩波古語辞典』は、「あだへ」について《アダ（徒）の動詞化》と解説し、「ふざける」と、その意味を説明している。今日で言えば「悪ふざけ」と言うところであろうか。信じられないと言うことであろう。

概して言えば、「アダレル」は、古語に比べて、意味がごく限定されて用いられているのが注意をひく。

この語も、瀬戸内や山陰にも行われている。東条（1951）は、中国地方に分布するとしている。

② **オゴル（はびこる）**

「オゴル」は、畠の雑草などがはびこることを言う。

　○クサガ　オゴッテ　テニ　アワン。(草がはびこって堪らない。)

畠の雑草がわがもの顔にはびこるこるのは、むろん人の思惑や願いを無視してのことである。この語が、もし「傲る」に発するものであるとすると、その「傲る」の起源は古いようである。『岩波古語辞典』は、「おごり」（傲り・驕り・奢り）について、《オゴはアガリ（上）のアガの母音交替形。(中略) アガリは下と隔絶した高い所へ移る意。低い所にいたときとは、質の変ることがある。オゴリは、自分が下と隔絶した高い所にいると信じていて、自分は低い所にいるものとは質が違うのだと思う意。また、その立場で行動する意》と、興味のある解説をしている。これが本来の意とすると、雑草

が、わがもの顔にはびこるさまは、たしかに「傲る」の原意を引いているかのようである。

「オゴル」はまた、男が、酒に酔うなどして、相手を威嚇し、居丈高にどなり散らすことについても言うことがある。

　○ギョーサン　オゴリョーッタ　ヨー。(〈あの男が〉ものすごくどなり散らしていたよう。《現場を見ていた者の話》)

こういう思いあがった行為は、だいたい中年以上の男のものであるが、それも日常のことではない。この語も「傲る」の古意を引いていようか。

　藤原(1988)は、瀬戸内海大三島に行われる「オゴル」について、「暴れる(おもに牛馬について言う　人間についても言わなくはない——おおかたは男性についてである)」と記している。

③　ヒスクバル(乾いて縮こまる)

「ヒスクバル」は、芋など根菜類が、乾いて縮まっていることを言う。

　○イモガ　ヒスクバットル。(芋が乾いて縮こまっている。)

ヒスクバッタ芋は、しわがよって小さくなっている。共通語にも「竦む・竦まる」があるが、「スクバル」はこれに関係した語か。古語辞典の教示するところによると、「すくばる」「すくむ」、それに「すくやか」は同根の語らしい。

『岩波古語辞典』は、「すくばり」について《スクヨカと同根》とし、「こわばる。硬直する。」と説明している。その「すくよか」には《スクミ(竦)・スクスクシと同根。硬直しているさまが原義》とある。このさまは、人の心や体についてのこととみられるが、取りあげた「ヒスクバル」は、その語の形や意義の類似からして、この「すくばる」がかかわっているかと推察される。そうであるとするなら、人についてではなく、根菜の特定状況に限って言うなど、かなり限定的特殊的に用いられるようになっているのが注意を引く。

しかもその「ヒスクバル」は、「ヒ(干)」と「スクバル(竦ばる)」の複合語(干竦ばる)かと考えられる。収穫した根菜類が、単に硬直しているさまを言うのではなく、乾いて水分が蒸発したために、縮こまっていびつになっ

ているさまを言うのである。その点、状態を細かく言い表している。農村ではよく見かける情況であるが、それにしても、収穫後の不始末を、何がしか後悔する、そんな切ない思いも残る有りさまである。「すくばる」が、基本義は根強く伝承されていながら、地域の農村の生活の実情に合わせて特殊化した、そんな実情もうかがわれる語である。

広戸(1963)によれば、山陰の石見には「ひすぼる」があるようで、「生の物が乾いて小さくなる。」と説明されている。

④ ズエル（崩れる）

「ズエル」は、崖や岸などが崩れることを言う。

○ヤマガ ズエトル。（山の崖が崩れている。）

風雨が荒れて去った朝など、山の斜面が崩れて、山肌がむきだしになっていることがある。また、田んぼの畦が崩れていることもある。こんな状態を言うのが「ズエル」である。ずりおちるニュアンスがある。その点では、やや広い意味を持つ「崩れる」とは違っている。

○イシガケガ ズエタ。（石垣が崩れた。）

こうも言う。

古語に「潰ゆ」という語がある。『岩波古語辞典』は、「潰え」の文字をあて、その意味を「つぶれる。くずれる。」と説明している。「ズエル」はこの古語に関係があると思われるが、いま一つ、この「潰ゆ」に近いと見られる語に「ツエル」がある。この語は、腫物がつぶれることを言い、他動詞は「ツヤス」である（→ p.72）。「ズエル」と「ツエル」は、意味は類似しているが対象や規模が違っている。あるいは、「ズ（ヅ）エル」の語頭の濁音は、後世、事柄や規模を強調するための特定の効果をねらって、また事がらの区別を意識して、使用のうちに、おのずから生じたものではなかろうか（小松1981, 参照）。

『邦訳日葡辞書』によれば、同辞書は、「ツユル（潰ゆる）」の項に、「腫物が潰えた、すなわち、潰れた」と共に「石垣、または、崖が潰えた」をあげている。これからすれば、少なくとも中世の京都にあっては、「ツユル」が、腫物と石垣・崖との、両方の潰えることを意味していたとみることができ

る。それが、今日では、共通語の世界では姿を消しているが、当生活語の世界では、二つの形と意味に分化させて伝承してきたもののようである。

　なお、この語は、中国地方の他域にも何がしかの分布が見られるようで、山陰の石見、山陽の瀬戸内での分布が報告されている（広戸　1963・藤原1998）。

⑤　ウゲル（崩れる）

　「ウゲル」も、上項の「ズエル」と同様に、崖などの崩れることを言う。ただ、その崩れかたにいくらかの違いが見られる。「ズエル」にずりおちる意味あいがあるのに対して、「ウゲル」には、えぐられるように崩れるという意味あいがある。

　○タノ　ゲシガ　ウゲトル　ゾ。（田んぼの畦が崩れているよ。）

大雨による被害を報せた一用例である。山は「ズエル」ことが多く、田の畦は「ウゲル」ことが多い。崩れの場所にも、また規模にもよろうか。

　「ウゲル」はまた、爪やかさぶたがむけて剝がれることにも言った。

　○ツメガ　ウゲタ。（爪が剝がれ落ちた。《傷の状態を告げて》）

これは重傷である。

　古語にも「うぐ」（穿ぐ）がある。『岩波古語辞典』は、この語の意味を「①穴があく。②かさぶたがとれる。」と説明している。当生活語の「ウゲル」は、「穴があく」とはいささか違っているが、それでも崩れかたのニュアンスは類似している。それにしても、「かさぶたがとれる」とは、よく言いあらわしたものだと、またよく伝承したものだと感じ入る。共通語ではほとんど聞かれないこの語も、地域の特定状況と結びついて、今日まで生きてきたものと見える。

　「ウガス」という他動詞もある。

　○ソコノ　イシュー　ウガーテ　ミー。（そこの石を剝がしてみな。）

少年の頃、川の底の石をウガシて、よく小魚を探したものである。このように、大きな石を剝がすことは「ウガス」であった。土くれや木の根などを、鍬を深く打ちこんで掘りおこすこともそう言ったか。道で転んで、足の爪を剝がすことが稀にあったが、これもまた「ウガス」であった。ただ、ポスタ

ーや切手を剥がすことは「ハガス」としか言えなかった。農山村のかつての生活に、ポスターも切手も縁遠い存在であったことは事実であるが、それにしても、「ウガス」は、紙程度のものではなく、一定の重量感のあるものに対する行為というイメージがある。

　藤原（1998）は、瀬戸内海域の類似の動詞の、「オゲル」「オガス」をあげている。

(6) 祭事関係

　この項では、祭りごとに関して、主として動詞連用形からの体言を中心に取りあげることにした。祭りごとは、特定の地域や家に限るものではなく、日本に広く伝承されてきた信仰であり行為である。この分野に、動詞からの体言が多く見られるのも、その信仰の行為やかたちが、特定化し慣習化した結果と見られようか。それがまた、例えば「祭り」の行為と語に見られるとおり、多くの地域を覆う共通の慣習ともなっているのである。

① **オハライ（神に祈って誦む詞）**

　「オハライ」が、「祓ふ」の連用形からきていることは多く言うまでもない。「祓ふ」は、神に祈って、罪・けがれ・災いを取りのぞくことである。この行為自体を「はらへ」と言うことがないでもないが、その神事に、神主が誦む詞を「オハライ」と言うことのほうが普通であった。

　60〜70前頃までの農山村では、このような神事が多かった。村中総出の村祭りは言うまでもなく、家単位で行う祭りなどの神事も少なくなかったのである（後項）。そのような神事では、必ず神主が招かれ、神主は、火の神、かまどの神、水の神など、家に祀った神がみの前で「オハライ」を誦み、家内安全と無病息災を祈った。その「はらへ」については、大野（1976）の記事がある。

> 日本語のハラヘは、私の考えでは、ハルとアヘ（合）の複合した言葉だと思う。ハルとは、晴、遥か、遥けしなどと、語根を同じくする言葉で、これらの「ハル」は遠くまで途中をさえぎるものが何も無く見通せるさまをいう。（中略）アヘ（合）とは、合わせる意味である。（中略）

状態に合わせて、途中をさえぎるものを無くする、無にするというのが原義である。(p.14)

罪障の程度に応じて大小のハラヘを行ったようで、これが、やがて後の弁償にもつながるとされる。

さて、古い信仰の上で、家の犯す罪・けがれは、今日から見れば避けがたいものも多かったかのようである。死は大きなけがれである。人の場合、近親者の死にあった忌中の一族は、一定期間、神社への参拝はできなかった。血もけがれである。月役中の女性は、家中でも、神棚を祀った部屋に足を踏み入れることをひかえた。お産の場合も同じことである。犯せば神の祟りや災いがあると信じられていたのである。獣の肉も食べることがはばかられた。それほど身近ないましめであるから、生活上やむを得ないで、あるいは知らず知らずのうちに犯してしまう罪けがれの類は少なくない。これを祓除するのが家のオハライ神事である。

祓詞の始まりは「祓へ給ひ清め給ふ事をもろもろ聞こしめせと宣る」である。その「清め」を次項で取りあげよう。

② キヨメ（清めの神事）

家での祓いの神事を「キヨメ」と言った。この語が、動詞「清む」の連用形からのものであることは言うまでもない。上項でも触れたとおり、生活上やむを得ず、あるいは知らず知らずのうちに犯してしまう罪けがれの類は少なくない。これを祓除する神事が「キヨメ」である。一年のうちに一度はこの神事を行う家が多かったが、そうでなくても、不幸が続いたりした年などは、特別に神主を招いて家のなかを清めた。その神事の時期は、しぜん、冬場などの農閑期が選ばれた。その「キヨメ」の神事は、「オハライ」を誦むのが中心であったが、また、神主は、家族一同を集めてその頭上で幣をふり、罪けがれを祓った。

祓詞にもあるとおり、「清む」は、古くから、土着の宗教の信仰の上で重要な思想であり、行為であった。『岩波古語辞典』は、「清む」について、「清くする。けがれやよごれを除き、きれいにする」と説明している。

今日一般には、けがれの意識は薄いかのようである。上掲の古語辞典は、

「穢る」について、《ケ（褻）カレ（離）の複合か。死・出産・月経など異常な状態、触れるべきでない不浄とされた状態になる意》と解説しており、その名詞形の「穢れ」の意味については、「①月経 ②不浄 ③服喪」と説明している。けがれを非日常的な現象とするのであろう。今日では、信仰の心が薄いとされる都会人などは特に、「月経」は言うまでもなく、「服喪」についても、けがれの意識はさほどないかのようである。葬儀の参列者に、葬儀社の気配りで、「お清め」の塩が配られることも稀にはあるが、それを活用することも少ない。（なお、塩がけがれを除くという風習は何時頃、どういういきさつで起こったものか。言うまでもなく、当地域には、祓除に塩を用いることはない。）

さて『広辞苑』も、「穢れ」について、「きたないこと。よごれ。不潔。不浄。」を第一にあげている。いわば、今日の一般認識である。したがって「清め」の意味も、まずは「掃除」であり「清掃」である。信仰心の後退してしまっている現状では、これもやむを得ないことである。

③　マツリ（神に祈る儀式）

「マツリ」は、言うまでもなく「祀る」の連用形からきている。五穀豊穣・家内安全・無病息災を神に祈ることで、かつての農山村では誰でもが祈念する事がらある。本来の「まつる」について、『岩波古語辞典』は、《神や人に物をさしあげるのが原義》と解説し、その意味を「潔斎して神を迎え、神に食物その他を差し上げもてなして交歓し、生産の豊かなこと、生活の安穏、行路の安全などを求める。」と説明している。大野（1961）は、さらにことばをついで、

　　大きな「まつり」の行事が神社で行なわれた。その「まつり」には集団
　　の人々がすべて集まり、神様をなぐさめるための舞踊や音楽がつきもの
　　であった。これが神社のお祭りの起源であり、(p.59)
と述べている。

農山村のかつての常識も、祭りと言えば神社での祭礼である。上の引用文でも指摘するとおり、村中あげての集団の祭りで、「神様をなぐさめるための舞踊や音楽がつきもの」というのも納得させられる。当地域の祭りでも、

「巫女舞」や「神祇」は必須のものであった。「巫女舞」は、小学生女2人による神前での演技であり、「神祇」は、青年男中心の16人による、伝統の衣裳をまとってする、太鼓や鉦の楽打ちである。いずれも、この要員に選ばれることを名誉とした。

ところで、祭りの行事で重要な今一つのことは神輿かつぎである。神のお供をする青年（かつては壮丁）は、精進潔斎をして白衣をまとい、厳重にお祓いを受けた。いわば氏子の代表である。このことに関連して、宮田(1997)は、祭りに参加する者は、けがれを排除する必要があったとして、次のように述べている。

> 神社の祭りでは、専職の神主が、俗人の代行をして、ケガレを祓う、つまり精進潔斎の行法を行なっている。本来は、祭りを支える氏子全体が帰属する社会のケガレを、神祭りのハレの場で除去することが大きな目的であった。(p.40)

ここでは、社会の「ケガレ」と、祭りの「ハレ」とを対応させて、祭りの意義を解説しているところが注意される。本来は、社会のけがれを祓除することが祭りの大きな目的であったとしている。

社会のけがれに対しては家や個人のけがれがある。これを祓除するのが、上項の「キヨメ」である。また、家のレベルでも祭りと称する行事がある。家で祀る、いわゆる祠の祭りである。「荒神祭り」「稲荷祭り」などがそれである。その祭りの手順や内容は、上項の清めの神事に等しい。ただ、これらの祠の神には、少数ながら信者の講のあるのが普通である。年一度の祭りの期日には、祠を管理する家に講中の人が集まって祓いを受け、また神と共食して交歓した。

昨今の農山村は人口の流出が激しい。古来の信仰もかなり薄らいできた。そのような流れのなかで、清めも祭りも過去のものとなりつつある。

④　ナラシ（練習）

「ナラシ」は「慣らす」の連用形からのものであろう。村祭りの神祇の総練習に限って言う。鉦太鼓による伝統のリズムの音は、聞く者の、祭り心を浮き立たせた。

「慣らす」は古くからある語のようである。『岩波古語辞典』によれば、この語を「ナレ（慣）・ナラヒ（習）と同根」としている。一つことを繰り返し行って、落度がなくなるように慣れることが基本義のようである。同辞典に体言形の「慣らし」もあげてあり、「身に慣れさせること。練習」としている。現代語の一般では、「慣らし」は、「足慣らし」「手慣らし」のような複合要素としてならともかく、単独では、もはや用いられないかのようである。それが、当生活語では、祭りの神祇の総練習に限ってのことではあるが、単独で行われているのが注意をひく。古くから神祇の練習と密接に結びついていたものか。

山陰一帯にも「ならし」があるとされる。広戸（1963）は、この語の意味を「予備練習」とし、「運動会のナラシをする」を例としてあげている。当生活語では、上でも触れたとおり、「運動会」についてはこうは言わない（運動会は「総練習」「予行練習」である）。なお、藤原（1988）は、瀬戸内海域の方言の「ナラス」をあげ、「稽古する（ただしこれは秋祭りの獅子舞いについて言われるばかりである）」と注記している。

⑤　**カシコマル（正座する）**

「カシコマル」は、正座することを言う。「畏む」の伝統を引いた言いかたである。「清め」も「祭り」も、当家の家族一同は、「オハライ」を誦む神主の後に控え、正座して慎む。正座を表すこの語の生活と由来については、前章の「カシコマル考」に詳述した（→ p.49）。

　む　す　び

以上、中備後に位置する小野の生活語の、動詞の生活とその推移について記述した。共通語ではすでに消滅するか、あるいは使用の薄れているかしている動詞で、なお当地域の生活のなかで、活力をもって生息している語に焦点をあてようとした。このような事情もあって、取りあげた語のあいだに、体系性や関連性の見られにくいことになったのはやむを得ない。

古語辞典によって、古動詞やその成り立ちを、部分的ながらかいまみて、

その世界が存外に広く、また生活上合理的であるのも感を深くした。また、当生活語の動詞の基本的な部分の多くが、それらの古動詞と関係の深いことにも、当然のこととは言え、思いを新にした。

　当地域に生きる動詞を、古動詞や今日の共通語の動詞と比べて見て気づくことの一つは、その意味が概して具体的で、しかも限定的であるということである。このことは、言いかえれば、地域の現実の生活に密着して、あるいは地域の生活の要求にしたがって、動詞も変遷してきたということであろう。さらには、農山村の特殊な生活と、その緩やかな変遷とが、しぜんのうちに育んだ動詞とも言うことができる。

文　献

東条操編（1951）『全国方言辞典』（東京堂）
大野　晋（1961）『日本語の年輪』（有紀書房）
大野　晋（1976）『日本語の世界』（朝日新聞社）
広戸惇他（1963）『島根県方言辞典』（島根県方言学会）
亀井孝他（1964）『日本語の歴史4』（平凡社）
国立国語研究所（1967 A）『日本言語地図2』
国立国語研究所（1967 B）『日本言語地図解説2』
国立国語研究所（1991）『方言文法全国地図2』
藤原与一（1974）『瀬戸内海言語図巻』下（東京大学出版会）
藤原与一（1988）『瀬戸内海方言辞典』（東京堂出版）
藤原与一（1996 A）『日本語方言辞書』上（東京堂出版）
藤原与一（1996 B）『日本語方言辞書』中（東京堂出版）
藤原与一（1997）『日本語方言辞書』下（東京堂出版）
柴田　武（1979）『ことばの意味2』（平凡社選書）
柴田　武（1995）『日本語を考える』（博文館新社）
小松英雄（1981）『日本語の世界7　日本語の音韻』（中央公論社）
長尾人志（1990）『岡山県小田郡矢掛町横谷方言集』（非売品）
宮田　登（1997）『正月とハレの日の民俗学』（大和書房）
神部宏泰（2006）『日本語方言の表現法』（和泉書院）

二、形容詞の生活とその推移

はじめに

　生活語の形容詞は、国語の伝統に生きながらも、地域の風土と、そこに培われた生活感覚に特色づけられて、個性的な生態を見せることも少なくない。本節では、主として中備後に位置する神石高原町小野の生活語によりながら、注意すべき特定の形容詞を取りあげ、その存立と推移の実態について問題にすることにしたい。

1. 形　　態

　はじめに、特定の形容詞の形態の、地方的な変容について注目したい。これらの変容が、地域の特性に基づいた現象であることは言うまでもない。形容詞の史的推移の、一つの必然的な変遷とも見ることができる。

(1) 変容

　形容詞で、注意される形をとる語に、「トイー」(遠い)、「オイー」(多い)がある。共通語では、これが、「トーイ」「オーイ」と発音されることは改めて言うまでもない。「トイー」などの言いかたは、当生活語に限らず、西日本方言の一つの特色ともなっている。なぜこのように発音されるのか。本項ではこの変容の過程について、一つの試論を提出したい。

　ここに、対比して検討すべき語群に、「酢い」「濃い」がある。これらは「スイー」「コイー」と発音されている。この言いかたも、西日本で一般的である（徳川　1979，参照）。原形が「スイ」「コイ」であるとすると、「スイー」「コイー」はどのような過程を経て成ったものか。ここで注意されるのは、これらの形容詞の連用形が、「スユー（なる）」「コユー（なる）」となるこ

とである。この地域は「ウ音便」の現れるところで、仮に形成の跡をたどれば、〔sui + ku〕が〔sui + u〕となり、これが〔suju:〕となって現れるのは当然の推移でもあった。この連用の形に、終止の言いかたが影響されるということはなかったであろうか。つまり「スイ」が「スユイ」に、「コイ」が「コユイ」になるような変化である。現に行われている「スイー」「コイー」は、直接には、この「スユイ」「コユイ」からの変化とみるのである（jui ＞ ii）。事実、「スイー」「コイー」の、意識の底に隠れた原形を求めようとすれば「すゆい」「こゆい」にいきあたる。現に、「酢ゆい」「濃ゆい」を共通語ふうな言いかたと意識している若い人もいる。

　この推測を支持する事例が他にもある。例えば「痒い」の「カイー」、「怠い」の「ダイー」などがそれである。この「カイー」「ダイー」の改まり形としては、「かゆい」はむろんのこと、「ダイー」ついても「だゆい」の意識がある。連用形も「（手が）カユー（なった）」「（足が）ダユー（なった）」である。ただ、「ダイー」についてはいくらか説明がいろう。この語の古形の「だゆし」は、「たゆし（懈し）」からのものとされている。後には「だるし」ともあった。当生活語では、共通語ふうには「ダリー（だるい）」とも言うが、「ダイー」がなじんでいる。「カユイ」が「カイー」となり、「ダユイ」が「ダイー」となるのは、言うまでもなく、kajui, dajui の語尾の ui 連母音が ii と発音されるからである。とすれば、上述の「スイー」「コイー」も、意識下に潜在する sujui や kojui の実現形であると考えられる。

　「酢い」「濃い」に関して言えば、これらの語に、語幹を保持する意識も働いたのではなかろうか。つまり「酢い」(sui) の語尾の ui 連母音が、そのままで融合すれば、語幹が曖昧になったであろう。「濃い」(koi) にしても、語尾は oi ながら、事情は同様である。

　さて、問題は「トイー」（遠い）、「オイー」（多い）である。これらの語にも、意識下に、「とゆい」「おゆい」が潜在しているように思われる。当生活語を含む西日本で盛んな、語尾の oi 連母音の融合現象（oi ＞ ee）も、「トイー」「オイー」の形成に、どの程度にかかわっていようか。むろんその連用の言いかたも、「トユー（なる）」「オユー（なる）」である。このように見

れば、「トイー」「オイー」も、上に取りあげた「カイー」「スイー」「コイー」などと、同類形式語としての意識が存在した結果であるように考えられる。一つの試論である。

(2) 連母音

形容詞の語尾には連母音が目立つ。上項で取りあげた「痒い」には ui が見られ、「遠い」には oi が見られる。「寒い」「暑い」「薄い」、「黒い」「白い」「遅い」など、その類例は多い。それぞれ融合して行われるのが一般であるが、なかで注目されるのは「赤い」「浅い」「甘い」などの ai 連母音である。

一般に、ai は、〔æː〕〔aː〕両様の融合を起こす。〔æː〕となることが多い。形容詞については、次のように行われる。

○ナガェーノモ　アリャー　ミジカェーノモ　アル。（長いのもあれば、短いのもある。）

○コリャー　ウメェー　ワー。（これはうまいわい。）

これらの用例には、「ナガイ」の「ナガェー」〔nagæː〕、「ミジカイ」の「ミジカェー」〔miʒikæː〕、「ウマイ」の「ウメェー」〔umæː〕が見られる。さらに実例のいくつかを掲げよう。

アカェー〔akæː〕（赤い）　カタェー〔katæː〕（固い）　ワカェー〔wakæː〕（若い）　ハヤェー〔hajæː〕（早い）

これらの ai 連母音は、また、「アカー」〔akaː〕、「カター」〔kataː〕のように、〔aː〕とも発音される。両発音の差は、単なるゆれによるものではない。両者の間には、表現効果の上でも一定の差異がある。比較すれば、〔æː〕がていねいで、やや意識的か。〔aː〕はごく日常的で、ややぞんざいである。前者には若わかしい感じがあり、後者には老成した感じがある。前者が女性的、後者が男性的と言えるかも知れない。ナ行音文末詞を例にとれば、「ナ」が女性的、「ノ」が男性的と言うのに、概略似ている。このニュアンスを、「ない」をもって表せば、次のとおりである。

○ソリャー　アンタンジャ　ネェー　ン。（それはあなたのではないの。）

○ウチンジャ　ナェー。（私のではない。）

こういう物言いは、若い女性にふさわしい。

○ワシャー　ワカー　トキカラ　クスリュー　ノンダ　コトガ　ナー。
　　　　（俺は若いきから薬を飲んだことがない。《健康自慢。老男》）

とあれば、老いた男性の物言いにふさわしい。ただ、このような両様の発音が見られるのは、語の種類によって違いがある。

　名詞上に観察される ai には、順行同化が見られない。「ダェーコン」〔dæ:kon〕（大根）であり、「ハクサェー」〔hakusæ:〕（白菜）であって、「ダーコン」とも「ハクサー」ともならない。このことは、ai の i が、実質上、語の意味を支える、欠かせない要素になっているからではないか。同化は起こっても、a と i とは、それぞれに主体性を発揮して他を牽引し、一方に化することができなかったと思われる。言いかえれば、相互同化は、語の形と意味に支えられた発音なのである。

　形容詞は、辞的要素のかかわる余地の大きい語である。これが文末に立てば、話し手の情意が表れやすい。上で触れたとおり、〔a:〕はごく気らくで、ぞんざいな表現効果を表しやすいが、ここにも、この発音を選択する、話し手の何らかの表現心意がある。語の形と意味にこだわって、緊張して発音すれば〔æ:〕となりやすい。このような、いわば律義な発音であれば、品位は悪くない。ていねいとも、女性的とも受けとられるのは、理のあることと思われる。

　両変化音の混在は、当地域に限らず、備後一帯に見られる現象である。この地域を西にたどれば安芸である。安芸は〔a:〕の盛んな地域であって、備後の〔æ:〕と対立している（町　1987・藤原　1997・神鳥　2001）。一方、備後の東方に広がる備中・備前は、〔æ:〕をはじめとする相互同化の著しい地域である。このような分布状況を大観すれば、備後は、西方への流れと、東方からの流れが交錯する位置にある。こうであるとすれば、あるいは備後も、かつては〔a:〕の盛んな地域であったのではないか。その古層の上に、東方から新しく〔æ:〕が波及してきたと考えられる。当該地域における両音の併存状況は、明らかに、順行同化の〔a:〕が、早くから土地になじんで

いた事態を物語っている。一方、相互同化の発音の実際は、たしかに若わかしい語感を持っている。

　当該地域ではまた、近年、年少の女性に、わずかに、ai の同化音の〔e:〕の聞かれることがある（例、「イテー」〈痛い〉）。これは〔æ:〕の変化音であると推察される。備後南部地域でいっそう著しい。そして、この変化音は備中南部へとたどられる。と言うより、備中南部からの波及と言うのが適切であろう。備後地域の同化音の存立については、解釈の試みはさまざまあるが、いずれにしても、備中・備前の相互同化とその影響を問題にすることなくして、当該地域の同化音とその推移を説くことはできないのである。

2. 意　　味

　この項では、地方色の濃い形容詞の一斑を取りあげ、主としてのその意味の面を問題にすることにする。地方色と言えば、おのずから古態に注目することになろうか。古態と言えば、共通語も含めて、形容詞の多くは古い起源を持っている。が、ここでは、共通語ではすでに消滅するか、あるいは影を薄めるかしていても、なお当生活語では、一定の活力をもって活動している形容詞を取りあげることにしたい。それらの形容詞が、この地域に生きているということは、その語を支える生活環境と、その生活環境に生きる心情とが、なお存続しているばかりでなく、その語の生きる新しい環境を拓いていることを物語ってもいようか。ここでは、それらの形容詞の生命力を把握することに専念したい。取りあげる順序は任意である。

① キョーテー（恐ろしい）

　「キョーテー」〔kjo:te:〕は「気疎し」からきていよう。「チョーテー」〔tʃo:te:〕とも言う。若い層の人たちも、日頃、ごく普通に用いる形容詞である。よく嚙みつく犬におそわれたりしたときなどの恐怖感がこれにあたる。そんな犬を指して「キョーテー犬」と言うこともある。理不尽な危害を与えかねないからである。概して「キョーテー」は、対象の状態について言うことが多い。子どもが興味を持つ「キョーテー話」とは、怪物などが出て

きて危害を与えたりする、恐怖感のある話のことである。
　○ヤレヤレ。チョーテー　メニ　オータ　ジヨー。(なんとまあ。恐ろしい目にあったよう。《崖から落ちそうになって。老女》)
恐怖の体験を語っている。相手が理不尽な動物や怪物でなくても、咄嗟に出来した危機や恐怖の体験は「キョーテー」の対象である。
　墓場や幽霊はどうか。実際に、
　○ハカェー　ヒトリデ　イクナー　キョーテー。(墓へ一人で行くのは恐ろしい。《子ども》)
と言うことがある。ここには、死人や霊に対する恐怖があろう。が、このことはかなり微妙である。墓地や霊などは、異常な雰囲気の醸す、心理的な恐怖感が大きいからである。場所が山地であったり、夕暮れであったりすればなおさらである。そういう情感は、「サベシー」(さびしい)で表すのがふさわしい。それにもかかわらず、ここで「キョーテー」を言うのは、死人や霊に対する恐怖の意識が、かなりの具体性を持っていた故であろう。

「サベシー」は、上でも触れたとおり、状態面よりも、情意面を言うのが普通である。言いかえると、雰囲気からくる心細さがその対象である。
　○ヒトリデ　オルナー　サベシー。(一人で〈家に〉いるのはさびしい。《留守番を頼まれた少女》)
その用例である。夜の一人居ともなると、子どもにとっては「サベシサ」も一入である。また、田舎では、人気のない荒れた場所の一つや二つはある。たいてい狐が出るとかの噂の場所である。夜、そこを通るのは「サベシー」とも「キョーテー」とも言う。「サベシー」はその雰囲気に負け、「キョーテー」は架空の魔物に怯えてのことが多い。幼児語で、お化けのことを「オッチョ」と言うが、これは「おお、ちょうと（おお恐）」からのものか。

　さて、「キョーテー」に関わりがあると思われる、「キョートマシー」という形容詞がある。「気疎まし」が原語であろう。が、この語の成り立ちは単純でないかのようである。それには、かつて「気疎む」という動詞の存在したことが前提になる。山崎 (1973) は、形容詞の成立を、動詞の下に「情意性接辞アシが伴われて成立したと考えられるので、」(p.83) と述べている。

阪倉（1978）はまた、「動詞がア段の語尾をとったものに接尾語『し』が接して、形容詞が構成される」（p.86）としている。なぜ「アシ」であり「し」なのか、そのことは今は問わないとして、それらの説に従えば、「気疎まし」も、「気疎む」に「アシ」あるいは「シ」が接して成った形容詞とみることができる。

　○キョートマシー　コトー　ユー。（とんでもないことを言う。《子どもの法
　　外な要求にあきれて。母親》）

その一例である。例文のとおり、「キョートマシー」は、「キョーテー」と違って、シク活用の、情意性の勝った形容詞になっている。

　なお、「キョーテー」は、今日では、備後のほか、岡山・鳥取県下に分布している（徳川　1979・藤原　1990）。

② **ヤゲローシー（騒々しい）**

　上項についで、「キョートマシー」に類する成り立ちを持つと見られる形容詞を取りあげよう。「ヤゲローシー」がそれである。この語の一方には、類縁の「ヤゲル」という動詞があり、現に生きている。「うるさく騒ぐ・しつこくせがむ」というぐらいの意味である。

　○イツマデーモ　ソコデ　ヤゲンナ。（いつまでもそこで騒ぐな。《うるさく
　　騒いでいる子に。老女》）

子に言うことが多い。癇にさわる騒ぎかたである。

　「ヤゲローシー」は、「ヤゲル」に、「アシ」あるいは「シ」が接して成ったものか。とすれば、「ヤゲラシ」「ヤゲロシ」を経て、今日に至ったとしてよかろうか。シク活用の、情意性の強い形容詞になっている。これが、中央語に見られない語であることは言うまでもない。

　○アー　ヤゲローシー。（ああ、うるさい。）

騒々しい子たちに、とうとう音をあげ、腹を立てての発言である。自己の感情の表出であるが、むろん相手を規制する効果も持つ。

　これに類する他の一語がある。「スバローシー」である。共通語では「うっとうしい」が対応しようか。これにも、対応する動詞「スバル」がある（→ p.188）。「いじけて不平を言う・ひねくれる」というほどの意味である

が、本来は世間や身代が狭くなることを言ったものか。
　　○アェーツァー　マダ　スバリョール。(あの子はまだいじけてぶつぶつ言
　　　っている。《子のしぶとさに閉口して。母親》)
この語も子について言うことが多い。陰気な抵抗である。
　「スバローシー」も、上説に従えば、その「スバル」に、「アシ」あるいは「シ」が接して成ったことになる。「スバラシ」「スバロシ」を経て、今日に至ったものと解してよかろうか。これも、シク活用の、情意性の強い形容詞である。
　　○アェーツガ　オリャー　スバローシューテ　イケン。(あいつがいればうっとうしくて困る。)
「スバローシー」は、このように、うっとうしくて、不愉快な感情を言う。また、語幹に「ゲナ」をつけ、形容動詞化して用いることもある。「スバローシゲナ顔」と言えば、「陰気な顔」ということになる。

③　シオハイー（しおからい・塩鹹い）

　「シオハイー」（しおはゆい）は「鹹し（シホハユシ）」からの語とされている。塩味が異常に濃いことを言う。塩味がやや効きすぎの程度のことでは言わない。その場合は、ただ「カラェー」（からい）である。したがって厳密に言えば、「シオハイー」と「カラェー」とは同じではない。
　　○コノ　オツァー　カラェー。(この味噌汁は塩からい。)
「カラェー」の一例である。「シオハイー」となれば、舌を異常に刺激し、時に吐きだしたくなるようなからさである。
　「シオハユイ」は「ショッパイ」なって東日本に広く分布し、西日本の「カライ」と対立している（『日本言語地図1』）。大野（1974）は、「シオハユイ」について、次のように述べている。
　　シハハユシは鹹という字の傍訓に見出される（私注、類聚名義抄）。鹹は
　　塩からい意である。これは後にシホハユシに転じ、シオハユイを経て現
　　在ではショッパイという。シハハユシはこれの祖形である。ハユシと
　　は、むずかゆいことを指すから、シハは、やはり舌とか唇とかである。
　　これらの例を通して見ると、ここに語根シハがあり、それは、恐らく舌

二、形容詞の生活とその推移

とか唇とかを意味していたに相違ない (p.137)。
「シオハユイ」の原形について述べている。本来は、舌または唇のむずかゆいことを言ったらしい。東日本の「ショッパイ」地域には、西日本の特定地域に見られるような「シオハユイ」と「カライ」の区別があるのかどうか。柴田 (1995) は、「東京の人でも、ショッパイは塩がききすぎて、よくない状態のことに使うことが多いようだ。」(p.31) と述べている。

「日葡辞書」は、「五味」として「スイ、ニガシ、アマシ、カラシ、シワハユシ」をあげている。また別の項に、「シヲハユイ」をあげ、「塩がきいて塩からい（もの）、または、塩味のある（もの）」としている。これからすると、どうも「カラシ」と「シワハユシ」とを、区別してあげているかのようである（土井 1980）。それにもかかわらず、西日本の広い地域で、塩味を「カライ」とのみ言うようになったのはどのような事情によるものか。ともあれ、「カライ」の一般化するのは中世以降のことであろうか。徳川 (1979) は、「カライは、東海・関東南部などにもくいこんでいることが注目される。東京をはじめ関東では、ショッパイよりもカライの方を上品なことばとして意識する傾向にあるようであるが、これはカライが東京を含む関東へ塩味を表わす新しい勢力として侵入したことを暗示する事象である。」(p.218) と述べている。塩味は「カライ」が新勢力であることを指摘しているのが注目される。

当生活語では、「カラェー」は、塩味のほかに、芥子や唐辛子の味についても言う。文字で表せば「辛い」である。これは共通語でも同様である。古くは、この両者にさほどの区別はなかったかのようで、『岩波古語辞典』は「からし」について、《舌を刺すような鋭い味覚。古くは塩けにも酸けにも使う》と解説している。舌を刺すような刺激は、芥子や唐辛子の味も同様である。かつては酒の味についてもこう言ったかのようで、現在でも「辛口」のような言いかたにそれが偲ばれる。幼児語に、酒のことを言う「アッカ」があるが、これは「ああ、から」の特殊化したものか。（顔や手が赤くなるからとの説もある。）

ところで、「カラェー」を言うにあたって、日常、塩味と唐辛子味を混同

することはきわめて稀である。少なくとも今日の食卓では、塩味のほうがかなり優勢である。唐辛子などは、白菜や大根など漬けこむときには、防腐用として大量に用いることがあっても、食卓では、特に子どもや女性などには縁の薄いものであった。両者を特に区別する必要のあるときは、「塩からい」「唐辛子からい」のように言った。逆に、塩味の薄いことは、共通語と同様に「塩がアメー（甘い）」と言うのがつねであった。また、

　〇チート　ショーケガ　タラン。（少し塩気が足りない。）
のように言うこともあった。

　なお、西日本でも、塩味の「カライ」の進出は、従来の「シオハユイ」の影を薄めることにもなった。その結果、多くは消滅したが、いくらかは「からい」の意味の不足を補って、特定の地域に残存した。今日、山陰には広く残存しており（広戸　1963）、また瀬戸内海域にもこれが見られる（藤原　1996）。

　ちなみに、「シオハユイ」の「ハユイ」に類する例として、柴田（1995）は、酸味の「スハユシ」（酢はゆし）をあげている。これを、関東一円に分布する「スッパイ」の前身と見る。もっとも、この「スッパイ」の成立については異説もある（徳川　1979）。

④　クスバイー（くすぐったい）

　「クスバイー」（こそばゆい）は「こそばゆし」からきている。「クツバイー」とも言う。上項の「しほはゆし」や「すはゆし」に関連して、ここで「こそばゆし」を取りあげた。大野（1974）が「ハユシとはむずかゆいことを指す」と説明していることについてはすでに述べた。これに従えば、「こそばゆし」は、直訳的に言って、「こっそりと〈なんだか〉むずかゆい」ということになろうか。

　〇モー　ヤヌー。クツバイー。（もうやめろ。くすぐったい。）
その一例である。

　大阪では「こそばい」と言っているか（『上方語源辞典』）。「くすばい」は石見に（広戸　1963）、「くつばいい」は岐阜・京都・鳥取・広島・愛媛に分布の記録がある（『全国方言辞典』）。

なお、別語ではあるが、西日本には「まばゆし」（まぶしい・目はゆし）およびその系統の語が広く分布している。「はゆし」を接辞としている点が注意されるが、当方言にはそれがなく、その「まばゆい」相当する「ヒズラシー」がある。関連して次項で取りあげよう。

⑤　ヒズラシー（まぶしい）

　「ヒズラシー」（ひつらし・ひつらしい）は「日つらし」からの語であろう。上項で見たとおり、西日本には「目ばゆし」の系統の「マバイー」「ババイー」などが分布する（徳川　1979）が、当方言にはそれがなく、「ヒズラシー」の行われるのみである。これが、「日つらし」であるとすると、本来は、「日（太陽）」を直視することの堪えがたさを言ったものか。

　〇ヒガ　アタッテ　ヒズラシー。（日が当たってまぶしい。）

「ヒズラシー」の用例である。

　なお、徳川（1979）所収の「まぶしい」の分布図によれば、鳥取西部および山梨・静岡・愛知に「ヒズルシイ」が見られるが、これも「ヒズラシー」と同系の語と思われる。

　なお、別語のことではあるが、共通語の「めずらしい」も、「目つらし」が原語ではなかろうか。

⑥　ハガイー（じれったい）

　上来見てきた接辞に関連して、今一語取りあげよう。「ハガイー」（はかゆい）がそれである。この語は「歯かゆし」からのものとされる。「ハグイー」「ハギー」とも言う。「歯痒し」が原語か。他人の行為を見ていて、いらだったり、腹だたしく思ったりすることを表す。また、いつもいじめられるわが子の不甲斐なさ、悔やしさを言うこともある。

　〇ナカサレルバー　シテ　ハグユーテ　イケン。（泣かされるばかりして悔
　　しくてならない。《母親の嘆き》）

ここには、いじめっ子に対する腹だちと、不甲斐ないわが子に対するじれったさが表されている。

　〇ハギー。（悔しい。《負けて》）

自分が、競技か喧嘩にやられた後の悔しさである。ここにも、相手と自分に

対する腹だちが出ている。
　ちなみに、別語のことであるが、柴田（1995）は、「酸っぱい」の東北の言いかた「スッカイ」について、「東北地方などのスッカイは、ス（酢）にカユシ（痒し）がついたスカユシ（酢で舌がかゆい感じがする）となり、それからスッカイに変化したことばである。」（p.30）としている。ここに「かゆし」が出てくるのが注意されるが、「スッカイ」の成立については異説もある（徳川　1979．参照）。

⑦　タシナェー（乏しい）

　「タシナェー」（たしない）も注意される語である。隣家に初物など持って行った折り、その家の老爺が、恐縮して、
　　○マーマー　タシナェー　モノー。（まあまあ、数の少ないものを。）
と言っていたのを思いだす。『広辞苑』はこれを「足し無い・窮い」としている。この語の起源については、大野（1976）に詳しい。大野は、その意味を、「乏しい、少ない」と指摘した後で、

　　タシとは、物が乏しくて、困ってしまう、身動き出来ない状態になるという意味を、根源的に持っていた。だからたとえば、聖武天皇が東大寺の大仏を造られたとき、使用する黄金が不足して困るのではないかと心配されたことを、次のように歌っている。
　　　　　黄金かも　たしけくあらむと（黄金が　不足するのではないかと）
　　　（略）
　　右のタシケクも、少なくて困るということで、これらの例を見渡すと、タシとは、困窮して、身動きもできない状態だというのが根本の意味だったことが明らかである。（p.102）

と述べている。なお、当生活語で、「タシナェー」は、例の老爺が最後の使用者かのような感がある。ちなみに、その老爺は、隣から貰いものをしたときなど、
　　○タェーガータェー。（ありがたい。）
とも、つぶやくようにもらしていた。「堪え難い」（有り難い）という謝辞である。が、この言いかたも、その老爺と共に消滅したようで、絶えて聞くこ

とかない。

⑧ ショーラシー（しっかりしている）

「ショーラシー」は、主として若者について、「しっかりしている」の意味で言うのが普通である。子どもについて言うことも多いか。

○マー ショーラシー ナー。（まあ、しっかりしているねえ。）

従順でしっかりしている子どもを評した一例である。お使いの口上などもきちんとできる、いたずらもしない子は「ショーラシー」子である。言うならば、大人の立場から見て、評価に堪える子を言うのである。親が子を、他家へ使いか何かで送りだす場合も、

○イッタラ ショーラシュー セー ヨ。（〈先方へ〉行ったらおとなしくきちんとするのよ。）

と言い聞かせたりすることもある。

子どもに限らず、一般に、やるべきことを遺漏なくやり、折り目が正しい態度の人を「ショーラシー人」と言うこともある。

この形容詞の語源は、あるいは「しほらし」ではあるまいか。『岩波古語辞典』は、この語について、《シホは愛敬》と注した後で、「①愛らしい。可憐である。②つつましやかである。③優美である。柔和である。④けなげだ。感心だ。」と整理している。今日の共通語では、①②の意味で用いるのが一般であろうか。『新明解国語辞典』は「しおらしい」の意味について、「従順過ぎるほど従順で、思わず情けを掛けてやりたくなるほどだ。」としている。

ところで、当生活語の「ショーラシー」には、『新明解』の意は希薄である。上の『古語辞典』の整理に従えば、おおむね④の意味にあたろうか。これは、近世期起源の意か。「けなげ」（健気）と言えば、今日では、年少者を評して言うことが多い。その点でも「ショーラシー」の表す意味に適っている。

⑨ その他

上で問題にした形容詞以外で、なお注意すべき数語を取りあげる。おおむね古態の残存の観点に立っている。

(a) ジリー（じるい）

　雨が降るなどして、道などの泥がぬかることを言う形容詞に「ジリー」（じるい）がある。

　○ミチガ　ジルーテ　ヤレン。（道がぬかってたまらない。）

「じるい」は古語の「汁し」からのものであろう。当生活語では、日常、ごく普通に用いられる語である。

(b) チーケー（つゆっぽい）

　秋の野などで、草が朝露を含んでいるのを「チーケー」と言うが、これは「露けし」からのものか。『岩波古語辞典』は「つゆけし」について、「露を含んでいる。露にぬれている。」として、源氏物語の例を引いている。

　○チーキョーテ　アルカレン。（露っぽくて〈野を〉歩けない。）

　老若とも普通に用いている。

(c) ヨダケー（おっくうだ・大儀だ）

　「ヨダケー」（よだけい）も、古語の「よだけし」からのものである。『岩波古語辞典』は、「よだけし」を「よ猛し」とし、《ヨはイヨ（愈）の転》と注した上で、「①世間に対して仰仰しい。②（世間的にえらいので）大儀だ。」としている。世間に対して大仰な振る舞いをすることに、当事者のおっくうな気もちを表したものか。

　○オモーダキデモ　ヨダケー。（思うだけでもおっくうだ。）

　その一例である。

　西日本に点てんと何らかの分布が見られる（藤原　1997）。

(d) ヒダリー（空腹だ）

　「ヒダリー」（ひだるい）も、古語の「ひだるし」からのものである。

　○ヒダリー。ナンズ　クワセー。（腹が減った。何か食わせろ。）

(e)　ヒモジー（空腹だ）

「ヒモジー」（ひもじい）は、上の「ひだるし」の文字詞、「ひもじ」を活用させた語とされる。

　　○ヒルー　クートランケー　ヒモジューテ　ノー。（昼飯を食っていないから腹が減ってなあ。）

「ヒダリー」「ヒモジー」共に古老の物言いである。

(f)　シンデー（つらい、きつい）

「シンデー」（しんどい）は「心労」の転とされる。「心労」を活用させた形容詞（心労い）であろう。疲労や病気などによって、体のつらいことを言う。

　　○シンドー　ナッタラ　ヤスメ。（くたびれてきつくなったら休め。）
　　○カジョー　ヒーテ　シンデー。（風邪をひいてつらい。）

(g)　タェーギー（体がだるい・めんどくさい）

「タェーギー」（たいぎい）は「大儀」の転とされる。上の「心労」と同様に、体言の「大儀」を活用させた形容詞（大儀い）である。「大儀」は、共通語では形容動詞活用であるのが一般である。当方言でも、形容動詞活用（大儀な）も見られ、両用されている。

　　○キョーワ　ドーモ　タェーギューテ　イケン。（今日は何だか体がだるくてたまらない。）
　　○イクンガ　タェーギー。（行くのがめんどくさい。）
　　○イクンガ　タェーギナ。（行くのがめんどくさい。）〈形容動詞例〉

(h)　ケナリー（うらやましい）

「ケナリー」（けなりい）は「異なり」からのものとされる。『岩波古語辞典』は、「異なり」を「《普通でない、大したことであるの意から》うらやましい。」と説明している。が、引例は江戸初期の「説経」からである。「異なりい」は、これを形容詞として活用させたものである。

○ヒトガ　モットル　モナー　ミナ　ケナリーンジャ。(人が持っているものは、みなうらやましいのだ。《幼児のことを言う。母親》)

(i) アカェー (明るい)

　主として西日本地域の「アカェー」(あかい)に、「明・赤」の両意のあることはよく知られているのではないか。むろん当生活語でも、「明」と共に「赤」の意の「アカェー」があり、両語とも普通に用いられている。こうあって、日常、用法上の問題は特にない。両者に、用法の文脈に違いがあるからであろう。

　『岩波古語辞典』は「明し」の意味について、「《アケ(明)・アカシ(赤)と同根。「暗し」の対》としている。また、「赤し」についても、《アカシ(明)と同根。「赤色の感覚は「明」の感覚から生れた》と解説している。この解説をまつまでもなく、「明し」の意のほうが根源的であると解されるが、当生活語では、その古意が生きているわけである。

○モー　ソター　アコー　ナッタ。(もう外は明るくなった。)
○コッチノ　ホーガ　アカェー。(こちらの〈電球の〉ほうが明るい。)

その用例である。

　なお、「あかい」の、「明るい」を指す言いかたは、西日本に一般的であることは、上でも触れたとおりである(『日本言語地図1』)。

むすび

　本節では、中備後小野に行われる注意すべき形容詞の、主として形態や意味の推移について問題にした。「意味」の項では、特に古態の推移に注目した。それにしても、当生活語の形容詞は、このような特定現象を大きく包摂して、全体は有機的な組織をなして活動しており、地域に即してゆるぎがない。時代の新しい波を受け入れながらも、なお地域と生活の特性に生き、適切な広がりのなかにゆったりと流れている。形容詞全般の生態把握については、その広がりと流れに注目する必要がある。

文 献

広戸惇他(1963)『島根県方言辞典』(島根県方言学会)
国立国語研究所(1966)『日本言語地図1』
山崎　馨(1973)「形容詞の発達」『品詞別日本文法講座4』(明治書院)
大野　晋(1974)『日本語をさかのぼる』(岩波新書)
大野　晋(1976)『日本語の世界』(朝日新聞社)
阪倉篤義(1978)『日本語の語源』(講談社)
町　博光(1987)『芸備接境域方言の方言地理学的研究』(渓水社)
藤原与一(1990)『中国四国近畿九州方言状態の方言地理学的研究』(和泉書院)
藤原与一(1996)『日本語方言辞書』中(武蔵野書院)
藤原与一(1997)『日本語方言音の実相』(武蔵野書院)
徳川宗賢編(1979)『日本の方言地図』(中公新書)
土井忠生他(1980)『邦訳日葡辞書』(岩波書店)
柴田　武(1995)『日本語を考える』(博文館新社)
神鳥武彦(2001)『共時方言学攷』(清文堂)
中西　進(2006)『日本語の力』(集英社)

三、形容動詞の生活とその推移

は じ め に

　当生活語に行われる形容動詞は、その活用に関しても、用いられている語に関しても、当然ながら国語の史的な推移を如実に反映して複雑であり、また地域的な個性も内包していて、生活語の表現を、色どりの深い、豊かなものにしている。それだけに興味のある世界である。以下、その実情の一斑について取りあげ、問題にすることにしたい。

1. 形　　態

　形容動詞は、特にその活用形態に関しては、とかく議論の多い語である。詞としての認容についても諸論があって、今日、必ずしも一致を見ているとは言えない情況である。そのことには、この語そのものの性質や機能、それに形態の史的推移の複雑さが、多く関与していることは言うまでもない。ここでは、そのような議論には特にかかわることなく、語の史的推移の跡に関心を寄せつつも、当生活語の当該語を見つめて、主としてその生態を問題にすることにしたい。

(1) 活用関係
　当生活語の形容動詞を、上述の諸議論や、一応の安定を見ている共通語の活用体系と比べて、特に特徴的なのは、その活用関係である。
① **終止の言いかた**
　今日の共通語の終止形は、「親切だ」「元気だ」のように、「～だ」とするのが共通理解である。ところが、当生活語の本来形式としては、その言いかたは存在しない。「親切ナ」「元気ナ」「心配ナ」のように、「～ナ」とあるの

が一般である。
　○ココノ　ヒター　ミンナ　シンセツナ。（ここの人はみんな親切だ。）
　○オバーサン　ゲンキナ　ナー。（おばあさん、元気だなあ。《薪を背負っている老女を見て。中年女》）
　○マダ　モドランケー　シンパェーナ。（まだ帰らないから心配だ。《子の帰りの遅いのを気遣って。中年母》）

　この「〜ナ」は、本来、連体形とされるものである。連体形が終止形と同形になるのは中世以来のことで、ここで事ごとしく言うまでもない。あえて一言触れれば、その連体形の「〜ナ」は、本来は「なる（なりの連体形）」であったことはよく知られていよう。

　当生活語で、終止の言いかたが「〜ナ」であるということは、「〜だ」が一般化する以前の状況を示していることになる。言うまでもなく「なり」の系列は、中世以前の成立である。また、「である」の変化形である「だ、ぢゃ（じゃ）」は近世以降の成立で、この系列には連体形はできていない。

② 過去の言いかた

　「過去の言いかた」とは、概略的には「連用形」のかかわる言いかたのことである。今日の共通語の過去の言いかたは、連用形「〜だっ」の働く、「親切だった」「元気だった」のように「〜だった」となるのが一般である。ところが、当生活語の連用形に「〜だっ」はない。「親切ナカッタ」「元気ナカッタ」のように、「〜ナカッタ」とあるのが本来の言いかたである。
　○ミンナ　シンセツナカッタ。（みんな親切だった。）
　○オバーサンワ　ゲンキナカッタ。（おばあさんは元気だった。）
　○ヒトリジャケー　タェークツナカッタ。（一人だから退屈だった。）

　「〜カッ」が、形容詞のカリ活用の連用形であることは周知のとおりである。このカリ活用が、形容詞連用形の「〜く」に「あり」が結合してできた古い形式であることも、また周知の事実である。そのカリ活用の連用形が遊離し、「親切ナ」「元気ナ」「退屈ナ」などについて成ったのが、上の過去の言いかたである。ただし、比較的新しい成立かのようで、この形式は若い層によく聞かれる。一方、その「〜カッ」は、「赤かった」「嬉しかった」のよ

うに行われて、共通語においてもまた当生活語においても、今日の形容詞の連用形として生きている。

ところで、当生活語の形容動詞で過去を表すのに、また、「静かニアッタ」「賑やかニアッタ」のように、「〜ニアッタ」による言いかたがある。これは、連用形「〜ニ」に「アッタ」が接して成ったものである。連用形「〜ニ」は副詞的用法に立つのが基本であるが、上例のとおり、辞的な「アル（アッタ・アローも）」と結びついて行われることも少なくない。この過去の表しかたには地方性が濃厚で、いきおい高齢層によく聞かれる。

古い成立の「なり活用」の「なり」も、「にあり」がつづまってできた形式とされる。また、そのなり活用として一括される事象にも、副詞的用法に立つ「〜に」があって、連用形として整頓されている。むろん当形容動詞の「〜ニ」も、基本的にはその用法を引いている。なお、副詞的用法に立つ「〜ニ」は、上述の「アル」にかかる用法と共に、

　　○モー　ゲンキン　ナッタ。（もう元気になった。）

などのように、他の用言を修飾しても行われるが、その用言は、「綺麗ニナッタ」「静かニ　ナッタ」などのように、「ナル」であることが多い。

ちなみに、「〜ニアル」は、

　　○マー　キレーニャー　アル。（まあ、綺麗なことは綺麗だ。）

のように、主として「〜にはある／ない」のかたちで、当該語を特に取りたてて、他と対照的に判断する場合に行われることがある。なお、この言いかたを「終止の言いかた」の特例と見るとすれば、前項で記述するのが適当であるかも知れない。

③　未来の言いかた

「未来の言いかた」とは、「未然形」のかかわる言いかたのことである。今日の共通語の未来の言いかたは、未然形「〜だろ」の働く、「親切だろう」「元気だろう」のように「〜だろう」となるのが一般である。ところが当生活語の未然形に「〜だろ」はない。「退屈ナカロー」「心配ナカロー」のように、「〜ナカロー」とあるのが普通の言いかたである。

　　○ソリャー　シンパェーナカロー。（それは心配だろう。）

○ミンナ　イクンナラ　ニギヤカナカロー。（みんな行くんなら賑やかだろう。）

「カロー」は、上項でも見た形容詞カリ活用の未然形である。その「カロー」が遊離して働き、「退屈ナ」「心配ナ」「賑やかナ」などに接して成ったのが、当面の「未来の言いかた」である。

未来の言いかたにはもう一つの形式がある。「心配ナロー」「賑やかナロー」がそれである。

○ソリャー　キガネナロー。（そういうことなら気兼ねだろう。）

「ナロー」は、なり活用の「なり」の未然形「なら」に、推量の助動詞「む（う）」のついた、「ならむ（う）」からのものであろう。こう見れば、たしかに古形式である。この形式の語法が、ここに残存的に聞かれるのは注目される。それだけに、この言いかたも高齢層に多いかのようである。

④　語幹

共通語の形容動詞については、「静か」「元気」の類を語幹として認めている。それらの語幹は、独立性の強いことが一つの特徴とされる。その語幹の数かずの用法のなかで、当生活語の立場から特に注意されるのは、「終止的用法」である。

共通語の形容動詞は、例えば感動的な言いかたの場合は「わあ、綺麗。」のように語幹が活用される。ところが当形容動詞では、そのような場合には「ワー　キレーナ。」と言うのが普通である。つまり感動的な言いかたの場合には「〜ナ」となる。これを、既存文法に従って、仮に「語幹用法」と言っておこう。ところが、当形容動詞の普通の終止の言いかたも、上項の「終止の言いかた」でも見たとおり、「親切ナ」「元気ナ」のように「〜ナ」である。つまり、語幹と終止形とは同形であることになる。とすれば、感動的な言いかたの場合にも、特にこれを、「語幹用法」と言って特別扱いをする必要はないことになる。

改めて活用形を整頓してみると次のようになる。

　　未然形　〜ナ　　　（親切ナカロー・親切ナロー）
　　連用形　〜ナ・ニ　（親切ナカッタ・親切ニアッタ・親切ニする）

終止形　〜ナ　　　（親切ナ）
　　　連体形　〜ナ　　　（親切ナ人）
　　　仮定形　〜ナラ　　（親切ナラ）

こうして見ると、基幹部分は、「〜ナ」であることがわかる。これからすれば、当形容動詞の語幹は、「〜ナ」と認めるのが適当と考えられる。

　亀井孝氏は、なり活用に、第二語幹として「〜な」を立てている（「しづかなり」の場合、第一語幹「しづかー」、第二語幹「しづかなー」）（亀井　1955）。立場はやや異なるとしても、当形容動詞の活用を整頓する上において、第二語幹の視点は参考になる。

　共通語の形容動詞で、「です」の接続についてはとかく問題になりがちである。例えば、「綺麗です」を、語幹接続とすることにも、語幹は現実形でないとして異論があるかのようである。その「です」は、当形容動詞では、「親切ナデス」「静かナデス」「元気ナデス」などのように行われる。これを、語幹接続と見ることが不穏当とすれば、終止形接続、あるいは連用形接続と見ることもできよう。

　なお、共通語では、質問文は、「綺麗か」「静かか」のように、問いの文末詞「か」は語幹につくとされるが、当生活語では、その「カ」は「綺麗ナカ」「静かナカ」のように「〜ナ」につく。とすれば、この接続を、語幹ではなく、終止形への接続と見ることができる。「カ」に限らず、すべての文末要素は、終止形「〜ナ」につく。

　古いなり活用は、語幹と語尾とが一体化している。そうであるからこそ、第二語幹の扱いも可能であるに違いない。そのなり活用の残影を見せるのが当形容動詞である。

(2)　和語と漢語

　形容動詞には和語系と漢語系とがある。その区別はかなりはっきりしている。概して、和語系は起源が古く、漢語系は新しい。両系あい寄って、形容表現の厚みを見せているが、当生活語の形容動詞を見る限りにおいては、和語系のものは様態・性質を言うことが多く、漢語系のものは態度・心情を言

2. 意 味

(1) 和語系形容動詞

① マメナ（達者だ・元気だ）

「マメナ」は、人の、達者な様を言う。

○オバーサン　マメナ　カノ。（おばあさん、元気かね。《久しぶりに逢った老女に。中年女》）

○オマメナラ　ヨロシュー　アリマス。（お元気なら〈お元気で〉ようございます。《久しぶりに逢った人に対してのあいさつ》）

いずれもあいさつの例である。久しぶりに逢った人に向かっては「マメナ」がよく用いられる。また、病気がちの人が快復した場合にも、

○チカゴラー　マメン　ナッチャタ。（近頃は丈夫になられた。）

のように言うことがある。

「まめ」は、古くからある語である。ただその語は、古くは、「誠実・実直・忠実」などの意で用いられるのが普通であったらしい。それが、「達者・元気」の意でも用いられるようになるのは中世以降のことか。今日、共通語では、「まめ」は、「小まめ」「筆まめ」など「骨身を惜しまない」ほどの意でよく聞かれる語であるが、当生活語では、上でも見たとおり、「達者な・元気な」の意味でしか行われていない。

なお、この意味の「まめな」は、中国地方には広く分布している。

② ジマタナ（真面目で誠実だ）

「ジマタナ」は、人の、真面目で誠実な様を言う。

○アンシター　ジマタナ　ヒトジャ。（あの人は真面目で誠実な人だ。）

この語の起源はよくわからない。むろん今日の共通語にもない。あるいは古語の「しまる」（締まる）に関係があるのではなかろうか。この語について『岩波古語辞典』は、「堅くしっかりと結ばれる。／きちんとしてゆるみがなくなる。」のような意味をあげている。直接的には、性向を言う「ジマタ

ナ」とは関係が薄そうに見えるものの、この語の起源として、あながち無縁とも思われない。

　瀬戸内海域には「ジマタイ」あり、「倹約するさまを言うもの」とある（藤原　1998）。この形容詞も、古語の「締まる」を引いていると思われる。今日、「締まり屋」などと言えばマイナスのイメージがあるが、ただ、山陰にも「じまたい」があり、これには「確実な。真面目な。」との意味があって（広戸　1963）、人の性格をプラス評価した言いかたになっている。これらの語の分布や意味をあれこれ思いあわせて、当域の「ジマタナ」も、やはり古語の「締まる」に発するものと見るのも一案かと考えられる。

③　ソソクローナ（粗忽だ）

　「ソソクローナ」は、人の、あわただしく軽はずみな様を言う。

　〇アェーツワ　ソソクローナ　ヤツジャ。（あいつは粗忽なやつだ。）

むろん、人を貶す言いかたである。

　古語に「そそくる」という語がある。『岩波古語辞典』は、「そそくる」を《ソソキ（噪）のソソ。クリは繰り》と解説して、「せかせかと、忙しく手足を働かす。」と、その意味を説明している。「ソソクローナ」はおそらくこの語の後身であろう。共通語の「そそくさ」「そそっかしい」なども同根であるに違いない。

　山陰には「そそくろしい」がある。広戸（1963）は、この語の意味を「そそっかしい」「あわただしい」としている。

④　ワガサナ（自分勝手だ）

　「ワガサナ」は、自分勝手な、わがままな様を言う。それが、時に、自分の言いぶんをむりに通そうとしての、乱暴なふるまいに及ぶことにもなる。子どもについて言うことが多い。

　〇ワガサナ　コジャ　ノー。（自分勝手な子だなあ。《あきれて》）

　この語の語源もよくわからない。「わがまま」が「我がまま」（自分が思うまま）の意であるとすると、あるいは「ワガサ」も「ワガサマ（我が状）」（自分が思うとおり）の転じたものかも知れない。こうであるとすれば、「わがさま」も「わがまま」と同じ発想の語であることになる。

三、形容動詞の生活とその推移　237

⑤　アラマシナ（荒あらしい・粗雑だ）

　「アラマシナ」は、人の、荒あらしい様を言い、また、仕事の粗雑な様を言う。

　〇アラマシナ　オトコジャ。（あいつは荒っぽい男だ。）
人の性質を言った例である。

　〇シゴトガ　アラマシナケー。（仕事が粗雑だから。）
仕事の粗雑なことを言った例である。

　この語は起源が古いかのようである。『岩波古語辞典』は、「あらまし」をあげて、「いかにも荒荒しく感じられる。物怖しく感じられる。」と説明し、人や水音の荒あらしい様を言った源氏物語の例を引いている。

　人の荒あらしい様を言うのは古意の流れに沿った性情であるが、仕事のやりようが粗く、大ざっぱなことを言うのも、また、その性情に発する状態である。共通語の、「荒い」と「粗い」の、共通性と差異性とに対応する様態と見ることができる。

　瀬戸内海域にも「アラマシナ」があるが、これは仕事の粗いことを言っており（藤原　1998）、山陰にある「あらましな」は道具の使いかたの粗雑にことを言っている（広戸　1963）。両地域とも、人の性情については触れていない。もっとも、仕事が粗いのも道具の使いかたが粗雑なのも、上でも触れたとおり、人の性情にかかわることではある。

⑥　ザマクナ（粗雑だ）

　「ザマクナ」は、人の性情の粗雑でいい加減な様を言い、また仕事の乱雑で粗末な様を言う。

　〇ザマクナ　ヤツジャ。（〈あいつは〉いい加減なやつだ。）
人の性情を言った例である。

　〇ザマクナ　コトー　シテカラニ。（乱雑な仕事をして。《あきれて》）
仕事の乱雑なことを言った例である。上項でも見たとおり、両者が関連した様態であることは、改めて言うまでもない。

　この語は、「日葡辞書」にも、「軽卒不注意で、粗雑で、ぞんざいな人」として「ざまくな人、即ち粗雑な人」が出ているが、中世以降のものらしい。

今日の共通語には見られないが、少なくとも中国地方ではかなり聞かれる。

⑦ **ダラズナ**（だらしない・怠惰だ）

「ダラズナ」は、怠けてだらしない様を言う。

○ホンマニ　ダラズナ　ヤッチャ。（ほんとうにだらしないやつだ。）

この語は、古動詞の「だる」（疲る・倦る）に関係があるかも知れない。関連して、さらに気がかりなのは、同じ古動詞の「たる」（垂る）である。『岩波古語辞典』によると、この「たる」には、「自分で自分を支える力をなく」する原意から、「力を落としてぐったりする。疲れる。」の意味があるとされる。同辞典は、この意味で「今昔物語」の例を引いている。「だる」は、後世（室町期か）、この語から成ったものと推察される。語頭の濁音は、不快な状態を強調しての、しぜんの音形成であろう。今日の共通語の、主として精神の弛緩状態を言う「だれる」も、この語の後身か。

さて、形容詞にも「だるい」がある。「ダリー」は、当域でも日頃用いられることのある形容詞であるが、ただ、動詞の「だる」はない。が、周辺の地域（備中・備後の内）では、「だる」（疲れる〈備中〉・怠ける〈備後南〉）があるらしい。「アシガ　ダル。」（足が疲れる。）は、その、備中矢掛例である（長尾　1990）。

「ダラズゲナ」もよく行われている。

○ダラズゲナ　カッコーオ　シテカラニ。（だらしない身なりをして。）

「〜ゲ」は、主に外見を言うことに共通語と変わりはない。

○ダラズゲナ　フーオ　スナ。（みっともない格好をするな。）

この例は、人の本性よりも外見を言ったものである。

山陰には、「だらずな」も「だらずげな」もある。また「だらず」や「だら」もある。この語の意味について、広戸（1963）は「（だらず）怠惰。怠り。怠け者。不精者。馬鹿。低能。馬鹿者。」「（だら）気の利かない者。まぬけ者。うす馬鹿。」と説明している。これら山陰の語群も、結局は、同じ源に発するものであろう。そして、古語の「だる」に行きつくのかと推察される。

⑧　メンドーナ（みっともない・不細工だ）

「メンドーナ」は、容貌のみっともないことを言い、また服装など不恰好なことを言う。

　〇メンドーナ　ヒトジャ。（みっともない顔をした人だ。）
　〇メンドーナ　カッコーオ　シテカラニ。（みっともない格好をして。）

その用例である。女性について言うことが多い。

「メンドー」は「面倒」の漢字のあてられるのが普通であるが、これはどうも、語源的には正しくないかのようである。『岩波古語辞典』は、「めんだう」について《メンはメ（目）の転。ダウは「手間だう」などのダウと同じで、見るだけ無駄の意か》と解説して、「見苦しいこと。みにくいこと。」と説明している。ところで、今日の共通一般では、「面倒な事が起こる」「面倒を見る」などと言って、「解決が困難なこと。／世話。厄介。」のような意味で用いられている。

ところで、当形容動詞の「メンドーナ」には、上でも触れたとおり、共通語のような意味はない。容貌、あるいは服装の見にくいことを言うのに限られている。このことは、古く用いられていた意味と、たいして変わることもなく伝えられてきたということであろうか。あるいはこの語は、農山村の社会での、人びとの関心に適ったことばでもあったのか。他をひそかにおとしめて、自らの平心を保つというようなことでもあったのか、どうか。

瀬戸内海域でも、また山陰でも、同様な意味でこの語が行われている（藤原　1998・広戸　1963）。

⑨　ノサナ（鍬の柄の角度が広い）

「ノサナ」は、鍬の金の部分と柄との角度が広い様を言う。

　〇コノ　クワー　チート　ノサナ。（この鍬は少し角度が広い。）

鍬の角度が広いと、使い勝手が悪い。鍬が命の農村では、角度のあまい鍬は困りものであった。

ところで、古語にも「のさ」という語がある。『岩波古語辞典』は、この語を、「のんびりしているさま。ゆったりしているさま。／緊張感がなく、たるんでいるさま。」などと説明している。これは、主として人の性格を言っ

たものと見られる。当形容動詞の「ノサナ」が、この古語に関係があるとすれば、人の性格には直接関係のない、鍬の柄の角度のあまい様を言うことによって、限定的に残存しているのが注意される。このことも、農村の生活の実情や関心に沿ったしぜんの改変と解してよかろうか。あるいは、「ドサ回り」などの「ドサ」も、この語に関係があるのかも知れない。

　この語は、瀬戸内海域にも、また山陰にもある。その意味も同じである（藤原　1998・広戸　1963）。ただ、山陰の隠岐にも「のさ」があり、「のろま。とんま。」の意味行われている。隠岐の「のさ」は、古語の意にかかわるところが多いのか。

⑩　ニーナ（新しい）

「ニーナ」は、物の新しいことを言う。

〇ニーナ　フクー　キトル。（新しい服を着ている。）

「にひ」（新）も古くからある語である。『岩波古語辞典』は、「にひ」の意について、「まだ誰も手をつけていない、その年の新穀の意。転じて、まだ誰も手をつけていない、未経験の、の意」と説明している。「にひなめ」（新嘗）、「にひばり」（新墾）、「にひまくら」（新枕）など、例は多い。同様の意味で、今日の共通語で一般的なのは漢語の「新」（シン）であろうか。特殊な造語として「新」（アラ）もある。

「ニーナ」は、中国地方の多くの地域に分布している。

(2)　漢語系形容動詞

①　シンビョーナ（よく働く様・神妙だ）

「シンビョーナ」は、「神妙な」であろうか。『新潮国語辞典』は、「シンミョウ（神妙）」を「シンビョウ」とも言うと注している。人の、真面目によく働く様を言う。

〇シンビョーナ　ヒトジャ。（よく働く人だ。）

『岩波古語辞典』は、「しんべう」（神妙）について、「あやしく妙なること。世にも不思議なほどであること。／称賛に値すること。殊勝。／落ち着いて思慮深いこと。慎重。」と説明している。この語が、今日の共通語では、

三、形容動詞の生活とその推移　241

「神妙な心がけ／神妙な態度」などと、やや特殊な文脈で行われていることは周知のとおりである。

　当形容動詞の、「真面目によく働く」人を称賛する言いかたは、たしかに古意を受けていると思われるが、それにしても、ここでは、村の勤勉な働き手に限って、その美徳を、特に取りたて称揚しているのが注意される。あるいは、この語の農村での流れを導いてきたものは、従順でよく働くという、いわば地域の生活者としての美徳に対する、特段の関心か。これが、村の、しぜんの道徳律である。

　瀬戸内にも、また山陰にもこの言いかたがある（藤原　1998・広戸　1963）。石見には同じ意の「しんみょーな」があるらしい。これはたしかに「神妙な」であろう。「しんびょーな」との近い関係を思わせる。

② 　ギジョーナ（几帳面だ）

　「ギジョーナ」は、人の、几帳面な様を言う。

　　○ギジョーナ　ヒトジャ。（〈あの人は〉几帳面な人だ。）

その一例である。「ギジョーナ人」と言えば、誠実で信用度も高い人で、称揚すべき美徳の人である。

　この「ギジョー」は、「几帳」からのものではなかろうか。「几帳面だ」とは共通語でも一般的な語である。ただ、語頭が濁音化しているのが気になる。しかし、濁音化によって、田舎人の、誠実で重厚な感じがよく出ているとも言える。「几帳」を核にして、地域の風土が育てた語であろうか。

　山陰にもこの語がある（広戸　1963）。

③ 　アンキナ（気らくだ・安気な）

　「アンキナ」は、気らくな心情を言う。

　　○コドモヤナンカェー　オラン　ホーガ　アンキナ。（子どもなんかは居ないほうが気らくだ。）

　　○コドモガ　ショーラシーケー　アンキナ　コトジャ。（子どもがしっかりしているから気らくなことだ。）

　日常、よく用いられる。共通語では、「安気な」の意味で「気らくだ」と言うのが普通かも知れない。しかし、厳密に言えば、「安気」と「気らく」

とは意味が少し違うようである。前者は、暮らしや境涯の安楽を言うことに重点があり、後者は、身のまわりの気遣いのいらない、安らくな日常を言うことに重点がある。

④　タェーゲナ（おっくうだ・大儀な）

「タェーゲナ」は、ものだるくて、おっくうな様を言う。

○イクナー　タェーゲナ。（行くのはおっくうだ。《お使いを頼まれて。子ども》）

行先が遠く難儀が予想されるので気の進まないことにも言うが、行先の人が苦手で気の進まないことにも言う。

○ケサー　オキルンガ　タェーゲナ。（今朝は起きるのがおっくうだ。）

寒くてこう言うこともあり、微熱があってこう言うこともある。

「タェーゲ」は、「大儀」であろう。共通語でも一般的な語である。「大儀」は、元もと「重大な儀式」あるいは「重大事」を言った語らしいが、それが「おっくう」とか「めんどうくさい」とかの意で用いられるようになったのは、どういういきさつによるものであろうか。重大儀式を行うのも「容易なことではない、骨の折れること」といった、当事者の心境を言うことに比重がかかるようになったのがこの語であろう。

⑤　オーヘーナ（尊大だ・傲慢だ・横柄だ）

「オーヘーナ」は、尊大で傲慢な人、あるいはそんな態度を言う。

○アェーツァー　オーヘーナ　ヤツジャ。（あいつは傲慢なやつだ。）

「オーヘー」は「横柄」であろう。共通語でも普通に行われる語で、その点では地域の特色語とは言えない。それにしても、地域によく根を下ろした語である。地域や村にも、その平穏を乱す者はいる。そんな人間を、ひそかに非難したりなじったりするには、適当な語であったに違いない。

⑥　コーヘーナ（生意気だ）

「コーヘーナ」は、生意気な様を言う。

○コーヘーナ　ニンゲンジャ。（〈あいつは〉生意気な人間だ。）

○コーヘーナ　コトバー　ユー。（生意気なことばかり言う。）

かつての小学校では、女児童が男児童を非難する言いかたとして、こんなこ

三、形容動詞の生活とその推移　243

とばがよく聞かれた。
　「コーヘーナ」は「小横柄な」であるとされる。藤原（1986）は次のように記している。

　　広島弁での「コーヘーナ」は、田淵実夫氏によるのに、「小横柄な」であるという。氏が、昭和44年3月24日の『朝日新聞』「ひろしま弁」にしるされたところには、
　　　芸藩の志士金子省三郎が友人に送った手紙に「幕軍の士、小横柄にて」とある。
　　とある。(p.384)

これによって、語源がすっかり納得させられた。当地域ではごく日常的な語で、特に男の子が、この語によって非難されることが多い。
　山陰にもこの語が分布しているらしい（広戸　1963）。

⑦　オードーナ（自分勝手だ・横道な）
　「オードーナ」は、人を人とも思わない、自分勝手の思い上がった態度を言う。乱暴な感じもつきまとう。
　　○オ￣ードーナ　ヤッジャ。（〈あいつは〉自分勝手なやつだ。）
　「オードーナ」は「横道な」であろう。道にはずれたことを平気でやってしまう図太さもある。そのために迷惑を被った者が、蔭でひそかに非難するのがこの言いかたである。
　この語は共通語でもあるが、日常はあまり耳にしない。当生活語の村の社会では、いっそう身近な、そして深刻な感情をもって用いられることが多いかのようである。

⑧　ノフーゾーナ（不作法だ・生意気で横柄だ）
　「ノフ￣ーゾーナ」は、不作法で、それを顧みない横柄な様を言う。
　　○ノフ￣ーゾーナ　ニンゲンジャ　フ￣ー。（〈あいつは〉不作法に人間だなあ。
　　　《ある人間を陰で非難して》）
　「ノフーゾー」は「野風俗」からの語ではなかろうか。『岩波古語辞典』は、「のふうず」（野風俗・野風図）について、「不作法。粗野。また、横着で生意気な様。［のふうぞ］［のふず］とも。」と説明している。当形容動詞の

「ノフーゾー」は、おそらくこの語の流れに違いない。農山村では、村の平穏を乱す人間にきびしい。長上や慣習に従わない、不作法で横柄な人間は、すぐ話題になり、非難の対象になる。そのような生活風土には、こんな「野風俗」のような語がよくなじんだのか。

中国地方では、概してよく聞かれる語である。

⑨ オーチャクナ（無精だ・横着な）

「オーチャクナ」は、無精で図々しい人や態度のことを言う。他の人が忙しくしていても、自分では動こうとしないような人間、ちょっとしたことでも自分では動かず、また人に依頼したり指図したりなどして、思いどおりにしてしまうような人間、これは「オーチャクナ」人間である。むろん非難すべき人間である。

〇オーチャクナ　ヤツジャ。（〈あいつは〉無精なやつだ。）

「オーチャク」は「横着」であろう。この語は共通語ふうのもので、その点では、この語も、当生活語の特色語とは言えない。ただ、当生活語にあっては、この語の占める比重は大きい。と言うのは、横着な人間を、村の道徳律に反する特別な存在として、特に白眼視するからからである。

ちなみに、無精な人間を、別に「ヒキタレ」と言うことがある。ただ、この語は体言であり、また和語でもあって、本項のような、形容動詞の文脈で取りあげるのは適当でなかろう。が、関連して触れておきたい。とは言うものの、この語の由来はよくわからない。あるいは「蟇たれ」であろうか。蟇は、当地にも多。「ヒキ」「ヒキンドー」と言って、動きのにぶい鈍重な蛙である。たしかに、不精な人間を喩えるのに格好な生きものである。「オーチャクナ」は、男性について言うことが多いが、「ヒキタレ」は、女性について言うことが多い。家の掃除も洗濯も怠けてしまうようなだらしない人間である。が、人のあざけりは受けても他に害は及ぼさない。

⑩ コージクナ（強情だ・融通がきかない）

「コージクナ」は、強情で理屈っぽく、融通のきかない人間を言う。他人の言うことにもなかなか耳を傾けない。

〇コージクナ　ニンゲンジャ。（〈あいつは〉強情な人間だ。）

その一用例である。

　この語はどういう由来のものであろうか。「コージク」は、あるいは「硬直」からきたものではなかろうか。「コーチョク」が「コーヂョク」「コージョク」を経て、「コージク」になったと見られないこともない。一つの推論である。意味はおおむね似ている。体の硬直することは、世間でよく耳にすることであるが、一方に、考えかたや心が硬直することもむろんある。そのような、人の性格を言う側面への思い入れの強さが、強情の意の「コージク」を育てたとも考えられる。

　この語も中国地方の他の地域でも聞かれる。瀬戸内では「コージクナ」を「結びかたが念いりで固く容易には解けそうもない。」ことに言う（藤原1998）とある。この意味は、人の情意には関係がないとしても、「硬直」の意には沿っている。「コージクナ」が「硬直」からきたものであることをいっそう強く推測させる。また、同書には、愛媛北部の高井神島の「自分の考えをおし通す」の意の語、つまり強情の意でも採録されている。

　なお、同じ「強情な・融通のきかない」の意を持つ語に「イチガェーナ」（一概な）がある。「ガェーナ」（概な）とも言うか。「コージクナ」よりも「イチガェーナ」のほうがいくらか理屈っぽいか。

⑪　スッチョーナ（わるがしこい・こすい）

　「スッチョーナ」は、わるがしこくてずるい人間を言う。

　○スッチョーナ　ヤツジャ。（〈あいつは〉こすいやつだ。）

その一用例である。かつての小学校では、女児が男児を非難して、この語をよく用いていた。「スッチョーオ　スナ。」（こすいことをするな。《遊びのなかで》）のように、体言として用いることもあった。

　この語も由来は不明である。あるいは「素町人」からか。東隣の備中にもこれがある。

⑫　イナゲナ（変だ・おかしな）

　「イナゲナ」は、変だとかおかしなとか、普通とは変わった、奇妙でいぶかしい様を言う。

　○イナゲナ　ジジージャ　ノー。（おかしな爺だなあ。）

〇イナゲナ　コトバー　ユーナ。(変なことばかり言うな。)
　〇イナゲナ　ヒヨリジャー　ノー。(おかしな天気だなあ。)
その用例である。
　「イナゲ」は「異な気」であろうか。「ゲ」が、体言や形容詞の語幹、それに動詞の連用形などについて、外からの様子を表すことは周知のとおりである。大野（1974）も、
　　ウレシゲ、カナシゲなどと用いると、嬉しそう、悲しそうの意となる
　　が、そのゲとは、「外から見た様子」の意であり、(p.198)
と述べている。「縁は異なもの味なもの」などのように、「異な」はことわざなどではおなじみであるが、「異ナゲナ」となると一般には聞かれない語である。その「ゲ」は、上に見たとおり、接尾語としてよかろう。したがって「イナゲナ」は、外から見ての「変な、おかしな」の意となる。
　少なくとも中国地方ではよく行われる語である。『全国方言事典』は、分布地として、中国の他に、福井・徳島・愛媛をあげている。

⑬　キレーナ（清らかだ・綺麗だ）
　「キレーナ」は、共通語の「綺麗だ」と基本的に変わるところはない。
　〇掃除して　キレーニ　ナッタ。（……綺麗になった。）
と言えば、「清浄に・清潔に」の意味である。
　〇キレーニ　ワスレトッタ。（すっかり忘れていた。）
と言えば、「跡形もなくすっきりと」の意味である。これらの意味では、共通語のそれと変わるところはない。ただ、問題は「綺麗な人」と言う意味の場合である。
　大野（1961）は、「美」を表す語の変遷について、
　　「綺麗」は室町時代に、すでに「綺麗ずき」などと使われ、汚れのない
　　こと、清潔なことの意味をもっていたが、今日では「美しい」に近く使
　　われ、やがて「美しい」を追い出して、そのあとに坐りそうな気配を示
　　している。(p.29)
このように述べている。共通語にあっては、「綺麗」が「美しい」を追いだす気配とされるが、当生活語には、本来「美しい」という語はない。ではど

んな語が「美しい」に代わる意識を表してきたかと言えば、やや微妙な判断になるが「結構な」(次項)ではなかったろうか。が、「結構な」と「綺麗な」との間には、美を言う意識の上でいくらかずれがある。ここに、「綺麗な」が新しく入りこむ余地があったのかも知れない。

「キレーナ」という語には、たしかに新しい感じがある。若い層で使われることが多いか。若い層、特に女性は、「キレーナ花」とは言っても「ケッコーナ花」とは言わないかのようである。しかし、老年層ではこう言うことが少なくない。ただし、「キレーナ人」「キレーナ声」などとなると「ケッコーナ」では言い換えられない。対象のとらえかたが現代的すぎる故であろうか。「綺麗な人」は、「エー女房」「器量がエー」「別嬪」というのが従来の言いかたである。「キレーナ声」もまず「エー声」である。民謡などの節回しの巧みな歌声は、「エー声ジャ。」とか「歌がジョーズナ。」などといって評価するのが普通であった。「キレーナ声」の帯びる現代的なニュアンスは、農山村の生活にはまったく無縁であった。

一つ、つけ加えよう。はじめて見る、構えの立派な他人の家を、「キレーナ家ジャ。」と評することがある。この場合は、家屋と庭がよく調和して整い、ほどほどの規模の、清すがしい家を指して言うのが普通である。必ずしも美麗な家を言うとは限らない。

⑭ **ケッコーナ(申しぶんのない・結構だ)**

「ケッコーナ」は、「結構な」であろう。上項でも触れたとおりである。申しぶんのないことを言う。「綺麗な」との違いをしいて言えば、「結構な」は全体の構えやできばえを言うのに重点があり、「綺麗な」は対象の性質を言うのに重点があると言えるかも知れない。それにしても、上項でも述べたとおり、両者の違いを言うのは容易でない。

○ケッコーニ　フィートケ　ヨ。(綺麗に拭いておけよ。)
○キレーニ　フィートケ　ヨ。(綺麗に拭いておけよ。)

この違いを言えば、前者は全体の調和やできばえに関心があり、後者は拭く箇所の清浄度に関心があることになろうか。

他家の庭の植え込みを見て感心し、

○ケッコーニ　シトッテジャ。（結構にしておられる。）

と言えば、庭の構えのよさ、植木の配置のよさ、刈り込みの線のすっきりとした調和のよさに関心があってのこととなろう。全体の清浄さや雰囲気のよさとも言えようか。家屋の美麗さには特にかかわらない。

　　○コドマー　ショーラシーシ　ケッコーナ　モンジャ。（子どもはしっかりしているし、言うことはないよ。）
　　○ネンキンワ　ハェールシ　ケッコーナ　キョーガェージャ。（年金は入るし申しぶんのない境涯だ。）

これらの例の「ケッコーナ」は、満ち足りた暮らしや境涯を言うとしてよかろうか。もっともこのような意は共通語でも一般的である。むろん、ここには、「綺麗な」は使えない。

　他家から物を貰って、
　　○ケッコーナ　モノー　チョーダェーシマシテ。（結構な物を頂戴しまして。）

などとお礼を言うのも、一般的なことであろう。ここでも、むろん「綺麗な」とは言えない。

　他から馳走など勧められて、
　　○モー　ケッコーデス。（もう十分です。）

のように言って辞退するのも、この地域に限ったことではない。この場合、「結構デス」とは言っても「結構ナデス」とは言わない。共通語ふうの言いかたであることに違いはないが、同時にまた、「結構」は、対象の性質や様態を言うよりも、発言者自身の謙退や辞退の意思を表す語になっていると判断される。当生活語から見れば、形容動詞よりも体言である。

⑮　**ラクナ（楽だ・容易だ）**

「ラクナ」は、心身や暮らしの安らかな様を言い、また物事の遂行の容易な様を言う。

　　○ツエガ　アッタホーガ　ラクナ。（杖があったほうが、〈歩くのに〉楽だ。《老女》）
　　○キブンガ　ラクン　ナッタ。（気分が楽になった。《熱が下がって》）

心身の安らくな様を言った例である。また、気がかりだったことが解消したときもこう言うことがある。

　○バ̄ンマデーニャー　ラ̄クニ　イケル。(晩までには十分に行ける。)

事の遂行の容易である様を言った例である。このような意味、用法は、共通語でも一般的なものである。

　ところで、備後南部から播磨にかけて、人から何か依頼されたり、尋ねられたりした場合に、さしつかえがなければ、

　○ラ̄クデス。(楽です。〈大丈夫です〉)

と応答する習慣がある。また、話し手から相手の意向を確かめる場合にも、「～して楽ですか。(～してさしつかえありませんか)」のように言うことがある。備中・備前で特に著しい。瀬戸内海島嶼でも、中部以東ではこのような言いかた聞かれると言う（藤原　1998）。

　この種の「ラク」は、対象の様態やそれに寄せる心情を言うよりも、発言者自身の確保・確信の意思を言う語になっていると判断される。その点、上項の「結構」に似ている。

　このような語は他にもある。例えば「好き」「嫌い」がそれである。

　○コ̄リャー　スキジャ／デス。(これは好きだ／です。)
　○コ̄リャー　キラェージャ／デス。(これは嫌いだ／です。)

これらの語は、「結構デス」「楽デス」などほどには特定語化してはいないものの、発言者自身の好悪の意思を言う度合が、かなり強いかのように観察される。もっともこれらは、語自体が、対象の様態に関して、発言者の好悪の感情や意思を言うのが本来の語ではある。

む　す　び

　形容動詞は、活用形態についても、また語の形や意味についても、その史的推移に関してはそうとうに複雑である。それにしても、そのような形容動詞も、地方地域の生活語に調和し、根強い安定感を見せている。古くからの伝統に従いながらも、地域の生活の実情に即した、主体性のある改変・展開

を遂げている点が注目される。地域の立場からすれば、形容動詞は、現に発展しつつあると言えるかも知れない。

文　献

亀井　孝（1955）『概説文語文法』（吉川弘文館）
大野　晋（1961）『日本語の年輪』（有紀書房）
大野　晋（1974）『日本語をさかのぼる』（岩波新書）
広戸惇他（1963）『島根県方言辞典』（島根県方言学会）
藤原与一（1986）『民間造語法の研究』（武蔵野書院）
藤原与一（1998）『瀬戸内海言語辞典』（東京堂出版）
長尾人志（1990）『岡山県小田郡矢掛町横谷方言集』（私家版）

付章　九州方言動詞考

　九州方言は、日本語の変遷のなかにあって、とかく古態をとどめがちであって注目される。なかでも、動詞には、その変遷の跡がいっそう著しく刻まれていて、複雑な史的断層を見せている。本章では、この動詞の変遷に関する諸問題について、地域の実情・実態によりながら考究することにしたい。
　なお、本書は、備後の特定地域の生活語に関して、主としてその発想や推移について記述するのが主題であって、九州方言研究はその範囲の外にあるが、重要性・緊急性のこともあって、あえて、「付章」のかたちで、ここに併せて取りあげることにした。それにしても、九州方言の成立や推移に関する視点は、その根底で、当面の備後方言を含む西部方言の推移に、深くかかわっているとも考えられる。

一、九州方言における動詞活用の変遷

はじめに

　九州方言に行われている動詞は、概して古活用形式を見せることが多く、特にその点で注目される。なかでも二段活用の残存の問題、一段活用の五段活用化の問題などは、変遷の動態や実情を現前に見せている。その具体の現象に注目すれば、今日、定説を越えて、なお推考しなくてはならない事項が少なくないように思われる。本節では、従来の観察や説に依りつつも、方言の実態（昭和期）に即して問題を整理し、方言上の、動詞活用体系の変遷に関する、いくつかの、視点を変えた推論を提出してみたいと思う。

1. 二段活用の残存

二段活用の一段化は、国語史の一般では、室町時代の末頃には完結していたとされるが、九州方言では、現在でも、下二段活用が、中世以来の活用形式のままに残存して、日頃、普通に行われている。

(1) **下二段活用残存の実態**

九州の下二段活用残存については、国語調査委員会の『口語法分布図』(明治39)の「下二段活用ノ分布図」以来、よく知られていることである。その下二段活用も、地域によっては、所属語や命令形などに小異があって、九州全域が、必ずしも画一というわけではない。が、その小異も、語史や生活意識史を反映していて、見逃せない。まずは、下二段活用の代表例として、熊本県下での「受ける」の活用を、従来の一般的な表示法に則って次に掲げることにしよう。

語幹	未然	連用	終止	連体	仮定	命令
受	〜ケ	〜ケ	〜クル	〜クル	〜クレ	〜ケロ

下二段活用に属する語は多い。この地域の日常で、比較的よく行われる語は次のようなものである。

　　寝(ヌ)ル　出(ヅ)ル　崩(ク)ユル　受クル　生クル　投グル　上グル
　　当ツル　捨ツル　立ツル　加(カ)ツル　並ブル　食ブル　考ユル
　　植ユル　生(オ)ユル　落(ア)ユル　見ユル　流ルル　クタブルル ……
　　○コメモ　ヅット　バナ。(米も出るんだよ。)［天草］
　　○ター　ウユッ　トキャー、(田を植える時は、……)［天草］

ところで、上二段活用は、大勢としては上一段活用に移っている。国語の一般では、二段活用のすべては一段活用に移っているにもかかわらず、九州方言では、下二段活用だけが旧来のままに残存しているわけである。(福岡

県下の一部に、本来の下二段の、上二段に活用する語も残存するか。）二段活用が残存すること自体は、辺境地域の古態相の故と、おおむね解することができるものの、上二段と下二段の活用グループの別によって、推移の実情が異なっているのはなぜであろうか。あるいは、下二段の所属語が著しく多い上に、日常生活に関係の深い語が多かったという、特殊な実情にもよっていようか。一方、上二段の所属語は、例えば「悔ゆ・老ゆ・報ゆ」にしても「恋ふ・侘ぶ・恥づ」にしても、地域では使用頻度が低かったり、別の言い換えができていたりなどして、日常の生活からはやや遠い語群である。いわば生活に密着した語であることと、その語の数の多さと活力とが、下二段の下一段活用への推移を、容易には許さなかったのではないか。

(2) 特定の上二段活用語の下二段化

ここに、今一点、注目すべきことがある。「起クル・落ツル」は、本来、上二段活用に属する語であった。しかし、九州方言の大部分（大分北部には上二段のものも残存するか。）では、これが下二段活用に属して活動している。熊本県下の活用例をあげよう。

起　〜ケ　〜ケ　〜クル　〜クル　〜クレ　〜ケロ
落　〜テ　〜テ　〜ツル　〜ツル　〜ツレ　〜テロ

次は天草での実例である。
○アサーモ　ゴジ　オクッ　コター　ナカッタデス　バイ。（朝も５時に起きることはなかったですよ。《もっと早く起きた》）
○フユデモ　モー　ゴジ　オケテ、（冬でももう５時起きて……。）

次は阿蘇での実例である。
○アジノ　オツル　モン。（味が落ちるもの。）
○フルート　ムシノ　オテヨリマシタケン　ナー。（〈稲を〉振うと害虫〈横ばい〉が落ちていましたからねえ。）

上二段活用の動詞は、グループとしては上一段活用に移っている。それにもかかわらず、特定の語がこのグループから離脱して、下二段活用に転じて

残存しているのは、興味の深い事実である。言うまでもなく、「起クル・落ツル」は、地域の生活に密着していて使用頻度が高く、いわば活力のある動詞である。これが、同じく活力のある下二段に類推して行われるのは、あるいはしぜんの成りゆきであったのかも知れない。なお、この種の転移は、東側の大分・宮崎県下においても、地域による偏りは見られるものの、主として老年層に観察される。

　ちなみに、「できる」は、当方言では下二段の「デクル」となっている。「出・来」（出て来る）が当初の言いかたとされるこの動詞は、本来は活用もカ変であったらしい。その点で、「起クル」「落ツル」などの動きとは区別されるが、ただ、下二段活用に安住して残存してきた事態は、下二段活用の活力を評価する点で注目に価しよう。

　○ジャノ　デクン　モンジャッデー、（蛇が出るもんだから、……。）
　○クワイシャニ　デケターリ　ドカタニ　デケタリ　シテ、（会社に出たり土木工事に出たりして、……。）

天草での実例である。「デクル」が、本来の意に近い「出る」の意で行われているのが注意される。

　藤原（2000）は、「本県下（注、大分県下）にあっては、二段活用をあまり見せなくなっている地域もあるか。上二段活用・下二段活用の二者では、総体に、上二段のものが、多少とも、聞かれにくくなっているか。」と指摘しているが、実際に、上二段に活用する動詞はごく少ないかのようである。長崎県下の二段活用の例としてあげている「起クル」「落ツル」は、先掲の熊本県下例と同様に、下二段活用である。福岡県下についても、「『落ちる』の『オツル』など、上二段活用の聞こえることは格段にすくない。」として、「落ツル」を上二段活用としている。が、これも実状は下二段活用であろう。終止・連体形だけを見て活用の種類を判断するのは早計であろうか。

　ここにまた、検討を要する動詞がある。「生くる」である。共通語で上一段活用のこの動詞は、熊本県下では下二段に活用して行われている。

　○ヤッパイ　オナゴガ　ナゴー　イクイ　ナー。（やはり女が長く生きるなあ。《女性の長生きを言う。老男》）

○マダ　イケトラレバ、(まだ生きておられれば……。《100歳にも》)
天草での実例である。

　平安の昔、「生く」が四段であったことは周知のとおりであるが、これが九州では、どのような推移をたどったものか。これも、上述の「起クル」などにも似て、上二段を経て下二段に落ち着いたかとするのが、いちおうの推理である。それにしても、「生キッタ魚」のような言いかたもあって、解釈は容易でない。この動詞については、「起クル」「落ツル」などと共に、次項でいま一度取りあげ、問題にすることにしたい。

(3)　他地域の二段活用

　さて、二段活用の見られるのは九州だけではない。和歌山県下のそれについてはよく知られていよう。また、九州と和歌山を結ぶ線上の、四国愛媛県南西部にも、この二段活用のあることが指摘されている。藤原(2000)は、同地域の例として、「ヅル」「コクル」「デクル」をあげている。

　和歌山県下のことについて、村内(1962)は、「和歌山県の中部地区、つまり日高郡を中心として」二段活用の残存することを指摘し、例として「起クル」「暮ルル」をあげている。「日高の馬はコクル(倒れる)ほどカクル(駆ける)」は、よく聞く言いぐさである。村内(1982)はまた、二段動詞の残存情況について、「上二段活用型よりも下二段活用型の方が多い」と述べている。もっとも、先にも触れたとおり、一般に、上二段よりも下二段に属する語のほうが圧倒的に多い。しかも活動的で日常的な動詞も、下二段のほうに多い。このあたりに関する当方言の二段活用残存の実情については、いまは明らかでない。

　西宮(1962)は、上の和歌山中部地区の東部につづく奈良県南部(十津川)に、同様に残存する「起クル」「落ツル」「受クル」「調ブル」の例をあげている。

　二段活用の残存は、国語史上、注目すべき事項である。九州・四国南西・紀州とつながる残存の古脈も注意される。本項では、九州方言での実情の把握に主眼を置いたが、さらに、このことに関連する、史的展開上の重要項目

に視点を移すことにしたい。

2. 上一段活用の変遷

　九州の上一段活用は、いわば変動のさなかにあるかのようである。大勢として、かつて上二段活用の進化の流れを受け入れたのも、この一段活用グループであった。ところが、この上一段活用動詞の一部（本来の上一段動詞）が、今やラ行五段活用へと動きつつある。こうも見られる現象がある。本項では、主として、この「五段化」の問題について、その実態と、史的背景を明らかにすることにつとめたい。

(1) ラ行五段活用化の実態

　ここに、ラ行五段活用化と言うのは、上一段活用の、例えば「見ル」が、「見ラ（ん）・見ル・見レ」のやうな活用を示す現象である。金田一（1977）は、

　　一段活用動詞の四段活用化は、種々の点に保守的に見えた九州地方において最も盛んである。(p.140)

として、一段活用動詞の、四段（五段）活用化に触れている。（正確には「ラ行五段活用化」とすべきところか。）また、藤原（2000）は、この「ラ行五段活用化としうるもの」について、次のように述べている。

　　一段活用動詞についてのラ行五段活用未然形を示すことがいちじるしいのは、まず、九州地方においてである。（一段活用の動詞が、ラ行五段活用動詞になっているとは、言いきることができない。なぜなら、たとえば「出らん」のばあい、「出リ」といったような連用形はおこなわれていないからである。完全な五段活用動詞にはなっていないので、今はもっぱら、「ラ行五段活用未然形」との言いかたをする。）(p.304)

ラ行五段活用化としながら、ここでは、慎重に、「未然形」のみを確認してる。しかし、実際には「出リ」も行われており、命令形の「出レ」もある。むろん、「見リ」もあれば「見レ」ある。この活用形の変相・実相について

は、後の項で、さらに詳しく取りあげよう。ただ、ここでの焦点は、このような活用形の特殊相を、果たして「ラ行五段活用化」としてとらえることができるかという問題である。

ところで、上に例として取りあげた「見ル」の類も、特に熊本県北部を含む九州の北部一帯では、共通語と同様に、上一段に活用する地域もある。つまりラ行五段との両用である。逆に、いっそう古態を見せがちの鹿児島県を中心とする九州南部では、ラ行五段活用が主流であって、上一段に活用する動詞はほとんど見られない。

(2) 「ラ行五段化」の流れ

一段活用の動詞が、ラ行五段に活用すると一口に言っても、少なくとも九州北部では、この特定形式で注目されるのは、本来の一段活用動詞である。後世になって合流した、上二段活用出身の動詞は、ひとまず除外して考えなければならない。その本来の一段活用動詞は、周知のとおり数が限られている。当該地域で、日常普通に用いられるのは、「見ル・着ル・煮ル・似ル」ぐらいなものであろうか。（ただし、「似ル」のような状態動詞は、「似チョル（似ている）」のかたちで行われるのが普通である）。ところで、これらの一段動詞は、当該地域では、例外なく「ラ行五段活用化」の傾向を示している。この動詞群が、なぜ「ラ行五段化」しやすいのであろうか。語幹が一音節であるからとする説もある。そう言えば上で取りあげなかった類語、例えば「射ル・鋳ル・率ル」なども、やはり語幹は一音節である。亀井（1973）も、

> 一段活用には、もと下一段活用は存しない。それがなにゆえであるかは、これもなぞである。しかしながら、いまひとまず、それはそれとして、一段活用に属する語はすべて語幹が一音節であることをその共通の特徴とする。(p.380)

としている。たしかにこの事実は、「ラ行五段化」の問題を考える上での、注意すべき問題点である。このことは、また別に、一段活用動詞が語幹一音節であるのは、成立時にさかのぼる、何か特別な事情があったであろうことを思わせる。ただ、私には、このあたりに踏みこむ用意がない。が、あえて

言えば、今日の九州方言の、件の一段活用の「ラ行五段化」の問題は、あるいは日本語の古い成立の歴史にかかわる、隠れた事情を反映しているのではないかということである。なお、上掲の亀井（1973）は、その一段活用の所属語について、

　　一段活用においてここに属する語のかずの、その、きわめてすくないことである。これらは、いずれもそのあらわす意味の面において生活に、なかんずく古代の社会におけるその生活に、密着してつかわれることば、——たとえば「いる（射）」は狩猟と戦闘とのコンテクストにおいて重要なことば——であるから、すなわち使用の頻度のもっともたかいたぐいに属する。(p.381)

このように、一段活用動詞の性格に関する重要な指摘をしている。

　一段活用動詞に関する特定の性格は、当該研究界では、当然の見かたででもあったかのようで、白藤（1982）も、

　　上代の上一段動詞は、先掲の如く、多く

　　　着る、煮る、似る、見る、射る、率る

　　など、連用形において一音節のものである。その語根において、

　　　毛—着る、菜—煮る、名—似る、目—見る、矢—弓—射る、緒—率る

　　という事物の存在を連想させる。(p.90)

このように指摘している。上一段動詞は、当時の生活に密着した事物にかかわる、いわば特別の語群であったことが理解される。今日、九州方言で、いわゆるラ行五段活用化が著しいのは、このような、成立の事情を反映する語幹の性格と関係があるのではないか。この見かたを一歩進めれば、さらに白藤（1982）の説が参考になる。

　　この上一段活用所属の語は、いずれも生活上、基礎的な語であり、カ・サを含め、活用体制が成立する先に成立した語であると考える。それ故に、四段・二段といった活用体制が、もはや征服しきれずに残った活用形式であろう。(p.146)

このように、上一段活用所属の語の、成立の古さを指摘しいる。そして、その活用については、生活に密着してはやくから存在したもので、活用体制の

整う以前のものであったとするのである。とすれば、生活事実優先のこの語の活用は、物や事実を表す連用形の［－i］中心の、ある意味では、不整なものであったのかも知れない。白藤（1982）は、この点に関して、重ねて次のように推定している。

　　終止形の「る」は、語形を安定させるために後に膠着したものであろう。この終止・連体・已然形の付着部分「る－る－れ」を見ると四段型になる。（中略）「る」は、四段動詞で最も多いラ行の語尾がついたものであり、(p.91)

上一段動詞は、古く、ラ行四段型の活用が完全ではなかったとしても、その四段型の語尾と、深い関係にあったとするのである。

　再び亀井（1973）に依れば、

　　上一段に属する語は、四段活用がいまだ四段活用として存在していなかった、または定着していなかった段階から四段活用としての確立をとげつつあったその段階で四段へのみちからはぐれてしまったものであるかもしれない。(p.383)

と推定している。その四段へのみちは、白藤（1982）も指摘するとおり、ラ行四段活用へのみちであったことは多く言うまでもない。亀井（1973）は、また、例のク語法の、「見らく」などの「ら」を、古相の残存語尾かと疑っている。その真偽はおくとして、いずれにしても、今日、九州方言に見られる関連の特定現象を、「ラ行五段化」として、近代の新しい現象と見ることには、慎重でなくてはならない。それにしてもなぜラ行音なのか。ラ行四段活用なのか。今はこの問題には立ち入るこができない。

　九州方言で「ラ行五段化」が著しいのは、鹿児島県を中心とした南部地域である。鹿児島県には、当該動詞に関する上一段活用は見られない。観察されるのは、例のラ行五段活用である。九州でもかつての辺境の地域に、この「ラ行五段化」の現象が著しいのは、この活用方式が、むしろ古態につながるものであることを示しているのではないか。

(3) 特定語の「ラ行五段化」

　「ラ行五段化」については、なお、取りあげるべきことがある。しばらく九州方言の「ラ行五段化」の実態を観察しよう。「ラ行五段化」が見られるのは、実は上一段活用に限ったことではない。下二段活用の「ヌル（寝）」「ヅル（出）」も「ラ行五段化」することがある。

　　　出　　　〜ラ　　〜ッ　　〜ル　　〜ル　　〜レ　　〜レ
　　　寝　　　〜ラ　　〜ッ　　〜ル　　〜ル　　〜レ　　〜レ

その活用である。下二段動詞は数が多いにもかかわらず、上の動詞にほぼ限った状態で「ラ行五段化」するのは興味ある事実であるが、理由は明らかでない。しいて言えば、両語の共通点は語幹一音節であることであろうか。しかも日常生活に密着した、使用頻度の高い動詞である。その点、上一段動詞に通うところがある。このことがあって、上一段動詞のグループの流れに乗ったのであろうか。今ひとつ両動詞の共通点をあげれば、両語とも「イヅ」「イヌ」のような、語頭に「イ」を取った語から出ていることである。このかたちの語は訓点語特有との指摘もある。小松（1981）は、「イヅ」について、「この語は複合語の下位成分として、『思ひいづ』『取りいづ』等の形でよく用いられた」とし、複合の結果の [i] の連続の一方が脱落し、結果として [du] が露出し、これが単独でも用いられるようになったと説明している。

　ところで、九州方言には、上でも述べたとおり、「ヅル」（出る）とほぼ同じ意味で行われたであろう「デクル」（できる）がある。現在では、共通語と同じように、「完成」や「可能」の意で用いられるのが普通であるが、古い意味は「現れる」であったらしい。この語は、上項でも触れたとおり、「出・来」（出て来る）起源であって、本来、カ変活用であったと推定されている。これが使用の上で、「ヅル」（出る）と混同されることもあったのではないか。

　「ヌル」（寝る）についても、古く「いを寝」というような言いかたがあったことは周知のとおりである。語幹一音節の不安定な形と意味を補ってのこ

一、九州方言における動詞活用の変遷　261

とであろうか。いずれにしても、両語は、頻用されるにもかかわらず、あるいは頻用されるが故に、実用に流されて、形や意味の安定性は十分ではなかったかとも推察される。このような生態が、上一段のグループの推移に同じやすかったのかとも考えられる。

　「ラ行五段化」に関して今一つ注意すべきことがある。本来、上二段動詞であった「起クル」「落ツル」が、「ラ行五段化」することである。

　　起キ　　～ラ　～ッ　～ル　～ル　～レ　～レ
　　落チ　　～ラ　～ッ　～ル　～ル　～レ　～レ

その活用である。これらの動詞については前項でも問題にした。それは、本来、上二段動詞であるこれらの語が、「起ケ（ん）・起ケ（た）・起クル……」「落テ（ん）・落テ（た）・落ツル……」のように、下二段に転移して残存していることについてである。ところが、これらの動詞は、上のとおりラ行五段に活用しても行われる。（「生きる」も同類か。）次例は、鹿児島でのものである。

　　○ハヨー　オキラン　ナ。（早く起きないか。）

　上二段であるはずの動詞が、下二段にも、そしてラ行五段にも活用するのは注目される。この「五段化」の現象は、九州のほぼ全域にわたって観察されるが、地域による多少の変動はあるとしても、この２語が中心である。それがなぜなのか、今は明らかにすることができない。日常、頻用される、活力のある動詞であることはむろんであるが、他にも成立や推移に関する理由があるのかも知れない。「起きる」ことも、また上掲の「寝る」ことも、日常、必須の生活習慣であり、また語であって、両者の密接な関係を指摘することができるとしても、「落ちる」については説明に窮する。

　なお、沖縄では、「ラ行五段化」は一般的であるかのようで、上村（1961）は、「首里方言の動詞活用の第二の特長は、一・二段活用動詞がすべてラ行四段的な活用に移行してしまった点である。」（p.344）と述べている。ここでも「移行」ととらえているが、それにしても、遠隔の地域ほど「ラ行五段化」が著しいのは、上でも触れたとおり、何らかの、古い史的事情を反映し

ているのか。ただ、この事態は、九州にとどまらず、近畿南部にも何ほどか観察される。和歌山、奈良県下の二段活用の残存状況については前項でも触れたが、その現象にほぼ帯同するかたちで、この五段活用を見せている。また、部分的には大阪府下にもあるらしい（楳垣　1962）。ラ行五段活用への推移、あるいは両活用動詞の関係については、なお、複雑な問題がありそうである。

(4)　「ラ行五段化」動詞の連用形・音便形
　藤原（2000）は、九州では、「ラ行五段化」動詞の連用形は見られないとしている。このことは上の項でも取りあげた。しかし、例えば「見ル」の連用形の「見リ（ッ）」は、たしかに行われている。しかし、その存在が際立つのは、九州でも主として南部地域である。熊本県はその中間地域である。地域によっては、「見ラ（ん）」などに比べて、「見リ」の見られにくいこともたしかである。本項では、この「ラ行五段化」動詞の、連用形の「リ」を特に取りあげ、使用の実態について問題にすることにしたい。
　上一段活用の連用形は、言うまでもなく語尾がイ段 [-i] である。ところで、大野（1978）は、その連用形の古形について次のように説明している。
　　上一段 ki（筆者注、着）の古形は kii で、母音が連続して i が二つ続くのでやや長い母音の i をもつ ki となったと推定する。(p.200)
このように、連用形の古形は kii であったと推定している。その連続する後の i は語尾であって、これが語幹に加わって連用形ができたとしているわけである。この説について、白藤（1982）は、
　　上一段動詞は、一音節の名詞に大野氏らの言われる動詞化する i 母音が直接して出来たものと考えられる。(p.91)
このように述べて、大野説を支持している。
　これら先学の見解は、現在の九州方言の立場からも傾聴に価する。ただ、気になるのは、このことが、ラ行四段の活用語尾とどうかかわるのかという点である。ここにまた、注目すべき説がある。亀井（1973）は、この語尾に

一、九州方言における動詞活用の変遷   263

関して次のように述べている。

> おしなべて動詞の活用語尾にあらわれる"ラ行（音）"そのものが、そもそも形態の歴史においてときがたいなぞをひめているであろうことである。しかし、現在あたえられている活用形の形態音韻からその直接にひとつまえの段階を仮定してみることがゆるされるならば、たとえば動詞〈みる〉の活用形の「み」は、ひとつの可能性として、これを「みり」へさかのぼらしめるであろう。せまい母音のiにはさまれたrがここで脱落したものとそう想定するのである。このようにして連用形がうまれたとすれば、そのかぎりでは、一段活用に下一段が存在しなくても、これまた、自然かもしれない。あるいはまた、「みらく」の慣用に「みら」の痕跡をみいだすことも、ここにひとつの可能性としてはゆるされうるであろう。(p.382)

実に興味深い見解である。これを仮に、上に引用した大野（1978）の説と重ねて、その結果のみから見れば、大野の推定する-iiは、亀井の-iri＞-iiと妙に符合するように思われてならない。むろん、両者の立場やそれぞれの推理の筋道があって、この符合が単純なことでないのは言うまでもない。しかし、こう直感して、何となく安定感があるのはなぜであろうか。現在の九州方言からする、かすかな論理のせいに違いない。

九州にあって「ラ行五段化」の著しいのは、主として南部地域である。その連用形もよく行われる。次は鹿児島の例である。

○モ　オキイヤッタド　ガナ。（もう起きられたでしょうか。）

○イマ　オキイガ　ナラン。（今、起きられない。）

この例に見られる「オキイ」［okii］は、むろん連用形である。土地の識者は、これを「起きり」と説明する。とすれば、亀井（1973）の推定するところ（-iri＞-ii）と符合していることになる。鹿児島県下にあっては、見イヤル（見られる）・着イヤル（着られる）・寝イヤル（寝られる）・出イヤル（出られる）などのように現れるのは普通のことである。

「〜リ」の形の連用形が見られるのは、九州中部地域でも稀にある。熊本南部の葦北では「見リマス・寝リマス・起キリマス」の類を聞いた。また北

部の南関に、「見リマス・着リマス」の類があることを、識者によって教示された。ただ、いずれも、使用者は年少者とのことである。大分県下の状況について、糸井（1961）は、「青少年の間には、すでに見リテー・見リョル・見レなどのかたちも現われている。」と述べている。このような使用状況から、特定のラ行五段を、新しい現象とする見解も出てこよう。果たしてそうなのか。なお検討を要する問題である。

連用形「〜リ」の、促音便化したものはよく見られる。「ラ行五段化」の盛んな九州南部地域では、「見ッタ・煮ッタ・伸びッタ・過ぎッタ」、それに「寝ッタ」や「起きッタ」などは、ごく普通に聞かれる言いかたである。

　　〇マダ　ヒンネッチョッ　ド。（まだ寝ているよ。）
　　〇オイワ　イマ　オギッタ。（俺は今起きた。）

これは、鹿児島での実例である。九州中部地域の、例えば天草でも、

　　〇ハヨー　オキッテ　クサオ　キッゲー　イタテ、（早く起きて草を切りに
　　　行って、……。）

このように言っている。その天草に、下二段活用の「起ケテ」の言いかたもあることはすでに述べた。

ここで、「ラ行五段化」の連用形についての現状に限って言えば、概して促音便形のものが古いのではなかろうか。と言うより、促音便が化石的に残存していると言ったほうが実状にかなっていようか。少なくとも、「ラ行五段化」の稀薄な中・北部についてはこう言える。むろん、原形「リ」があっての音便である。しかし、その原形が衰退して、音便形だけが残存することもあったのではなかろうか。

小松（1981）は、音便を、その機能の面から、「連接している二つの語が意味的あるいは機能的にひとまとまりとなっていることの指標」としてとらえている。これを前後二つの語ののりづけとも言っている。このような音便形のはたらきを、上掲の九州の「ラ行五段化」動詞の場合にひきあてて考えてみれば、例えば「見りて」は「見ッテ」となって、その促音便は、前後の二語の融合の指標となると同時に、全体がひとまとまりであることを明示していることになる。こうであるとすれば、前後の語と共にひとまとまりとな

った促音便形は、そのような束縛のない連用形と違って、ひとり衰退するなど、容易に単独行動がとれなかった道理である。支えのない連用形の「り」が不安定であったとしても、のりづけの核になった音便形が、化石的に残存することは、合理の現象と見ることができよう。

そのような音便形に対して、例えば「見り」の「り」は、すでに上でも述べたとおり、史的推移のなかで変化し、ついには、一段動詞の連用形とも目される「〜i」のかたちに化してしまったものと解される。こうであれば、いわゆるラ行四段活用の連用形に擬せられるかたちの「り」は、比較的早い時期にすがたを消した可能性がある。にもかかわらず、今日、「見リマス」のような言いかたが、主として若年層に見られるとすれば、それは、一種の復活形とも言うことができるのではないか。むろん、無意識的な、あるいは潜在的な日本語の伝承に支えられてのことである。いわば、古く地下に潜った伏流水の、時を経ての地表への流出である。その現象が若年層に見られやすいのは、ことばの常識や規則にそれほどしばられない、柔軟なところに湧出したということではないか。表面作用だけを見て、新しい活用変化の表れとすることには慎重でなくてはならない。

今一つ確認しておきたいことは、ラ行音の促音便の発生の時期である。音便の発生を「前後音節よりも弱化して発音する傾向から生じた」と説明する亀井（1964）は、

> こういうラ行音が退化した現象は、奈良時代以前から、かなり散発的に発生していたらしく、これらの語形が、ある期間は、二重形として存在したと考えられる（いずれにせよ、このラ行音の退化が音声的には、もっともはやく促音を発生せしめたと推定される）。(p.42)

このように述べて、ラ行音の促音化の発生がもっとも早く、それは、あるいは奈良時代以前のことかとしている。今日、九州方言に見られる「ラ行五段活用」動詞の促音便が、いつ発生したかは明らかでないとしても、平安時代以来の現象と、その時期を狭く限る必要もないわけである。つまり、問題の「ラ行五段活用」動詞の促音便の発生が、仮に上古のこととしても、異とするに足らない。

ここにまた、連用形「り」の伏流水の、地表への流出を思わせる現象がある。「見リ。」（ごらん。）、「起キリ。」（お起き。）という言いかたがそれである。このような連用形を勧奨に用いる表現法を、藤原（1978）は、「動詞連用形を用いる尊敬表現法」と呼んでいる。「たとえば『行く』『見る』に関しては『イキー。』『ミー。』のような言いかたをする。」と述べて、「近畿・四国がその本場のようである。」と、この表現法の分布のおおよその領域を指摘している。

当面の九州の北部にも、藤原の指摘する分布の主域とはややずれるが、この表現法が行われている。おおむね若い層に、それも主として女性に、いくらか柔らかい言いかたとして用いられている。そしてこの地域に、上掲の「見リ。」（ごらん。）や「起キリ。」（お起き。）の類が行われているのである。ところで、「見リ」「起キリ」などは、上一段活用の連用形としては普通ではない。当然のこと、この語尾の「リ」については、一音節の語幹の補強とか、ラ行五段活用の類推とか、あれこれ説明されてきてはいる。が、それらの見解は、たしかに実状の一端をとらえているとしても、なお根本的な問題が残るように思われる。私は、これを、当面の「ラ行五段化」動詞の連用形に擬することができると考えている。

岡野（1991）に掲載されている「下関市・北九州市言語地図」の、「起きろ」の分布図（老・青女対照図）によると、「オキリ」は、老・青の両図に見られるものの、青年層女子の使用が圧倒的に多い。このことからすれば、「オキリ」は、たしかに新しい言いかたである。しかし、その由来については上に詳述したとおりである。起源的にははるかに遠い、そして根の深い「ラ行五段化」動詞の連用形が、いまだに、かつての温もりの残る土壌のなかに、しかも柔軟性に富む若い人のことばに再び芽を吹き、顕在化したと解するのが適当と考えられる。

連用形命令法としてこの「リ」語尾が見られやすいのは、主として上一段動詞である。むろん本来の上一段活用動詞が中心である。さらに言えば「ラ行五段化」とみなされる動詞群である。下一段動詞では、語幹一音節の「出リ。」（出ておいで。）、「寝リ。」（お休み。）の他は、「食ベリ。」（お食べ。）、「受

ケリ。」（お受け。）が目立つ程度か。

　なお、九州南部、例えば鹿児島県下では、すでに述べたとおり、問題の連用形語尾の「リ」は、「見イヤル」（見られる）、「寝イヤル」（寝られる）のように、子音が脱落して「イ」音に変化し、古来のこの形のまま現在に及んでいる。しかもこれが日常語として活動している。北部では、このような従来の「リ」がすでに衰退しているにもかかわらず、連用形命令法のような特定表現などの場合に限って現れるのは、上でも触れたとおり、例の古い伏流水の、地表の柔らかい部分へ新しく流出した語法であろう。

　「ラ行五段化」が近畿の一部にも見られることは先述したが、当然のことながら、当域にはまた、この動詞の連用形の「リ」も見られるらしい。山本（1962）は大阪府南の「見リに行く」などを、西宮（1962）は奈良県南の「見りたあ」（見たい）のような例をあげている。東海の三河も注目地域のようである。「起キリン」「寝リン」はよく聞かれるが、また、「お寝りんさい」「お見りんさい」もあり、これは老人ことばとされている。

　伊豆の利島にはまた、「ハヤク　ヲキリヤイ（早く起きなよ）」のような例が見られる（平山　1965）。「見リヤイ」「見ラン」もあるらしい。本書はまた、他にも九州方言に類似する語法を指摘している。そして、「レ語尾の命令形が存在し、かつ全体として、一段・サ変活語に、第２段階の変化部分（−ra、−ro など）、が発達しているところに存在すると見られる。利島では少年層男子も用いるが、どちらかと言えば女子に多用される。」と注記している（p.58）。この種のものはどういう成り立ちのものか。本論の立場からすれば、例の「ラ行五段化」動詞に関連する語法と見たい。

(5)　「ラ行五段化」動詞の命令形

　「ラ行五段化」動詞の命令形は、「見レ」「起きレ」のように「レ」語尾をとる。上一・二段活用動詞が「ラ行五段化」している九州南部では、この形の命令形がごく日常的である。

　　〇ハヨー　オキレ。（早く起きろ。）

鹿児島県種子島での一例である。ただし、この地域では、下二段活用動詞の

命令形は、「受ケ」(受けイ)などのように「イ」(よ)語尾である。

　九州西北部でも、「ラ行五段化」動詞の命令形は、言うまでもなく「レ」語尾である。この西北部地域には、下二段活用動詞が残存している他に、かつての上二段活用動詞の一段活用化したものがある。これらの語の命令形は「ロ」語尾が一般である。ただし、旧上二段活用語のなかには、「ロ」語尾と共に「レ」語尾をとるものもあって、性別・年齢別にわたると、この点かなり複雑である。東北部（大分側）は、「受キー」「受ケ」などの「イ（よ）」語尾の地域である。その「イ」語尾の流れは、鹿児島などの南部に続いて行く。

　それにしても、最北部地域には、なお、上項で問題にした、「見リ」などの連用形による命令の言いかたがある。これが盛んな地域では、命令形の「見レ」類はかなり埋没した状況にある。

　焦点を絞って、九州西北部に位置する熊本県下を見てみよう。この地域には、「ロ」語尾と「レ」語尾とが共存している。むろん、活用の種類によって使いわけられてはいるが、それにしても、現上一段動詞などには、一語に「レ」「ロ」両語尾の現れることがある。その一語、「見る」の命令形の複雑相は、『方言文法全国地図2』（86図）によっても知ることができる。その図によっても明らかなとおり、例えば熊本の南部に位置する八代では、「見ロ」「見レ」が共に行われており、土地人は、その両者について、「見ロ」は威嚇的だと言い、「見レ」のほうがやさしいと説明している。その「見レ」は少年層に多いか。

　〇キテ　ミレ。（来てみろ。）

その一例である。西辺海域の天草でも両命令形が見られるが、ここでは、全般に「見ロ」が多い。

　〇イタン　ミロ　ナー。（行ってごらんね。《老女が私に》）

旅の者に対しての老女の発言である。その使いかたは、特に乱暴でもなく、また堅ぐるしくもなく、ごく日常的である。

　〇ヨカシェン　キテ　ミロ。（いいから来てみろ。）

野球に熱中する少年たちの発言で、これもごくしぜんである。

一、九州方言における動詞活用の変遷　269

下二段動詞となると、「ロ」語尾が普通である。同じ天草で、
　○オチャー　サシアゲロ。(お茶をさしあげなさい。《老女が家人に言いつける。客は旅の者》)
と言ってもいた。
　○タタキツケロー。(〈ボールを〉たたきつけろ。《少年の野球》)
これも野球に熱中する少年たちの発言である。
　○ホームニ　ナゲロー。(ホームに投げろ。)
ともあった。「ハネーロ。(走れ。)」は、当地の慣用的な応援ことばである。こういう「ロ」語尾の社会では、「レ」語尾は生きにくいのか。と言うよりも、生きる余地がないのか。それが、熊本本土地域となると、下二段の「レ」も少年層に聞かれる。
　○チャント　ナゲレ　ヨー。(ちゃんと投げろよ。《野球》)
野球に興じる少年たちの一例である。
　かつて九州方言学会(1969)で、九州全域にわたり、下二段活用動詞の命令形について調査したことがある。調査語には、多音節の「考えろ」を選んだ。「レ」語尾の影響を受けにくいからである。その結果については、同書掲出の一覧表をご覧いただきたい(p.78)。「カンガエロ」のような「ロ」語尾は、福岡南部・佐賀・長崎・熊本南部(天草を含む)など西北部で一般的である。「カンガエレ」は福岡の北部、長崎の北・西辺および熊本北部に、わずかに点在している。他は「カンガエー」「カンガイー」「カンギー」など「イ」語尾である。西北部に分布する下二段動詞の命令形の大勢は「ロ」語尾であることが確認できると共に、「レ」語尾は、わずかながら、「ロ」語尾の広がりのなかに分布していることも知ることができる。なお、『方言文法全国地図2』(85図)によっても、「起きろ」に関する複雑な分布状況を概観することが可能である。
　藤原(2000)は、両語尾命令形に関して、次のように述べている。

　　九州地方で、「見ラ」もおこなわれていれば「見レ」もおこなわれているという所で、なお「見ロ」もおこなわれているばあい、傍観者としての私などには、「見レ」と「見ロ」との親縁関係が思われないではな

い。もしかしたら、「見レ」から「見ロ」がうまれたりはしなかったかと思われないではない。従来は、九州地方の「～ロ」命令形の存在について、しばしば、古代の防人のころの東ことばが、かく九州西域などにも残存するにいたったかと、解釈されることがあった。そうかもしれないが、「レ」が「ロ」になったりすることがありはしなかったかと想察されもする。(p.324)

　上でも問題にしたとおり、命令形の「～レ」「～ロ」は、やや複雑な分布を見せていて、その現状を見る限りでは、指摘のような関係を思わせないでもない。しかし、活用体制のなかにこれらの命令形をおいてみると、おのずからに両者の所属が分明になってくるように思われる。「レ」語尾は「ラ行五段化」動詞のものであり、「ロ」語尾は二段動詞のものである。たしかに、現状で、その両者の影響関係がないとは言えない。それには、上でも指摘した、現下での、両者の表現性もかかわっていようか。それにしても、はっきりしていることは、「レ」が「ロ」に変化することはなかったであろうと言うことである。その逆は、すなわち「ロ」から「レ」への変化は、あるいはあり得たかも知れない。特に、「カンガエロ」のような、音節数の多い二段動詞の「ロ」語尾命令形の分布するなかでの「レ」語尾の点在は、「ロ」から「レ」への変化を思わしめもする。このような推定は、分布の実状と、表現性の差異、それに使用層を見ることが重要である。それに加えて、優勢な現行のラ行五段動詞の命令形からの、何らかの影響も無視できないのではないか。

　両命令形の成立については諸説がある。上一段動詞と類縁関係にある「ラ行四段」型動詞の成立期には、その命令形がはっきりしているわけではなさそうである。大野（1978）は、四段動詞の命令形の成立について、

　　sake の古形は sakia であると見ることができる。(中略) してみると、ラ変・四段・ナ変・サ変の命令形は連用形＋a によって成立したと考えられる。この a は感動詞の a と考えられるから、これらの命令形の成立は、連用形（つまり名詞）の後に二次的に感動詞 a を加えたものであろう。(p.205)

このように推定している。ちなみに、四段動詞の語幹は、sak のように子音終止と見ている。この推定を仮に、「見ル」にあてはめてみると、miri + a → mire になる。すなわち、大野説に従えば、例えば命令形の「見レ」は、いまだ「ラ行四段」型活用の定まらない上古のこととはいえ、すでに何がしかの原形、あるいは原形への筋道を見せていたことになるのではないか。

「ロ」語尾は、今日、一段活用動詞の命令形として、関東・東北に広く分布していることは周知のとおりである。そして、この語尾が、九州西北部にも見られることは、上でも指摘したとおりである（『方言文法全国地図2』（85図）参照）。大野（1978）は、下二段・上二段・上一段の命令形は、a ならぬ o 感動詞が、名詞形（連用形）の後について成立したとしている。そして、語幹末尾の母音と感動詞 o との間に、y または r を介入させたとしている。その介入子音は、大和地方では y を、東国方言では r を用いたと説明している。

ここで、大野（1978）は、上一段活用動詞と、その動詞の「ラ行四段」型活用との関係については、特に注意を払っていない。上一段動詞の命令形語尾の成立を問題にしたにとどまる。当時にあっても、「ラ行四段」型としての活用が整わず、いきおい、上一段動詞が主流にあったという事情にもよろうか。この段階では、むろん「ロ」「レ」の先後関係は言うに足りない。

大野（1978）の推定した命令形語尾で、大和地方は yo を、東国地方は ro を用いたとする説については、異論もある。奥村（1990）は、「『ロ』形は次の如く、奈良時代以前の中央語である可能性も存する。」と述べている。すなわち、本来、「ロ」や「ヨ」は動詞の命令形語尾でなく、間投助詞の類であったと説き、なお多くの証例をあげて、「中央語の古い間投助詞『ロ』に関し、動詞命令法に下接する用法が、他の諸用法に先だって衰退した」として、「命令法『ロ』形が古い中央語だった」（p.532）と推論している。

「ロ」語尾が、かつて中央語であったとする指摘は興味深い。こうであったとすれば、九州のそれは、関東・東北のそれと共に、いわば周圏分布の結果として、比較的容易に理解することができる。

九州を出て、「レ」語尾が比較的まとまって見られる地域は、例の近畿の

一部（大阪南部・奈良南部・和歌山北東部）である。「見レ」「出レ」のような例が見られる。兵庫南東部の加東では、稀なことではあるが、

　　○ハヨー　オリレ。（早く降りろ。《バスから。小学生男同士》）

のような例も聞いた。東海地方にも点在するが、何といっても著しいのは、新潟から東北へかけての日本海側である。東北地方一帯は、上でも触れたとおり、「ロ」語尾の一般的な地域である。「レ」語尾の多い日本海側にも、「ロ」語尾の分布する地域がある（『方言文法全国地図2』（85・86図）参照）。しかし、この日本海側地域には、「ラ行五段活用」にかかわる他の活用形が確認されていない。ただ、平山（1965）は、伊豆の利島の「レ」語尾の存在を指摘した上で、「（ヲキリヤイ〈起きなよ〉のような形が）北海道中部、秋田県などでも用いられている可能性がある。」と推測している。いずれにしても、今の段階では、これらの地域の「レ」語尾命令形は、九州などの「ラ行五段」化の命令形とは、距離をおいて考えたほうがいいのかも知れない。

　上で指摘されている北海道であるが、ここも「レ」語尾の優勢な地域である。この現状について、石垣（1976）は、「レ型は全道的に断然優勢で、都鄙を問わず、男女を問わず、圧倒的に優勢である。」とした上で、「北海道人の言語感情がロ型命令形に対して強く反発し、粗暴とか、野卑とか、高慢とか、生意気とかいう感じを持っているので、その泥くさい『起キロ』式の命令の言い方が東京語に用いられているのがむしろ不思議にさえ思われるのである。」（p.185）と述べている。ここで、九州熊本の土地人の一人が、「〜ロ」は威嚇的と評していたのが思い合わされる。

　国の西南と東北で、命令形語尾の「レ」と「ロ」とが、ほぼ連れ合った状態で行われているのは、たしかに注意をひく事実である。東北や北海道などのように、命令形のみが「レ」語尾である地域では、「ラ行五段」化とは関係なく、ひとまずは、「ロ」から「レ」への、単純な変化とすることもできようか。相手に直接命令することの負担の意識が、しぜん母音の狭さを求めたと解することができるかも知れない。しかし、「ロ」の存しない地域、例えば九州南部などでも「レ」は盛んである。これらの地域では、命令形単独の単純な変化と解することはできない。つづまるところ、命令形の「ロ」語

尾と「レ」語尾とは、本来は、別の活用に属するものである。

むすび

　九州に二段活用が、しかも下二段活用が残存していることは、九州方言の古態を示すものとして、注目すべき事態である。ところが、一方に認められる一段活用の「ラ行五段化」は、新しい現象と目されている。主として九州方言を舞台とする両活用の存在事態は、果たしてどのように、史的推移の論理に適うものであろうか。

　今日、主として国の辺境地域で、「ラ行五段化」として扱われている動詞とその活用は、実は、新しい発生にかかわるものではなく、起源を上古におく、古い芽生えのものではないか、というのが、本論第２項の趣旨である。しかしながら、古い芽生えとは言っても、上古にその活用体制が確立していたわけではない。母体とも言うべき上一段活用の原型が、ラ行四段活用型との間にゆれていた事情は、上にも諸説を引用したとおりである。中央の大勢は上一段活用に安定していったとしても、起源時のラ行四段型への流れが途絶したわけではない。その活用の根幹が、国の周辺に広く分布した可能性がある。注意深く見極めていけば、遠隔の地域や影の地域にとどまるその残照を、今日、おぼろげながらも探りあてることができる。

　九州南部地域や南西諸島には、そのラ行四段の活用が、かなりな精度で認められる。が、九州も中部・北部になると、上一段活用に覆われて、その根幹が薄らぎ、活用形によってはすがたを消している。しかしながら、その衰退は表面でのことであって、なお伏流水として地下を流れ続けたのである。その伏流水が、あるきっかけで（そのきっかけとは、日本語の潜在的な伝承意識である。換言すれば潜在的な「記憶の伝承」の意識化である。）地上に現れたにもかかわらず、それは新生の形式と目され、「ラ行五段化」として処理されてきた。異様とも映る古形式が目の前に現れて、上一段活用に慣れた目からこれが特殊視されたのも、やむを得ないことでもあった。しかし現象存立の根源や源流は、正確に把握されなくてはならない。

それにしても不思議なのはラ行音であり、ラ行音活用である。日本語にあってラ行音とはいったい何なのか。このことが最後に残る疑問であり、尽きない興味である。

文　献

佐土原果（1957）「鹿児島（市）方言動詞の素描」『国語学』31
糸井寛一（1961）「大分・宮崎北部」『方言学講座4』（東京堂）
上村幸雄（1961）「沖縄本島」『方言学講座4』（東京堂）
楳垣　実（1962）『近畿方言の総合的研究』（三省堂）
山本俊治（1962）「大阪府方言」『近畿方言の総合的研究』（三省堂）
西宮一民（1962）「奈良方言」『近畿方言の総合的研究』（三省堂）
村内英一（1962）「和歌山県方言」『近畿方言の総合的研究』（三省堂）
村内英一（1982）「和歌山県の方言」『近畿地方の方言』（国書刊行会）
亀井孝他（1964）『日本語の歴史4』（平凡社）
亀井　孝（1973）『日本語系統論のみち』（吉川弘文館）
平山輝男編（1965）『伊豆諸島方言の研究』（明治書院）
九州方言学会（1969）『九州方言の基礎的研究』（風間書房）
石垣福雄（1976）『日本語と北海道方言』（北海道新聞社）
大野　晋（1978）『日本語の文法を考える』（岩波書店）
藤原与一（1978）『方言敬語法の研究』（三省堂）
藤原与一（2000）『日本語方言文法』（武蔵野書院）
金田一春彦（1977）『日本語方言の研究』（東京堂出版）
小松英雄（1981）『日本語の音韻』（中央公論社）
白藤礼幸（1982）「古代の文法Ⅰ」『講座国語史4　文法史』（大修館書店）
飯豊毅一他（1983）『九州地方の方言　講座方言学9』（国書刊行会）
奥村三雄（1990）『方言国語史研究』（東京堂出版）
国立国語研究所『方言文法全国地図2』
岡野信子（1991）「リ・リー語尾命令形の考察」『日本文学研究』27

二、九州方言における動詞音便の変遷

はじめに

　動詞の音便は、中古の頃から行われはじめた、国語史上の重要な事実である。九州方言においても例外ではなく、今日、その音便は、動詞運用上の、ごく日常的な現象であることは言うまでもない。ただ、注意されるのは、九州方言に存する音便は、発生当初の、国の中央に見られた形式のみでなく、その後の変遷の跡もなぞらせることである。なお興味深いことに、その九州方言の動詞音便の実態は、室町時代の音便組織に類似しているかのようである（柳田　1985，参照）。その点からしても共通語の今日の音便とは異なっている面も少なくない。本節では、これら音便の推移の跡を、その背景と共にたどりつつ、同じ推移につながる西日本の特定方言の実情にも留意して、音便変遷の一端に触れることにしたい。

1. ウ　音　便

　はじめに、ウ音便を取りあげよう。ウ音便については、ハ行四段活用動詞の、例えば「買ウテ」「笑ウテ」などはよく知られていよう。九州方言を含む西日本方言においては、これが一般的である。ただ、九州方言およびその周辺方言に見られるウ音便はこれに留まらない。マ・バ行四段活用動詞もまた、ウ音便を見せている。本項では、これらの音便存立の実情について問題にすることにしたい。

(1) ハ行動詞のウ音便

　九州方言に行われるハ行動詞のウ音便は、上でも触れたとおり、どの地域でも、ごく日常的な現象である。

○イワーシバ　コーテ　キテー、(鰯を買ってきて、)〔熊本〕
○ウター　ウトーテ　バイ。(歌をうたってね。《仕事中も》)〔熊本〕
その一例である。
　ところで、このようなハ行動詞の音便は、また、次に掲げる例のように、Cuu となって行われることがある。
○ウマバ　アルーテ、(馬を洗って、)〔佐賀〕
○ゾーリモ　ナーンモ　ナルーテ、(草履〈作り〉も何もかも〈家で〉習って、)〔熊本〕
○ワルーテ　ウシロー　ミチョイ。(笑って後を見ている。)〔鹿児島〕
主として西部地域に見られる現象である。鹿児島を含む南部地域では、「洗ルタ」「笑ルタ」のように短呼されることもある。こう現れるのは、九州方言で、合音が、Cuu のように発音されることによるか。(開音は Coo となるのが一般である。)合音発音の一端を掲げれば次のとおりである。
　　　　issjuu（一升）　ippjuu（一俵）　endzuu（豌豆）　kjuu（今日）
こうであるとすれば、上の「洗ルーテ」「笑ルーテ」の類も、これら合音発音と、何らかの関係があるかと推測される。つまり、「洗う」(arau)、「笑う」(warau) も、ウ音便の実現形 aroo、waroo に引かれて、しぜんのうちに、arou、warou と意識されるようになったのではないか。現に、上にも触れた南部地域には、「洗ロ」「笑ロ」の終止・連体形があり、後発のはずの「洗ル」「笑ル」と共存している（九州方言学会　1969）。このような実情からして、「洗ルーテ」「笑ルーテ」の類も、ある意味で、合音の痕跡と見ることができると考えられる。
　上でも触れたとおり、ハ行動詞のウ音便形は、西日本地域に広く分布している。そのなかで注目されるのは、中国山陰の状況である。山陰東部の出雲・伯耆・因幡地域はおおむね Caa (「カーテ〈買〉」「アラーテ〈洗〉」) であるが、西部の石見は Coo (「コーテ〈買〉」「アローテ〈洗〉」) である。大局をこのように把握したとしても、細部にわたれば複雑である。と言うのは、東部のうちにはまた、促音便の「買ッテ」「洗ッテ」の類も聞かれるからである。この促音便が一般的なのは北方海上の隠岐である。

ところで、山陰では、例の開音に由来する発音はCaa、合音に由来する発音はCooとなって今日に及んでいる。この点、開合の区別を保ちつつも、開音がCoo、合音がCuuである九州の状況とは異なっている。山陰の発音が低く、九州の発音が高いのは興味ある史的事実であるが、ここでは、この問題には触れないでおく（神部　1992，参照）。

　いわゆるウ音便が「カーテ〈買〉」「アラーテ〈洗〉」となるか、「コーテ」「アローテ」となるかは、たしかに興味ある事実であるが、その史的前後関係を言うことは容易でない。柴田武氏は、糸魚川地方に分布する「カーテ」「コーテ」について、その分布状況から、「コーテ」が古いと推定している（亀井　1966，参照）。ところが、山陰では、出雲など古脈とされる地域には「カーテ」が分布していて、「コーテ」は山陰西部の石見地域にしか見られない。石見は、山口の長門に続いており、山陽色をかなり見せる地域である。この地域に分布する「コーテ」は、いわば山陽分布の事象と一連である。

　いったい、中世期以後にあって、開音がCaaに落ちつくか、それともCooに落ちつくかは、事象そのものの変化の、史的前後関係にはよらないのではないか。これを決定するのは、当該地域の方言基質（基層）の問題である。このことについても、上記の拙著を参照していただきたい。したがって、山陰にあって、Caaの「カータ」類が古脈地域に分布しているからと言って、これが古いと言うことには慎重でなければならない。それよりも興味のあるのは促音便の「カッテ〈買〉」類である。

　促音便の発生は、連用の〔fi〕が、後接の〔t〕に同化して成った形とされる（kafite ＞ kafte ＞ katte）。柳田（1985）は、その発生について、次のように述べている。

　　　抄物を見ても、抄文中にはハ行四段活用動詞がウ音便で現われるが、原典引用部分の訓読には促音便が用いられているのである。つまり、京畿におけるハ行四段活用動詞の促音便とウ音便とは、前者が古く行われた形であり、後者が新しく成立した形なのである。(p.95)

これによると、京畿では、促音便が古く成立した形のようである。東日本では、この促音便が一般的であったのであろうか。今日、この音便は、上記の

山陰を除いては、西日本には見られない。このような実情からすれば、山陰に分布する促音便は、ウ音便の成立する前の、古形の残存と解することができようか。このような解釈は、古脈の山陰に分布する促音便の実情にも適っていよう。

西日本でウ音便が一般的であったのは、いわば関西の方言基質が、母音性であったことにもよるのではなかろうか。こうであるとすれば、ハ行動詞の促音便は、成立しにくかったとも考えられる。その観点からすれば、山陰の方言基質は、関東にも通う面のある、西日本としてはかなり異質なものであったと推測される。

(2) バ・マ行動詞のウ音便

バ・マ行動詞の音便は、共通語では言うまでもなく撥音便である。ところが、九州方言では、撥音便のほかにウ音便も行われている。

① バ行動詞のウ音便形

　○ヨロコーデ　キヨンサー。(喜んで来ておられる《ゲートボールに》)
　○オナゴドマ　コゲシテ　アスーデ、(女たちはこんなにして遊んで、)
　○ミンナ　ナローデ　ナー。(みんな並んでねえ。)

佐賀・熊本および大分での実例である。「ヨーデ〈呼〉」「トーデ〈飛〉」「ムスーデ〈結〉」などの例もよく聞かれる。これが、上でも触れた例の合音のために、「ユーデ（ユデ）〈呼〉」「ツーデ（ッデ）〈飛〉」のようにもなっている。ところで、このようなウ音便も、ハ行動詞の場合のように一色ではない。一方に撥音便があり、むしろ若い層などでは、共通語形ということもあってか、このほうが一般的かのように観察される。こういう実情もあって、ウ音便は古形と見られがちである。

九州方言の音便状況に類似する室町時代のそれについて、柳田(1985)は「室町時代の状況は、もとすべてm撥音便を起こしていたが、やがてウ音便へと移行していく一過程にあるものとして把握されなくてはならない。」としているが、九州方言でも、かつて撥音便一色の時期があったのかどうか。それにしても、いったん撥音となったものが、この音からウ音に転じるとい

うことは、普通には考えにくい。ここには、両音に転じやすい、あるいは両音の性格を併せ持った音の存在を想定することが有効である。とすれば、その音は、鼻音化したūであった可能性がある。

亀井（1964 A）は、「和名抄」の林檎（利宇古宇）のような撥音表記の例をあげて、「『ウ』で書かれた音便が、はたしてウ音便であるか、あるいははね音便であるか、そこには疑問があるにしても、ウ音便の『ウ』が鼻母音的なものであったことは、認めてよいはずである。」(p.40)と指摘している。この指摘は納得できる。九州方言にあっても、かつてのある時期、バ行動詞の音便は、「あいまい」なū（〈飛〉tobite ＞ toūde ＞ toude／tonde）であったと見れば、今日の両音便形の併存状況が理解しやすいのではなかろうか。そのウ音便が、撥音便に主座を譲ることになったのは、柳田（1985）も指摘するとおり、開合に関する語幹保持の問題がでてきたためであろうか。「アスーデ〈遊〉」「ナローデ〈並〉」とも、「ユーデ（ユデ）〈呼〉」「ツーデ（ッデ）〈飛〉」ともなっている実情からすれば、語幹保持の意識が働いた「遊ンデ」「並ンデ」、「呼ンデ」「飛ンデ」の撥音便への流れは、しぜんのことであったとも考えられる。なお、九州方言のうちには、ウ音便に引かれてか、「アスブ〈遊〉」「ナロブ〈並〉」のような終止の言いかたもできている。

バ行動詞のウ音便の残存は、九州のうちに留まらない。中国地方の西部地域にも、この言いかたが点在している。「ムスーデ〈結〉」［長門］、「ヨーデ〈呼〉」［周防］、「アスーデ〈遊〉」［安芸］はその例である。

② マ行動詞のウ音便形

　　○ノーデ　クイライ。（飲んで下さい。）［佐賀］
　　○ドケーモ　アユージ　イク。（どこへも歩んで行く。《昔》）［佐賀］
　　○ツケモンバ　ツケコージ、（漬物をつけこんで、）［阿蘇］
　　○ヒロシキニ　ツツーデ、（風呂敷に包んで、）［天草］

その実例である。これが、Couの合音のために、

　　○イッシューグレー　ヌードル。（一升ぐらい飲んでいる。）［天草］

のように、「ヌーデ〈飲〉」のようになることもある。「タヌーデ〈頼〉」「ユーデ〈読〉」もその類例である。

さて、マ行動詞の音便も、バ行動詞の場合と同様に撥音便も現れる。このことは上にも触れたとおりである。両音便形併存のなかにあって、ウ音便は古老に見られやすく、これが古形式とされることは、バ行動詞の場合と同様である。両音便形の併存のいきさつは、バ行動詞の場合に準じて考えることができよう。この場合も、音便の当初は、鼻音化したūであった可能性がある（〈飲〉nomite ＞ noūde ＞ noude／nonde）。なお、九州方言の撥音便の実情については、下の、当該項で取りあげることにしたい。

マ行動詞のウ音便は、中国地方の西部地域のうちにも、残存的に見いだされる。「シズーデ〈沈〉」「ヤスーデ〈休〉」［長門］、「ノーデ〈飲〉」「ススーデ〈進〉」「ツッコーデ〈込〉」［周防］などは、山口県下に見いだされる例である。瀬戸内海中部以西には「ノーダ〈飲〉」が分布している（藤原　1976）。

2．イ　音　便

(1)　サ行動詞のイ音便

九州方言では、かつてはこのイ音便が普通に行われていたのか。が、今日では、連母音の融合のために、そのままの形で現れることはない。
　　〇オレーテ　クンサッテ、（降ろして下さって、）［佐賀］
　　〇バーサンナ　ジョーズジャ　モン。ハニャーテモ。（ばあさんは上手だもの。話しても。）［天草］
この例の、「オレーテ」は「オロイテ」、「ハニャーテ」は「ハナイテ」が原形と見られる。豊後の九重方言でも、「ケーチ〈貸〉」「デーチ〈出〉」「カクィーチ〈隠〉」のような例が見られる（糸井　1964）。ところが、一方では、古老からも、
　　〇カシテ　クンシャイ。（貸して下さい。）［佐賀］
　　〇ドー　オシテ　ナー。（櫓を押してねえ。《渡舟》）［天草］
　　〇タケンサキニ　モチョー　サシトッテ、（竹の先に餅を刺しておいて、）
　　　　［薩摩北部］
のような例がよく聞かれる。上の九重においても、「貸シチ」「出シチ」など

が、「ケーチ〈貸〉」「デーチ〈出〉」などと併存している。そういうなかにあって、「押シチ」「消シチ」に限っては音便がないと言う。いずれにしても、非音便のほうが新しい言いかたと思われるが、微妙なところがないこともない。融合した音便形の出る地域でも、試みに原形を発音しようとすると、非音便形しか出ないのが一般である。つまり「オレーテ〈降〉」の原形意識としては、「オロシテ」しかないのである。九州に接する中国地方のうちにも、連母音融合形で現れるイ音便と、本来形のままの非音便とが併存している地域がある。山陰の隠岐もその一つである。備後でもその事実を確認している。

　サ行動詞イ音便形は、発生の当初から、かなり不安定であったかのようである。亀井（1964 A）は、「このサ行四段のイ音便は十分の発達をとげずに終わっている。」としている。その衰退についても、柳田（1985）は、「サ行イ音便衰退の背景の力となったのは、その当初から原形でとどまっていた語が相当数存したことである。そのため、それは、カ行イ音便に比べて、常に弱い存在であった。」と推定している。たしかに、今日の九州方言など西部方言におけるサ行イ音便の実状を見ても、かつてサ行イ音便が一般的であったのかどうか疑わしいところがないでもない。

　現代諸方言におけるサ行イ音便の分布とその史的推移についての推論は、奥村（1990）に詳しい。ただし、本論は、京都語史に関する推論が中心で、九州方言についてのそれは、やや手薄な感がある。

(2) カ・ガ行動詞のイ音便

　カ・ガ行動詞のイ音便は、共通語と変わるところがない。ただし、そのイは、語感の末尾の母音と融合した形で現れるのが普通である。
　○クジラノ　コエバ　キータ　テ。（鯨の声を聞いたって。）［佐賀］
　○ヒバ　チャーテ、（火を焚いて、）［天草］
　○ジバ　ケテ、（字を書いて、）［薩摩］
カ行イ音便の例である。
　○ワタオ　ツムィーデ　ナンタ。（綿を紡いでねえ。）［佐賀］

○コメバ　テーデ、(米を研いで、)[天草]

ガ行イ音便の例である。「サウェージ〈騒〉」「オイージ〈泳〉」[豊後九重]、「イセーデ〈急〉」「ケーデ〈漕〉」[天草]、「ニデ〈脱〉」[薩摩]などもその例である。

　イ音便の発生について、亀井(1964 A)は「発生当時イ音便の『イ』は、ĩであったとおもわれる。」と推定している。この推定は、少なくともガ行動詞については説得力がある。〔gi〕が鼻音化のきざしを見せたために、その影響によって、後接の〔te〕が有声化したのであろう。ただ、カ行動詞の場合については、現状からする限り何とも言えない。

3. 撥　音　便

(1)　バ・マ行動詞の撥音便

　上の第1項(2)で、バ・マ行動詞のウ音便形について述べた。九州方言にあっては、バ・マ行動詞は、ウ音便、撥音便の、両音便形を見せている。両音便形併存の史的事情については先にも触れたとおりであり、なかにあって、撥音便が、新しい流れに乗って今日に至っていることも先述した。言うまでもなく、当該動詞はすべて撥音便であるのが、国語の共通状況である。

　ところで、西辺海域の天草など、地理的にも生活的にも孤立性の強かった地域では、今日でも、日常ではウ音便が一般的かのように観察されるが、そういうなかにあって、マ行動詞の、語幹が一音節で、しかもその語尾がuである語にほぼ偏した状態で、

○ミズバ　クンデ　キテー、(水を汲んできて、)

○ナガサキカラ　ツンデ　クットジャ。(長崎から積んで来るんだ。)

○ヂョイオ　フンデ、(草履を踏んで〈履いて〉、)[鹿児島]

のように撥音便になるのが一般である。むろんこの類の動詞には、ウ音便は現れない。この現象は、いくらかの出入りは認められるとしても、ほぼ九州の全域に見いだされる。語幹保持の、しぜんの現れであろうか。なお、室町

時代にも、このような現象の見られたことは、すでに先学によって指摘されている（柳田　1985）

(2)　ナ変動詞の撥音便
「死ぬ（る）」「去ぬ（る）」は撥音便になる。
○モー　シンダ　モンジャケン、（もう死んだものだから、）
佐賀での一例である。

4. 促　音　便

　促音便については共通語に準じる。ただ、カ行動詞の「行く」については取りあげるべきことがある。この動詞が、カ行動詞一般がとるイ音便からはずれて、例外的に促音便になっている史的事情については、これまでにもとかく問題にされてきた。その推移については、亀井（1964 B）に詳しい。同書は、例外になったことの要因を推定して、「行く」の語幹が、イ母音一音節であることをあげている。すなわち、「行く」も、カ行動詞一般がたどった推移にしたがって、いったんは「イイテ」となったが、その「イイテ」は「イーテ」を経て「イテ」となりやすい。「イッテ」は、この「イテ」の体系上の不均衡を是正しようとして、新しく促音を挿入することによって成った形とする。
　九州方言には、わずかながら「イッテ」もあり、また「イテ」もある。東側の大分などは、「イチ（テ）」とあるのが一般である。
　　○ココバ　ズーット　イッテ　ヒダリサン　イッテー、（ここをずっと行って左へ行って、《旅の者に道を教える。老女》）［熊本南部］
　　○オリャー　イシャドネー　イタ。（俺は医者さんへ行った。《行き先を尋ねられて。老男》）［天草］
このような日常の用法を見ていると、イ音便の「イーテ」の痕跡の見られない現状にあっては、その「イテ」は、逆に「イッテ」の促音の落ちたものと解することもできそうである。後にあげる「イタッテ（到りて）」の「イタ

テ」もその例である。が、このあたりは推測の域をでない。なお、西日本には「イテ」が点在している。岡山などはそれが際立つ地域である。

　中国山陰方言では、次の例のように、「行って」は「イ(エ)キテ」という形で用いられている。

　　○ヤメ　エキテ　ゴザッ　チョワナ。(〈おじいさんは〉山へ行っておられるってよ。)［隠岐］

「行きて」は、言うまでもなく古活用形である。が、山陰方言では原形のままであって音便を起こしていない。なぜ音便を起こさなかったのか。その理由の一つとして、やはり、イ母音一音節という語幹の特異さがかかわっているのではなかろうか。国語一般では、促音便またはイ音便へと推移したなかで、山陰方言のそれは、変化に踏みだすことをためらったのである。山陰は古脈地帯であるために、進化が遅れたかとの見解もある。そのことも要因の一つとしてあげられるとしても、特異な語幹の存在が、いっそう大きくかかわっていることは否めないように思われる。

　ここで、ふたたび九州方言に目を転じてみよう。九州では「到りて」の促音便とされる「イタッテ」「イタテ」が、「行ッテ」「行テ」に相当する意味作用をもってよく行われている。

　　○ニシサン　イタッテ、(西さんのうちに行って、)［佐賀］
　　○ハヨ　イタチ　ケー。(早く行って来い。)［佐賀］
　　○キヨマッツァマイ　イタッ　キタ。(清松様〈の家〉に行ってきた。)［天草］
　　○ヤマモモオ　チーケー　イタッテ、(山桃をちぎりに行って、)［鹿児島］

その実例である。

　ところで、東側の大分一帯には、この語法が見られない。この地域は「イッテ」が一般的であって、その状況は、そのまま山陽道に続いている。そう言えば、九州西部域一帯は「イッテ」の希薄な地域である。この地域に、相補的に「イタッテ」が優勢なのは興味深い。かつて、この九州の地域でも、「行きて」は、音便に推移することをためらったのではないか。むろん特殊な語幹のゆえである。その結果として、「行きて」を避けて「到りて」を多

用することになった。こう推測してみれば、「行きて」に留まった山陰の事態も、「行きて」を避けて「到りて」の道を歩んだ九州の事態も、そして、類を離れてひとり促音便に移った共通語の事態も、けっきょくは、根は一つと言うことができる。なお、九州には、「到りて」の連用形が特殊的に行われるばかりで、他の活用形は見られない。

さて、「到りて」と「行きて」とは、本来、意味が違っている。九州の「イタッテ」と「イッテ」も、厳密に言えば同じではない。言うまでもなく、「イッテ」は、目的の場所に行く動作に主点があるのに対して、「イタッテ」は、目的の場所に到達する動作に主点がある。土地の識者も、上に掲げた第一・三例について、「西さんの家に」「清松様の家に」用事があって行った場合にこう言うと説明している。第二例にしても、「早く用事を果たして来い」と言ったニュアンスがあると言う。

　　○セア　ニキサン　イタッテ　スマウトデス。（〈魚は〉瀬の傍へ行って住まうのです。《老人の説明》）［天草］

この例も、「目的場所に行って」の意味あいが見てとれる。が、こうではあるとしても、実際には、「イタッテ」は、「行って」も「到って」も、大きく包摂したところで常用されていると言ってもよい状態である。

むすび

　以上、九州方言の音便について叙述した。その実情を一言で言えば、室町時代の京都の音便状況にも似た、いわば古態の相が底層を成しているかのようである。例えば、ウ・イ音便を広範囲に存しているのも、西日本の母音性の言語を背景にした、発生当時の有りようと、以来のゆるやかな変遷の曲折を、よく表した現象と解することができる。このことは、ウ・イ音便に限らないことで、全般に、九州方言の成立や以後の推移の軌跡を、この現象は、特によく見せているようにも思われる。そのことは、地域の言語基質や風土に、大きくかかわってのことであることは言うまでもない。

文　献

斉藤俊三（1958）『熊本県南部方言考』（非売品）
糸井寛一（1964）「九重町方言の動詞の語形表」『大分大学学芸学部研究紀要』2
　　　　　　　　─ 4
亀井孝他（1964 A）『日本語の歴史 4』（平凡社）
亀井孝他（1964 B）『日本語の歴史 5』（平凡社）
亀井孝他（1966）『日本語の歴史別巻　言語史研究入門』（平凡社）
九州方言学会（1969）『九州方言の基礎的研究』（風間書房）
藤原与一（1976）『瀬戸内海域方言の方言地理学的研究』（東京大学出版会）
藤原与一（2000）『日本語方言文法』（武蔵野書院）
藤原与一（2002）『日本語史と方言』（武蔵野書院）
坂梨隆三（1982）「近代の文法Ⅱ（上方篇）」『講座国語史 4　文法史』（大修館書
　　　　　　　　店）
柳田征司（1985）『室町時代の国語』（東京堂出版）
小松英雄（1987）『日本語の世界 7　日本語の音韻』（中央公論社）
奥村三雄（1990）「サ行四段活用動詞の音便」『方言国語史研究』（東京堂出版）
神部宏泰（1978）『隠岐方言の研究』（風間書房）
神部宏泰（1992）『九州方言の表現論的研究』（和泉書院）

あ と が き

　「生活語の原風景」とは、つまるところ、私の心の世界の原点に他ならない。考えてみれば、今日までの私の心と人間を、内深くから支え続けてきたのは、その原点たる幼少時の生活語そのものであった。人生の節ぶしにあって、このことばは、もっとも頼れる内面の力であった。ここには、確かに人間の誠、生きる真実が込められている。今は、そのような原点を、心の原風景として正面から見つめ、解きほぐそうとしている。その生活語を育んだ故郷への郷愁が、本書の記述にあたって、いくらかの詩情を交えることになったとしても、それはやむをえないことでもあった。

　人間の心の動きや働きは、国や文化の違いを越えて、世界の人びとに共通するものであるに違いない。ことばもまた、多様な表面の底層に、人間言語として共鳴しあうしぜんの世界がある。一言語、一生活語の底層を耕すことは、一見、特殊ないとなみに見えても、実は、広く人間の世界のことばにかかわっている。風土や文化の大きく連続する身近の地域や環境であってみればなおさらのこと、日常のことばの底層での、生活の習慣や生きかたの違いも、それほど大きくはないはずである。

　生活語の真実を把握するいとなみは、その生活のなかにあって、人びとの日常の楽しみや哀しみを、みずから味わい体験した者に、確かに分がある。そこに生きてきた人びとの心の声が、おのずからに身にしみているからである。が、その故郷の村も、今や過疎の地である。本書は、その辺鄙な地に精一杯生きた、あるいは生きようとしている人びとに対する、共感と祈りの書でもある。

　本書の出版にあたり、格別のご厚情をいただいた、和泉書院社長の廣橋研三氏にあつくお例を申しあげる。

　　2010年4月

　　　　　　　　　　　　　　　　　　　　　　　　　神 部 宏 泰

索　引

1　事項索引

あ行

あいさつことば	101
ai 連母音	215
安座	52
イ語尾の命令形	268
イタシーの語源	90
一段活用動詞の性格	258
入りわたり鼻音	182
「いろり」の語源	32
オエルの意味	83
オエルの語源	84
オエンの意味	86
音便形	168

か行

開音由来の発音	277
開合の区別	277
カ・ガ行動詞のイ音便	281
「畏まる」の由来	50
カドの由来	45
上二段語の下二段化	253
上二段の所属語	253
感声的文末詞	142
慣用の心理	135
希望の間接的伝達	123
距離感の醸す敬意	119
近畿方言の発想	128
禁止打消推量の接続	166
クドの語源	36
敬語命令形の慣用	129, 136
敬語命令形の逼塞	138
敬卑感情の彼方	122
形容詞形の変容	213
形容動詞の活用	230
形容動詞の語幹	233
形容動詞の和語と漢語	234
原形意識	168, 281
言動の客体化	120
原風景	159
合音由来の発音	277
語幹一音節	257
古形式のデァ	148
古形式の命令形	136
五段化の問題	256
語頭濁音	5
語の生きる環境	169

さ行

サ行動詞のイ音便	280
自然敬語	118
親しみの世界	122
下二段活用の残存	252
下二段の所属語	253
ジャ（文末詞）の起源	145
順行同化	216
女性の物言いの特性	137
心的距離感	130
心的距離の一定化	136

心的拘束	130	**は　行**	
生活語	i, 1	ハ行動詞のウ音便	275
生活事実優先の動詞	259	バ行動詞のウ音便	278
生活文化の世界	159	発想	101
ゾイからのデー	155	バ・マ行動詞の撥音便	282
相互同化	216	場面の斉一化	136
促音便	283	否定「では」のジャ	150
促音便形の残存	264	非日常のあいさつ	114
促音便発生の時期	265	表現心理	131
た　行		表現方法の斉一化	136
体言化	125, 144	文成立の要	157
立場のわきまえ	131	文表現	101
断定助動詞ダァ	147	傍観的立場	145
ダァ転成のジャ	145	方言基質	277
ダァの残存	148	「ぼた」と「ぶた」	8
てじゃ敬語	118	「ぼた」の由来	3
テの働き	119	ボタモチの語源	2
「で」の核的性格	154	ボッコーの意味	94
デ(文詞)の源流	153	ボッコーの語源	95
転成文末詞	140	本来の一段活用動詞	257
転成文末詞の宿命	153	**ま　行**	
トイからのテー	156	マ行動詞のウ音便	279
問いのデー	156	「満てる」と「満ちる」	67
動詞活用の変遷	251	ミテルの意味	59
動詞連用形敬語法	124	ミテルの語源	60
な　行		ミテルの用法	61
ナ行変格活用	160	命令の表現心理	130
ナ変動詞の撥音便	283	目睹の問いかけ	121
ナラ(文末詞)の形成	140	餅の語源	13
二段活用の残存	252	**や　行**	
日常のあいさつ	103	用言内容の措定	119
ニ(文末詞)の出自	152		
にわかの体言	144		
ニワ(庭)の由来	41		

ら行

ラ行五段活用化	256
ラ行五段活用化動詞の命令形	267
ラ行五段活用化動詞の連用形	262
ラ行五段活用化の流れ	257
ラ行四段活用へのみち	259
レ語尾の命令形	267
連用形体言	126
連用形命令法	126
ロ語尾の命令形	268

2 語詞索引

ア行

アカェー(明るい)	228
アグ(飽きる)	163
アゲル(嘔吐する)	76
アタル(当たる)	79
アダレル(生り物が落ちる)	203
アッカ(酒〈幼〉)	221
アマル(腐敗する)	79
アラマシナ(荒あらしい)	237
アワダンゴ(粟団子)	23
アンキナ(気らくだ)	241
アンビ(餡餅)	22
イーツギ(言い送り)	185
イケン(だめだ)	88
イタシー(苦しい)	90
イチガェーナ(強情だ)	245
イナゲナ(変だ)	245
イヌル(去ぬ)	161
イバリ(湯放)	77
イラウ(いじる)	192

ウゲル(崩れる)	206
ウツリ(返礼品)	28
ウバル(痛む)	72
ウミル(膿む)	72, 164
ウミル(蒸す)	165
ウムス(蒸す)	182
ウンコ(糞〈幼〉)	77
エズク(嘔吐く)	75
オーカン(往還)	46
オードーナ(自分勝手だ)	243
オーチャクナ(横着だ)	244
オーヘーナ(尊大だ)	242
オエル(搗きあがる)	83
オエン(だめだ)	86
オカボ(陸稲)	17
オゴル(雑草がはびこる)	203
オッチョ(お化け〈幼〉)	218
オハライ(祓い)	207
オロス(粉を振るう)	172

カ行

カケリッコ(かけっこ)	200
カケリヤェーコ(かけっこ)	200
カケル(駆ける)	71, 199
カシコマル(正座する)	49
カシワモチ(柏餅)	20
カタミワケ(形見分け)	186
カド(門)	41
カドマツ(門松)	47
カバチ(つまらない物言い)	75
カマ(釜)	37, 44
カラウス(唐臼)	44, 83
カラサオ(唐竿)	170
カル(借りる)	163
キーワケ(食べ残し)	185
ギジョーナ(几帳面な)	241

キヨメ(清め)	208	シゴク(扱く)	171
キョーテー(恐ろしい)	217	シッコ((小便〈幼〉))	77
キョートマシー(恐ろしい)	218	シデ(垂)	27
キレーナ(清らかだ)	246	シトギ(しとぎ)	21
クギル(焦げる)	183	シヌル(死ぬ)	160
クスバイー(くすぐったい)	222	シブル(渋る)	70
クツログ(安堵する)	115	ジマタナ(誠実だ)	235
クド(かまど)	36, 44	シュム(染みる)	164
クミル(変質する)	80	ショーベン(小便)	77
クルマ(水車)	83	ショーベンド(小便処)	78
ケッコーナ(綺麗だ)	247	ショーラシー(利巧だ)	225
ケナリー(羨ましい)	227	ジリー(ぬかるむ)	226
コージクナ(強情だ)	244	シロカキ(代掻き)	65
コージンサン(荒神さん)	37, 44	シロミテ(植えじまい)	64
コーヘーナ(生意気だ)	242	シンデー(つらい)	92, 227
コガレ(焦げ)	183	シンビョーナ(よく働く)	240
コク(放く)	73	スエル(腐敗する)	79
コグ(扱く)	170	ズエル(崩れる)	205
コクレル(ひねくれる)	187	スクモ(籾がら)	83
コシラエル(作る)	180	スッチョーナ(こすい)	245
コデル(土を砕く)	171	ズドホンボッケー(たいそう)	97
コナシ(熟し)	170	スバル(すねる)	188
コナシゴヤ(熟し小屋)	170	スバローシー(うっとうしい)	219
コヤ(小屋)	43	スボッコー(たいそう)	95
		セガム(ねだる)	188
サ 行		セラウ(ねたむ)	190
サガス(掻き交ぜる)	173	セラェーゴ(ねたみ子)	191
サバク(散らかす)	197	センゴク(千石どおし)	83
サビル(錆る)	171	センチ(便所)	78
サベシー(寂しい)	218	センバ(脱穀用の千歯)	170
ザマクナ(粗雑だ)	237	センバビ(千把火)	38
サルトリイバラ	20	ソソクローナ(粗忽だ)	236
シーシー(小便〈幼〉)	77	ソバエル(ふざける)	189
シージンサン(水神さん)	44	ソビューカウ	189
シーラ(しいな)	23, 83		
シオハイー(塩からい)	220		

タ 行

タェーガタェー(ありがたい)	224
タェーギー(大儀だ)	227
タェーゲナ(おっくうな)	242
タガウ(違える)	200
タク(炊く)	176
タグル(咳く)	76
タシネー(乏しい)	224
タダゴメ(粳米)	17
タテル(立つ)	166
タモー(惜しむ)	202
ダラズゲナ(みっともない)	238
ダラズナ(だらしない)	238
ダリー(だるい)	238
タル(足りる)	163
タレル(垂れる)	74
タンケツ(痰)	78
ダンゴ(団子)	12
チーケー(露っぽい)	226
チマキ(粽)	21
チョーズ(便所)	78
ツエル(潰える)	72, 205
ツカェー(敬語命令形)	134
ツキノミテ(月の最後)	65
ツギ(布切れ)	185
ツグ(飯をよそう)	184
ツクネル(積み重ねる)	198
ツクル(作る)	181
ツドウ(事が重なる)	199
ツドエル(積みあげる)	199
ツバ(唾液)	78
ツバエル(ふざける)	190
ツバキ(唾液)	78
ツマラン(だめだ)	87
ツヤス(潰やす)	72, 205
テッキ(鉄灸)	24, 183
テヒヤギ(手すき)	197
テベス(叩く)	195
テング(手繰り)	175
テングノクリ(順送り)	174
トーシ(篩)	172
トース(唐臼)	83, 172
トーミ(唐箕)	83, 172
トシトコサン(歳徳さん)	47
ドズク(叩く)	193
トビ(返礼の品)	25

ナ 行

ナェー(敬語命令形)	132
ナラシ(祭の楽打ち練習)	210
ナワシロ(苗代)	65
ニーナ(新しい)	240
ニガル(苦る)	64, 201
ニル(煮る)	177
ニワ(庭)	41, 83
ニワアゲ(取り入れの終わり)	43
ニワクチ(庭の入口)	44
ニワシゴト(脱穀作業)	43
ニワハキ(庭掃き)	44
ネコワケ(食べ残し)	185
ネタガェー(寝違え)	201
ノクル(順送りする)	174
ノサナ(角度があまい)	239
ノフーゾーナ(不作法だ)	243

ハ 行

ハエル(注ぐ)	184
ハガイー(じれったい)	223
ハシリ(流し)	44, 71, 200
ハシル(痛む)	71
ハタク(粉にする)	173

バッチー(汚い〈幼〉)	77
ババッチー(汚い〈幼〉)	77
ハブテル(ふてくさる)	186
ハンダラ(涜)	78
ヒーゴ(燕)	44
ヒキタレ(無精者)	244
ヒザークム(安座する)	55
ヒシーモチ(菱餅)	18
ヒスクバル(干縮まる)	204
ヒズラシー(まぶしい)	223
ヒダリー(空腹だ)	226
ヒモジー(空腹だ)	227
ヒヤグ(乾く)	196
ヒラェーコメ(拾い米)	6
ヒル(放る)	74
ヒル(干る)	196
ヘタル(座る)	55
ヘツル(剝る)	194
ボタモチ(ぼた餅)	1
ボッケー(たいそう)	97
ボッコー(たいそう)	94
ポンポ(糞〈幼〉)	77

マ 行

マツリ(祀り)	209
マメナ(達者だ)	101, 235
ミー(箕)	171
ミテル(無くなる)	59, 202
ミヤシー(易しい)	93
ムギコナシ(麦熟し)	170
ムギタタキ(麦打ち台)	170
ムテンナ(とんでもない)	114
ムネノモチ(棟の餅)	21
メシゾーキ(飯笊)	79
メンドーナ(みっともない)	239
モチ(餅)	12
モチバナ(餅花)	17
モドル(戻る)	162
モミ(籾)	83
モミサガシ(籾掻き)	174

ヤ 行

ヤク(焼く)	183
ヤケル(焼ける)	183
ヤゲル(騒ぐ)	188, 219
ヤゲローシー(騒々しい)	219
ヤッコメ(焼き米)	6
ヤレン(堪らない)	88
ユリー(いろり)	32
ユリーバタ(いろり端)	32
ヨコザ(横座)	34
ヨダケー(大儀だ)	226
ヨナカリ(神楽の夜食)	29
ヨバレル(馳走になる)	115
ヨボー(溢れ出る)	14
ヨモギダンゴ(蓬団子)	23

ラ 行

ラクナ(楽だ)	248
ロックーサン(土公さん)	37, 44

ワ 行

ワガサナ(自分勝手だ)	236
ワケ(食べ残し)	185
ワケチ(分配)	186

■著者紹介

神 部 宏 泰（かんべ　ひろやす）

1930年　広島県に生まれる
1960年　広島大学大学院博士課程（国語方言学）単位満了退学
現　在　兵庫教育大学名誉教授　文学博士
主　著　『九州方言の基礎的研究』（1969・風間書房・共著）
　　　　『隠岐方言の研究』（1978・風間書房）
　　　　『九州方言の表現論的研究』（1992・和泉書院）
　　　　『近畿西部方言の生活語学的研究』（2003・和泉書院）
　　　　『日本語方言の表現法』（2006・和泉書院）
　　　　『方言の論理』（2007・和泉書院）
住　所　〒675-0021　加古川市尾上町安田897

研 究 叢 書　405

生活語の原風景

2010年4月25日　初版第1刷発行（検印省略）
　　　　　著　者　神　部　宏　泰
　　　　　発 行 者　廣　橋　研　三
　　　　　　　　〒543-0002　大阪市天王寺区上汐5-3-8
　　　　　発 行 所　有限会社　和　泉　書　院
　　　　　　　　　　電話　06-6771-1467
　　　　　　　　　　振替　00970-8-15043
　　　　　　　　　　印刷・製本／シナノ

ISBN978-4-7576-0552-7　C3381

===== 和泉書院の本 =====

研究叢書
九州方言の表現論的研究　　　神部　宏泰 著　　13650 円

研究叢書
国語方言の生成と展開　　　神部　宏泰　編　　10500 円
　　　　　　　　　　　　愛宕八郎康隆

研究叢書
近畿西部方言の生活語学的研究　　　神部　宏泰 著　　11550 円

研究叢書
日本語方言の表現法　　　神部　宏泰 著　　11550 円
　　中備後小野方言の世界

研究叢書
方言の論理　方言にひもとく日本語史　　　神部　宏泰 著　　8925 円

研究叢書
文化言語学序説　世界観と環境　　　室山　敏昭 著　　13650 円

研究叢書
意味の原野　日常世界構成の語彙論　　　野林　正路 著　　8400 円

生活語彙の開く世界
地名語彙の開く世界　　　上野　智子 著　　2940 円

生活語彙の開く世界
屋号語彙の開く世界　　　岡野　信子 著　　2940 円

生活語彙の開く世界
育児語彙の開く世界　　　友定　賢治 著　　2940 円

（価格は 5 ％税込）